KB050520

THE GUIDE TO

물리보안론

이주락 · 이상희 지음

PHYSICAL SECURITY

박영사

서 문

보안의 근본적인 목적은 조직이나 사업의 연속성을 유지하는 것으로, 이러한 목적을 실현하기 위해서 물리보안의 역할은 매우 중요하다. 물리보안은 크게는 국가안보와 질서유지에 기여하고, 작게는 개인의 안전을 지키며, 동시에 국가 산업의 성장에 있어서도 중요한 기능을 한다. 최근 물리보안 시장은 테러 등 물리적 위협의 증가로 인한 인명과 자산 보호의 중요성에 대한 기업의 인식 확대와 맞물려 지속해서 성장하고 있다. 그러므로 물리보안 분야의 경쟁력 강화를 위한 관련 학문과 기술의 계속된 발전이 필요하다.

그러나 이러한 '물리보안'의 중요성에도 불구하고 그동안 국내에서는 물리보안에 관한 연구와 논의가 부족하였다. 정보보안 분야의 경우에는 관련 국제 표준을 기준으로 많은 연구가 수행되어 학계와 산업계에 통일된 관점이 일정하게 형성되어 있다. 그러나 물리보안 분야에 관한 연구는 정보보안이나 경호학의 일부로써 단편적으로 논의되었을 뿐 현재까지 매우 취약한 수준이고, 물리보안에 대한 기본 관점에서부터 차이를 보인다.

국내 물리보안 시장의 규모는 이미 수조 원대에 달하고, 또 높은 시장성으로 인해 여러 대학의 관련 전공에서 물리보안 과목을 개설하여 교육하고 있다. 그러나 물리보안과 관련된 많은 학술서가 출판된 외국과는 달리, 지금까지 국내에서는 '물리보안' 기본서가 단 한 권도 없었다. 그러므로 우리 실정에 맞는 물리보안 기본서를 저술하는 것은 물리보안과 관련된 교육과 연구의 기본 방향을 설정하고, 또 향후 관련 영역의 다양한 연구의 토대를 제공하는 데 꼭 필요한 일이라 할 것이다.

국제적 학문 경향에 맞추어 물리보안의 학문성을 추구하는 이 책은 본질적 차원에서 보안의 이론적 배경이 되는 위험관리를 중심으로 물리보안에 대해 논의를 하고자 하였다. 그리고 실용적 차원에서 국제적 수준의 체계성 있는 물리보안의 범위와 실체, 그리고 구체적 통제 기법들을 제시하고자 시도하였다. 그러므로 이 책을 통해 물리보안에 대한 전반적인 이해가 가능하리라 생각한다. 또한, 이 책은 미국산업보안협회ASIS International의 물리보안 교육체계를 바탕으로 국내적 상황을 보완한 것으로 Physical Security ProfessionalPSP 및 Certified Protection ProfessionalCPP과 같은 보안 관련 국제 전문 자격시험을 준비하는 데도 큰 도움이 될 것으로 기대한다.

이주락(PhD, PSP, CPP, CPOI, PMI-RMP, CISA, PCI)

서 문

우리가 살아가는 물리적 공간은 여러 가지 위험의 가능성을 내포하고 있다. 사이버 기술의 진보에 따라 우리는 메타버스Metaverse의 세계로 향해 가고 있지만 결국 모든 것은 물리적 공간에서의 '안녕'에 그 전제를 두고 있다고 할 수 있다.

'물리보안론'은 '물리적 공간의 보호'를 위한 체계적 방법과 수단을 관련된 주요 이론과 국제 표준을 근간으로 설명하고 있는 것으로, 정보보안의 ISMSInformation Security Management System와 같은 범용 표준이 아직까지 부재한 물리보안의 체계를 이해하기 위한 기본서가 될 수 있을 것이다.

특히, 물리보안은 그 체계를 구성하는 요소들이 매우 다양하다는 특성이 있는데, 기본적으로 건축, 구조, ICTInformation and Communications Technology, FMFacility Management, 법률, 프로젝트관리 등 다양한 전문분야가 결합되어 있으며, 최근에는 4차 산업혁명 기술이 물리보안 솔루션에 적용되면서 Big data, AI, IoT, Cloud 등의 영역으로 확대되고 있다. 따라서 물리보안 분야의 전문성을 갖추기 위해서는 무엇보다 이 책을 통해 전체적인 체계를 올바르게 이해하고 접근하는 것이 필요하며, 그 후에 본인이 원하는 분야를 좀 더 깊이 세부적으로 연구해 가는 것이 바람직하다고 할 수 있다.

동시에, 물리보안체계는 [기획 → 설계 → 조달 → 설치 → 운영]의 라이프사이클에 따라 구현되며, 기업에서는 이러한 일을 하기 위한 물리보안 분야의 전문인력을 필요로 한다. 그러나 현실적으로 기업의 수요에 맞는 인적 자원(컨설턴트/엔지니어/매니저)을 확보하기가 쉽지 않은 상황이다. 국내에서는 이러한 공백의 많은 부분이 현재 비전문적으로 수행되고 있으며, 물리보안 영역의 대표적 사고 사례가 보여주듯이 실제 위협을 효과적으로 탐지 및 대응하지 못하는 주요 원인이 되고 있다. 그러나 저자는 역설적으로 이것은 물리보안 분야에 많은 기회가 존재한다는 것을 의미하며 새롭게 도전해볼 만한 분야라는 것임을 강조하고 싶다. 이 책이 올바른 보안전문가의 길을 가려는 독자들에게 도움이 되기를 희망한다.

이상희(PhD, PSP, CPOI)

차 례

제 1 장

보안 위험 관리

I 보안위험관리 개요

'위험Risk'과 '위험관리Risk Management'는 보안 분야에만 국한된 것이 아니다. 금융 산업에서 시작된 위험관리는 과학, 기술, 정치, 보험, 사업 등과 같은 다른 분야에서도 매우 중요하다. 캠브리지사전Cambridge Dictionary에서는 '위험Risk'의 의미를 '어떤 나쁜 일이 발생할 가능성Possibility'으로 기술하고 있고,[1] 메리암웹스터사전Merriam Webster Dictionary에서는 '피해나 손실의 가능성'으로 설명하고 있다.[2] 이러한 위험에 대한 의미는 다양한 형태로 진화하였는데, 물리보안 영역에 있어 전 세계적으로 공신력을 갖추고 있는 '미국산업보안협회America Society for Industrial Security, ASIS'의 물리보안 기본교재인 '물리보안원칙Physical Security Principles'에서는 위험을 자산에 대한 잠재적 손실Loss과 피해Damage로 정의하고 있다.[3]

위험은 상당한 수준의 손실이나 피해를 발생시켜 기업 등 조직의 성장 기회를 놓치게 할 수 있다. 그리고 어느 정도의 위험은 거의 모든 사업의 의사결정에 내재하여 있는데, 새로운 제품군을 개발할 것인지, 특정 회사와 합작 또는 파트너십을 구축할 것인지, 해외에서 그 회사의 제품을 제조하거나 유통할 것인지 등을 예로 들 수 있다. 이러한 질문에 대한 답변과 결정은 회사의 수익에 엄청난 성장을 가져올 수도 있고, 또는 사업적 측면에서 큰 손실을 초래할 수도 있다.

현재 대부분의 글로벌 기업에서는 전사적 위험관리Enterprise Risk Management, ERM를 시행하고 있다. 이것은 조직관리에 기초한 위험 관리기법으로 조직이 직

---

1 Cambridge Dictionary 홈페이지(https://dictionary.cambridge.org). 2021. 1. 8. 검색.

2 Merriam Webster Dictionary 홈페이지(https://www.merriam-webster.com/dictionary). 2021. 1. 8. 검색.

3 Asis(2015). Physical Security Principles, Alexandria: Asis International.

면한 위험을 측정하고 평가하는 전체적 접근이라 할 수 있다. 전사적 위험관리란 조직 내부에서 내부통제시스템을 적용함으로써 조직의 위험과 불확실성을 관리하는 조직관리에 기초한 위험관리기법이다.

이러한 전사적 위험관리는 손실이 이미 발생했거나 거의 확실시 되는 경우의 사후적인 대응뿐만 아니라, 경영환경의 변화를 지속적으로 모니터링하여 손실 발생을 미리 방지하는 것도 목표로 한다. 특히, 기존의 위험관리 방식은 각각의 기능 및 부서 단위로 위험을 인식하고 관리하는 것이었으나, 전사적 위험관리 방식은 위험관리의 책임 주체를 중심으로 각 부문의 위험관리를 통합하여 기업이 직면하는 여러 가지 경영 위험들을 전사적인 시각에서 통합적으로 인식하고 관리하는 새로운 위험관리 방식을 의미한다.

최근에 위험관리는 자산보호Asset Protection를 위한 보안관리 관점에서 더 많이 적용되고 있다. 보안의 목표는 보호조치를 실행하는 데 들어가는 비용과 보호조치를 통해 발생하는 이익의 균형을 맞춰 위험을 관리하는 것으로, 보안전문가는 위험을 효과적으로 관리하기 위해 손실을 초래하는 전체 사건을 제거하거나 줄일 수 있다. 즉 위험관리의 목표는 최소한의 비용으로 효과적으로 손실을 관리하는 것이다. 실제로 많은 전문가는 위험이 보안을 주도하는 가장 중요한 요소라고 믿고 있다.[4]

따라서 위험관리는 위험을 식별하고, 위험의 영향을 계산하며, 위험을 허용가능한 수준으로 제거하거나 최소화하는 체계적인 접근방식으로 정의할 수 있다. 그리고 위험관리는 정기적으로 재평가해야 하는 진행형 프로세스다. 위험은 조직의 자산 보호 프로그램의 원동력이 되어야 한다. 지속적인 위험진단 프로그램의 진행은 변화하는 위협과 위험 환경을 모니터링하고 이에 능동적으로 대응할 수 있는 최선의 수단이다.

이러한 위험과 관련하여 Patterson[5]은 위험은 자산의 가치Asset Value와 자산에 잠재적 영향을 미칠 수 있는 위협Threat, 그리고 위협에 대한 자산의 취약성

4 Vellani, K.(2019). Strategic Security Management: A Risk Assessment Guide for Decision Makers, 2nd ed, Boca Laton: CRC Press.

5 Patterson, D. G.(2013). Physical Protection Systems: A Practical Guide, 2nd ed, Alexandria: ASIS International.

Vulnerability을 고려하여야 한다고 하였다. 그리고 미국산업보안협회ASIS[6]의 '물리보안원칙Physical Security Principles'에서도 위험을 구성하는 세 개의 요소로 자산, 위협, 취약성이 있다고 하면서, 이들의 크기에 의해 위험의 전체 크기가 결정된다고 하였다. 이때 취약성은 일반적으로 보안통제를 통해 감소하는데, 취약성의 감소는 결국 위험 전체의 크기를 축소해 좀 더 안전한 상태가 된다고 하였다. 이러한 관계를 도식화하면 아래 〈그림 1-1〉과 같다. 즉 이론적으로 위험의 크기는 자산, 위협, 취약성의 함수로써 직육면체의 부피를 구하는 공식(부피 = 가로 × 세로 × 높이)과 같이 자산, 위협, 취약성을 모두 곱함으로써 계산할 수 있다. 그리고 보안통제를 통해 취약성이 감소하면 아래 〈그림 1-1〉에서의 화살표와 같이 가로의 길이가 축소되어 전체 위험의 크기도 함께 감소한다.

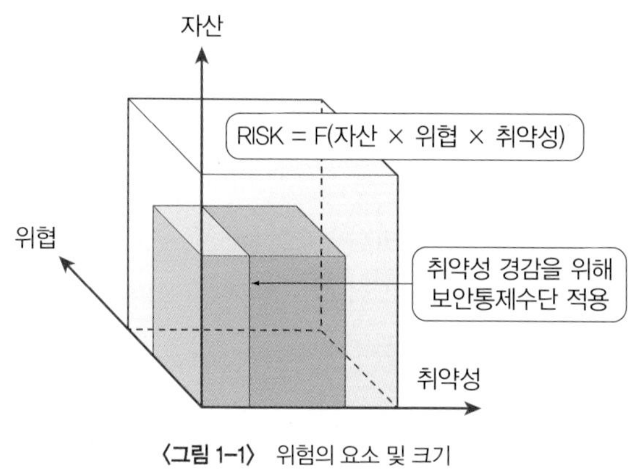

〈그림 1-1〉 위험의 요소 및 크기

6 ASIS(2015). op. cit.

Ⅱ 보안위험관리 체계

1 개요

위험관리와 관련된 가장 대표적인 국제기준은 ISO 31000[7]으로 모든 비즈니스의 위험관리를 위한 범용적인 기본구조와 지침을 제시하고 있다. ISO 31000은 2009년에 처음 제정된 후 2018년에 개정되었는데, 개정된 ISO 31000:2018에서는 〈그림 1-2〉와 같이 위험을 진단하고 처리하는 기본 프로세스를 명시하고 있다. 위험관리 프로세스에는 위험진단Risk Assessment을 위험식별Risk Identification, 위험분석Risk Analysis, 위험평가Risk Evaluation의 단계로 구분하고 있다. 여기서 위험식별이란 자산과 위협, 취약성을 찾아 목록화하는 단계이며, 위험분석은 위험의 원인과 결과를 고려하여 유형을 구분하고 평가에 필요한 정보를 수집하며 이를 통해 위험이 발생하였을 때의 업무영향도와 발생가능성에 대한 기준을 수립하는 단계라 할 수 있다. 위험평가 단계에서는 수립된 기준에 따라 위험 수준을 비교 평가하고 대응이 필요한지를 판단한다. 이러한 전체 단계를 모두 포함한 것을 위험진단이라 할 수 있다.

물리보안의 위험관리체계 역시 이러한 절차와 기준을 준용하고 있다. 우선 위험진단을 위해 보호가 필요한 자산과 예상되는 위협, 사업장에 존재하는 물리적 보안취약성을 식별하고, 세 요소를 종합하여 도출된 위험을 업무영향도Impact와 발생가능성Probability의 두 가지 척도로 평가한다. 이때 평가 기준은 사업 특성을 고려하여 평가자가 설정하지만, 필요한 경우 외부의 관련 기관이나 전문가들

7 ISO 31000: 2018. Risk Management: Guidelines.

이 수립한 평가 기준을 참고하거나 활용할 수 있다.

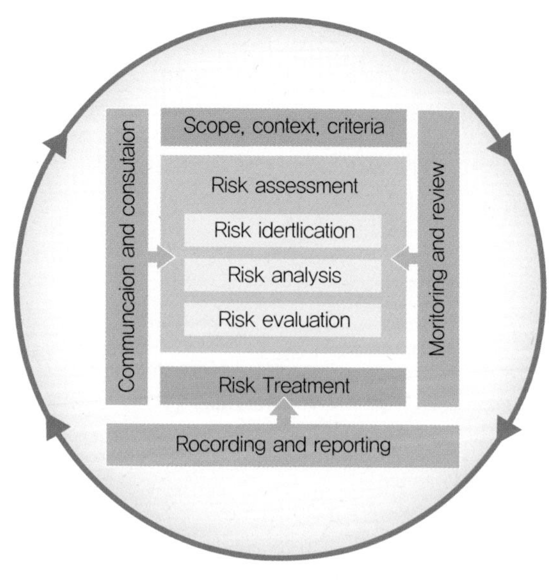

〈그림 1-2〉 ISO 31000:2018의 위험관리 절차

출처: ISO 31000: 2018

다음은 위험처리Risk Treatment 단계로 그 방법은 다양하나 물리보안 통제수단을 적용하는 조치는 주로 위험감소Risk Reduction에 해당한다. 이러한 물리보안의 통제대책은 건축구조적 요소, 전자시스템적 요소, 운영인력적 요소로 구분되며, 적용을 위해서는 비용편익분석Cost-benefit Analysis이 수반되어야 한다. 결과적으로 이 책에서의 위험관리는 ISO 31000의 위험진단과 위험처리를 모두 포함하는 전체 과정이라 할 수 있다.

위험관리는 정기적으로 재평가해야 하는 순환적 프로세스로 인식되어야 한다. 즉 위험의 요소들은 유동적이므로 전반적인 자산 보호 전략과 그 구성요소가 효율적으로 유지되도록 지속해서 주의 깊게 모니터링해야 한다는 것이다.

물리보안에 적합한 위험관리의 전 과정을 간략히 도식화하면 아래 〈그림 1-3〉과 같다. 위험의 세 요소인 자산, 위협, 취약성의 식별을 통해 전체 위험을 식별하고, 그러한 위험의 상대적 수준을 평가한 후 통제방안을 도출하여 비용편익을 따져본 후 최종적으로 위험을 처리하게 되는 것이다. 이 책에서는 아래 〈그림 1-3〉의 보안위험관리 모형을 요소별로 구분하여 기술하였다.

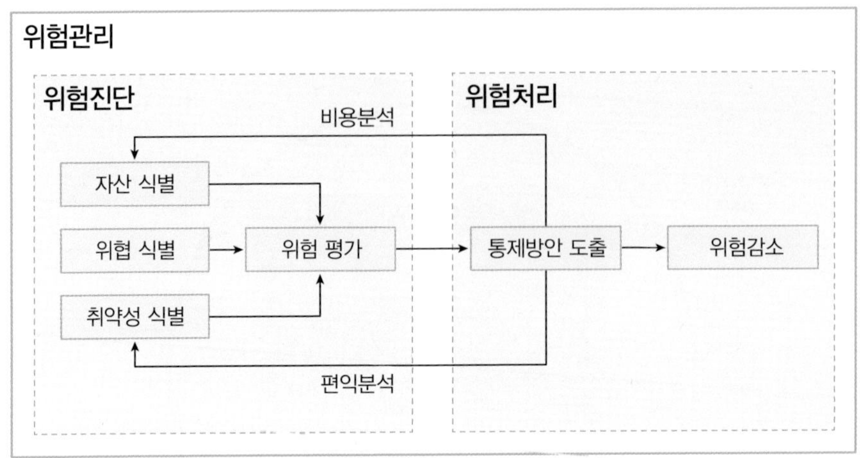

〈그림 1-3〉 물리보안 위험관리 모형

비용편익분석 Cost-benefit Analysis

비용편익분석은 필요비용과 예상되는 편익을 종합적으로 비교하여 의사결정에서 합리적 선택을 가능하게 하는 분석이다. 보안 실무자는 프로그램을 구현하는 데 드는 실제 비용을 결정 또는 추정하여 손실 감소, 즉 재정적 측면에서의 영향과 취약성이 개선되어 통제되는 정도를 비교하여 평가해야 한다.

2 위험식별

위험식별은 자산의 식별, 위협의 식별, 취약성의 식별 순으로 수행된다. 이때 위협과 취약성은 근본적인 차이가 있는데, 취약성을 조직이 적어도 어느 정도 통제할 수 있는 내부적인 결함이라고 한다면, 위협은 일반적으로 조직이 통제할 수 없는 외부에서 발생하는 것이라고 할 수 있다. 이 때문에 보안통제는 위협의 감소보다는 취약성의 감소를 목표로 하게 된다.

1) 자산의 식별

일반적으로 자산은 사업, 조직 또는 개인에게 가치가 있는 것으로, 그들에게 중요하고 사업의 연속성Continuity을 유지하기 위해 보호하고자 하는 모든 것이라고 할 수 있다. 이러한 자산은 유형Tangible, 무형Intangible, 혼합Mixed의 세 가지 형태로 분류할 수 있다. 먼저 유형자산은 시설, 장비, 제품 등과 같이 만지거나 볼 수 있는 것들이다. 그리고 무형자산은 평판, 이미지, 신뢰와 같이 물리적으로 존재하지 않는 것들이다. 마지막으로 혼합자산은 유형과 무형의 두 가지 특징을 동시에 가지고 있는 경우로서 무형의 지식이 유형의 매체에 보관되는 산업기술이나 지식재산권 등이 이에 해당한다.[8] 자산 소유자 및 보안관리자는 종종 유형자산만을 보호해야 할 자산으로 생각하는 경우가 있으나, 이는 잘못된 생각으로 무형자산과 혼합자산 역시 위협의 대상이 되며 이에 대한 피해와 손실은 조직의 연속성에 중대한 영향을 미칠 수 있다는 점을 기억해야 한다.

일반적으로 유형자산의 가치는 수치상의 금액으로 표현할 수 있지만, 지적재산과 같은 무형자산과 혼합자산은 수치화하는 것이 어려울 수도 있다. 그러나 앞서 말한 바와 같이, 무형자산과 혼합자산도 위협의 대상이 되고 조직의 연속성에 큰 영향을 미치므로, 위험진단 시 반드시 고려하여야 한다. 다음 〈표 1-1〉은 유형별 자산의 예이다.

〈표 1-1〉 유형별 자산

유형별 자산			
유형자산	• 시설 및 건물 • 원료/재료/제품	• 장비/부품 • 현금/채권	• 이동/통신수단 • 설비/장비
무형자산	• 이미지/역사 • 품질 보증 프로세스 • 관계	• 신뢰/평판 • 사기/충성도 • 경험	• 브랜드 인식 • 시장점유율 • 관리 스타일
혼합자산	• 사람 • 정보 기술 능력 • 고객	• 지적재산 • 신용등급 • 금융투자	• 내부 프로세스 • 인프라 • 지리적 위치

출처: ASIS, 2015.

8 ASIS(2015). op. cit.

자산 가치는 다양한 방식으로 측정될 수 있는데, 간단히 우선순위에 따른 상대적 값을 할당할 수도 있고(예:1 낮음 ~ 5 높음), 또 아래와 같이 비용 손실 공식 Cost-of-Loss Formula을 적용하여 더 정밀하게 추정할 수도 있다.[9]

$$K = (Cp + Ct + Cr + Ci) - (I - a)$$

K = 손실 총비용 Total Cost of Loss

Cp = 영구적 교체비용 Cost of Permanent Replacement

Ct = 임시 대체비용 Cost of Temporary Substitute

Cr = 관련 총비용 Total Related Costs

Ci = 손실된 소득 비용 Lost Income Cost

I = 유효한 보험 보상 Available Insurance or Indemnity

a = 할증 보험료 Allocable Insurance Premium Amount

이러한 비용손실 공식을 예를 들어 설명하면 다음과 같다. 만약 절도범에 의해 회사 차량(자산)이 도난당했다고 한다면, 이때 차량 도난에 따른 자산의 총 손실비용(자산의 가치)은 단순히 도난당한 차량 가격만이 아니라 다음과 같은 많은 요소를 포함한다. 즉 도난에 따른 새로운 차량 구입(Cp)과 새차를 구입하기 전에 잠시 빌려쓰는 렌트카의 비용(Ct), 그리고 차량을 구입하고 렌트카를 계약하고 사용되는 데 소요되는 직원 인건비, 교통비 등의 부수적 비용(Cr) 및 차량의 도난에 따라 일정 기간 비즈니스를 하지 못해 발생한 소득의 손실 비용(Ci)이 포함되어야 한다. 또한, 보험에 가입했다면 보험회사로부터 받는 보상금(I)은 전체 손실에서 제해야 하지만, 향후 할증되는 보험료 할증분(a)은 다시 이에 더해져야 한다. 즉 자산의 가치는 단순히 영위하는 그 자산의 가격만이 아니라 비즈니스와 관련된 자산의 총 손실비용으로 추정해야 한다는 것이다.

9 ASIS(2012). Protection of Assets, Alexandria: ASIS International.

2) 위협의 식별

위협은 의도적Intentional 위협과 비의도적Inadvertent 위협, 자연적Natural 위협으로 구분된다.[10] 이 중 의도적 위협은 외부의 공격자Adversary뿐만 아니라 내부자에 의해 초래될 수 있으며, 외부의 공격자가 내부자와 결탁했을 가능성까지 염두에 둬야 한다. 이러한 위협을 발생시키는 공격자의 능력과 의도에 대한 정보 출처는 과거의 범죄 통계, 여러 기관에 의해 공개된 각종 위협 관련 정보, 사건·사고 현황 등에서 찾아볼 수 있다. 그리고 잠재적인 공격자는 테러리스트 조직, 조직범죄 단체, 경쟁기업으로부터 불법적인 의도를 실현하려는 무단침입자와 내부 기술을 유출하려는 퇴직직원 등으로 다양하다.

비의도적 위협은 사고, 오류 및 누락과 같은 부주의 때문에 발생하는 위협으로써, 간과되기 쉬우며 일반적으로 과거 데이터가 없는 경우가 대부분이기 때문에 예측하고 대비하기가 위협의 세 종류 중 가장 어렵다고 할 수 있다. 비의도적 위협에 대한 최선의 대비는 위협이 존재한다는 사실을 인식하고, 이에 대하여 철저히 준비 및 교육하는 것이다.

자연적 위협은 지진, 태풍, 해일과 같은 자연재해로서 과거 경향 및 통계를 사용하여 평가하는 것이 일반적이다. 예를 들어, 지난 10년간 세 차례의 태풍피해가 있었다면, 특정 연도에 태풍피해가 발생할 확률은 0.3으로 볼 수 있다. 자연적 위협은 일단 발생하면 예상치 못한 큰 손실로 이어질 가능성이 크기 때문에 물리보안관리자는 발생 가능한 자연적 위협에 대해 적절한 수준으로 대비해야 한다.

이러한 세 가지 위협 중 물리보안은 주로 의도적인 위협과 관련되어 있다. 그러나 방범용 감시카메라로 안전사고나 자연재해를 감시할 수도 있으므로, 물리보안은 비의도적 위협과 자연적 위협에 대해서도 일정한 수준의 관련성을 가지고 있다. 특히, 최근 물리보안 분야에서 사용이 확대되고 있는 물리보안 통합관제 플랫폼인 '물리보안 정보관리Physical Security Information Management, PSIM'는 소방방재 및 산업안전 등과 관련된 다양한 위협에 대해서도 탐지·대응하고 있어, 물리보안과의 관련성이 점차 확대되고 있다고 할 수 있다.

---

10 Landoll, D. J.(2006). The Security Risk Assessment Handbook: A Complete Guide for Performing Security Risk Assessments, 3rd ed. Boca Laton: CRC Press.

3) 취약성의 식별

취약성은 위협으로 인해 자산의 가치와 기능이 손상될 수 있는 약점을 의미한다.[11] 앞서 설명한 바와 같이, 취약성과 위협의 가장 중요한 차이점은 취약성은 통제가 가능하다는 것이다. 반면, 위협은 일반적으로 통제범위 밖에 있다. 위협으로 인해 자산에 손실이나 피해가 발생하기 위해서는 보안통제에 있어서 취약성이 존재해야 하며, 이러한 취약성을 제거하기 위해 보안강화 등과 같은 통제조치를 하게 된다. 이것은 취약성과 통제수단의 적용 범위에 차이가 없다는 것을 의미한다. 예를 들어, 보안통제수단 중 하나인 외곽 펜스Fence에 사람이 무단으로 통과할 수 있는 파손된 부분이 있다면 외곽 보안 통제수단이 미흡하게 되어 있다는 의미이고, 동시에 물리보안 취약성이 되는 것이다. 따라서 보안에 있어서 취약성과 통제수단의 범위는 동일하며, 물리보안 취약성의 범위는 통제수단의 범위를 통해 살펴볼 수 있다.

물리보안의 통제요소는 장벽, 펜스, 볼라드, 지형, 잠금장치, 건축, 환경, 조명, 창문 등의 건축구조적 요소Structural Components와 영상감시시스템, 출입통제시스템, 침입경보시스템, 통신시스템 등의 전자시스템적 요소Electronic Components 그리고 보안관리자, 보안요원 등의 운영인력적 요소Human Components로 분류된다.[12] 그리고 위협으로 인해 보호해야 하는 자산에 피해나 손실이 발생할 수 있도록 하는 물리적 통제요소의 누락이나 미흡을 취약성이라 할 수 있다.

취약성을 별도로 평가하는 경우 가장 일반적인 평가 방법은 관찰가능성 Observability과 악용가능성Exploitability을 측정하는 것이다. 관찰가능성은 공격자가 취약성을 보고 얼마나 잘 알아낼 수 있는가의 정도이다. 예를 들어, 외곽 펜스에 뚫린 구멍은 공격자의 관찰가능성이 크지만, 고장 난 영상감시 카메라는 그 외부 모습만을 보고 고장 여부를 판단하기가 어렵다. 악용가능성은 공격자가 취약성을 알게 된 경우에 이를 악용할 수 있는 정도를 말한다.[13] 보안전문가는 관찰 가능성과 악용 가능성의 측정을 통해 취약성을 평가하고, 단기적 또는 중장기적 취약성 완화 계획을 세워야 한다.

---

11 Ibid.

12 ASIS(2015). op. cit.

13 IFPO(2003). The Protection Officer Training Manual, New York: Elsevier.

3 위험평가

1) 개요

위험평가는 공격자의 위협에 대한 영향, 일어날 가능성, 어떻게 펼쳐질지, 얼마나 많은 사람이 영향을 받을지 등을 검토하는 것이다. 위험평가는 다음 세 가지 질문에 근거하여 실행한다.[14]

- 무엇이 잘못될 수 있는가?
- 잘못될 가능성은 얼마나 될까?
- 결과로 인한 영향은 무엇인가?

위험평가에서는 위험의 식별을 통해 자산, 위협 및 취약성에 대한 모든 정보를 종합한 후 위험의 우선순위를 정한다. 우선순위는 의사결정자가 어떤 위험을 가정 먼저 다루어야 하는지, 또는 어떤 방법으로 자원을 배분해야 하는지를 결정하는 데 도움이 된다. 그런데 보통 위험관리를 위해 쓸 수 있는 자원이 한정되어 있으므로 식별된 모든 위험을 처리하는 것은 효율적이지 못하다. 따라서 중요한 임무에 영향을 미칠 수 있는 잠재력이 큰 위험을 우선 처리해야 한다. 우선순위의 지정을 통해 의사결정자는 가장 먼저 처리해야 할 위험을 결정하고, 통제에 필요한 자원을 할당한다.

미국산업보안협회ASIS[15]는 위험의 크기를 계산하는 방법으로 아래 공식을 활용한다. 이 수식은 자산, 위협, 취약성에 대한 각각의 수치를 곱한 값이다. 위험평가 결과는 의사결정자가 데이터를 이해하고 의사결정을 하는 데 도움을 주기 위해 보통 차트나 그래프 등의 시각적 형식으로 제시하는 것이 바람직하다. 이 공식은 앞서 설명한 〈그림 1-1〉로도 표현될 수 있다.

$$\text{위험} = (\text{위협} \times \text{취약성} \times \text{영향})^{1/3}$$

14 Landoll. op. cit.
15 ASIS(2015). op. cit.

그러나 자산, 위협, 취약성은 그 자체의 크기를 측정하기 어려우므로 정량적으로 척도화Scaling를 하게 되는데, '자산의 가치'에 대해서는 '피해 또는 손실을 보았을 때의 영향도Impact'로 측정하며, '위협' 및 '취약성'에 대해서는 '피해 또는 손실의 발생가능성Probability'으로 측정한다. 즉 "자산 = 영향도", "위협 × 취약성 = 발생가능성"이라 할 수 있다. 이것을 산업안전의 영역에서는 '강도'와 '빈도'로 표현하기도 한다.[16]

이와 관련하여 Doss[17]는 위험을 측정할 때는 발생 빈도 혹은 가능성 그리고 잠재적 비용을 반드시 포함해야 한다고 하였다. 결국 위험의 크기는 발생 시 미치게 되는 영향도와 발생가능성에 의해 결정되는 것을 알 수 있다. '자산 가치의 증가'는 피해 또는 손실이 발생하였을 경우 '영향도를 증가'시키게 되고, '위협이나 취약성의 증가'는 '위험의 발생가능성을 증가'시켜 위험의 전체적인 크기가 증가하는 것이다. 이와 같은 관계를 도식화한 것이 바로 확률–영향도 매트릭스 Probability – Impact Matrix이다.

확률–영향도 매트릭스는 개별 위험에 대한 발생가능성과 위험이 발생할 경우 사건에 미치는 영향을 연결해서 제시하는 상관관계의 표로 위험을 우선순위에 따라 구분할 수 있다. 다시 말해, 확률–영향도 매트릭스는 어떤 위험이 어떤 수준의 위험 대응계획을 필요로 하는지 결정하는 데 도움이 된다. 예를 들어, 아래 〈그림 1–4〉의 매트릭스에서 오른쪽 윗부분과 같이 발생가능성이 크고 조직목표에 큰 영향을 미칠 수 있는 위험은 계획을 세워 대응해야 할 필요성이 크다. 즉 위험의 우선순위가 높다고 할 수 있다. 반대로 발생가능성이 작고 영향도가 작은 경우(매트릭스의 왼쪽 아랫부분)는 위험의 우선순위가 낮다고 할 수 있다.

미 연방교통성Federal Transit Authority, FTA은 1994년에 발표한 한 지침[18]에서 위험의 상대적인 순위를 매기는 위험평가 방법에 대하여 구체적으로 설명하였다. 먼저, 위험 이벤트의 발생가능성Probability 평가와 관련하여 미 연방교통성은 아래와 같은 네 가지 값을 사용한다. 각각의 위험 이벤트와 관련해서 수집된 정보에 위험요소를 분석하는 보안전문가의 기술 및 식견을 더함으로써 위험을 다음 단

16 이상희, 이주락(2017). 물리보안의 정의에 관한 연구: 위험평가이론을 중심으로. 한국산업보안연구, 7(2): 33–52.

17 Doss, K. T.(2015). Physical Security Professional Study Guide, 2nd ed. Alexandria: ASIS International.

18 FTA MA–26–0022, Risk Assessment in Fixed Guideway Construction.

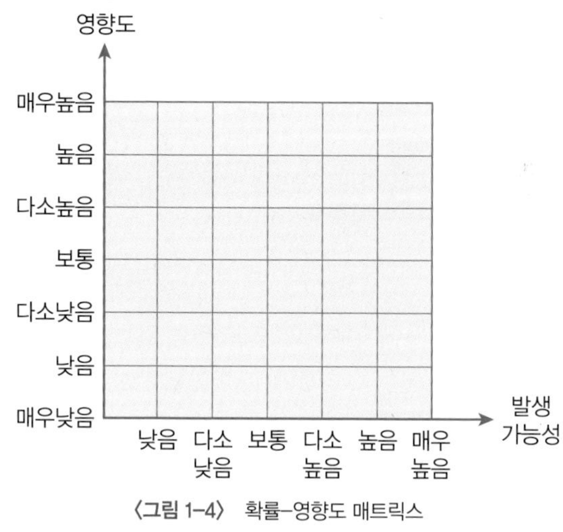

〈그림 1-4〉 확률-영향도 매트릭스

계 중 하나로 분류하는 것이 가능하다.[19]

〈표 1-2〉 미 연방교통성(FTA) 발생가능성 평가 등급

점수 (Score)	용어 (Discriptor)	발생가능성 (Probability)	설명 (Discription)
1	가능성이 거의 없음(Very unlikely)	10 % 미만	거의 확실히 발생하지 않음
2	가능성이 적음(Unlikely)	10 % ~ 50 %	발생할 가능성이 더 낮음
3	가능성이 있음(Likely)	50 % ~ 90 %	발생할 가능성이 더 높음
4	가능성이 매우 높음(Very likely)	90 % 이상	거의 확실히 발생함

출처: FTA MA-26-0022.

다음은 가능한 위험 이벤트에 대한 영향도Impact의 등급을 결정하는 것인데, 이것도 발생가능성과 마찬가지로 위험 이벤트 관련 정보를 바탕으로 결정한다. 미 연방교통성은 영향도 평가를 위해 0에서 5까지 여섯 개의 심각도Severity 등급을 사용한다.[20] 영향도의 등급을 설명하는 데 사용되는 용어는 조직 및 프로젝트의 특성에 따라 다르지만, 미 연방교통성에서는 일반적인 기업에 대한 재정적

19 이와 관련하여 미 산업보안협회(ASIS)의 다른 지침에서는 '보통의 가능성 있음(Moderately Probable)'의 범주를 추가하여 다섯 개의 순위를 사용한다.

20 미 산업보안협회(ASIS)는 1에서 5까지 다섯 개의 중요도(Criticality) 등급을 사용한다. 이때 비록 용어는 다르지만, 위험관리에 있어 영향도는 심각도 및 중요도와 같은 개념으로 볼 수 있다.

효과를 예로 들어 설명하였다.

〈표 1-3〉 미 연방교통성(FTA) 영향도 평가 등급

점수 (Score)	용어 (Discriptor)	효과 (Effect)
0	없음(None)	전혀 없음
1	의미 없음(Insignificant)	재정적 효과가 감지되지 않음
2	가벼움(Minor)	재정적 효과가 사업 비용으로 흡수됨
3	주요함(Major)	재정적 효과는 사업 계획 또는 운영의 주요한 장애를 나타냄
4	중대함(Significant)	재정적 효과는 재정 문제나 사업 방식의 급격한 변화를 요구함
5	치명적임(Catastrophic)	폐업

출처: FTA MA-26-0022.

위험 이벤트의 발생가능성과 영향도에 대한 등급이 지정되면 해당 이벤트의 위험 수준을 평가할 수 있는데, 보통 위험평가 프로세스의 마지막 단계는 가능한 위험 이벤트에 대한 위험 수준을 결정하는 것이다. 이와 관련하여 미 연방교통성 지침은 위험 이벤트의 발생가능성 등급에 영향의 등급을 곱하여 위험 수준을 계산한다. 곱셈의 결과는 아래 〈그림 1-5〉와 같이 0-20 사이의 숫자가 나오는데, 미 연방교통성은 이를 '낮은 수준Low-level(0-4)', '중간 수준Midium-level(5-9)' 및 '높은 수준High-level(10-20)'의 세 단계로 위험 이벤트를 구분한다. 이러한 표 형태의 확률-영향도 매트릭스는 앞의 〈그림 1-4〉와 같이 그래프의 형태로도 표현할 수 있다.

	Severity Score					
Probability Score	0 None	1 Insignificant	2 Minor	3 Major	4 Significant	5 Catastrophic
1 Very Unlikely	0	1	2	3	4	5
2 Unlikely	0	2	4	6	8	10
3 Likely	0	3	6	9	12	15
4 Very Likely	0	4	8	12	16	20

Low - Level Risk Event | Medium - Level Risk Event | High - Level Risk Event

〈그림 1-5〉 미 연방교통성(FTA) 확률-영향도 매트릭스

출처: FTA MA-26-0022.

이처럼 각각의 위험 이벤트에 관한 유용한 정보가 모이면 위험에 대한 발생가능성 및 영향도의 등급을 매기고 이를 통해 최종적으로 위험 수준을 결정하는 것이 가능하다. 그런데 이런 대략적인 등급 체계는 오류의 여지를 포함하고 있다. 예를 들어, 두 관찰자는 수집 정보에 대한 그들의 각기 다른 평가를 바탕으로 똑같은 위험 이벤트에 대해 다른 발생가능성 및 영향도 등급을 부여할 수 있다. 이때 각각의 위험에 관해 이용 가능한 상세 정보가 많을수록 등급을 결정하는 데 있어 의견이 불합치되는 경우가 감소하게 된다. 그러나 비록 어느 정도의 오류를 내포하고 있을지라도, 위험 발생가능성 및 영향도 등급 분류와 같이 체계적인 절차에 기초한 위험평가는 순수하게 주관적이거나 비체계적인 것보다 훨씬 가치 있다는 것을 알아야 한다.

한편, 위험의 특성을 모수Parameter라 하는데, 세 개의 모수를 표현하고자 할 경우에는 두 개의 모수만을 사용하는 확률–영향도 매트릭스를 사용할 수 없다. 이때 편리하게 사용할 수 있는 것이 계층구조형 도표Hierarchical Chart의 일종인 버블차트Bubble Chart이다. 버블차트는 x–축값, y–축값 및 버블 크기의 세 가지 모수를 3차원 데이터로 표시한다. 다음 〈그림 1–6〉은 버블차트를 나타낸 것으로 x–축에 발생가능성, y–축에 영향도 그리고 버블의 크기로 통제유효성을 표시한 것

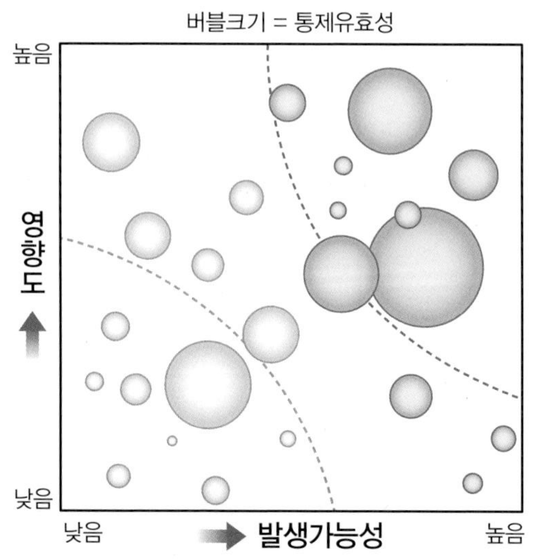

〈그림 1–6〉 발생가능성, 영향도, 통제유효성 버블차트

출처: Project Management Institute, 2017.

으로 버블의 크기가 클수록 통제유효성이 높다.[21]

2) 정성적 평가와 정량적 평가

위험진단에는 정성적Qualitative 또는 정량적Quantitative 분석방법이 사용될 수 있다. 정성적 분석은 대상의 속성, 특성, 특징과 관련이 있으며, 그것들의 가치를 일반적인 용어로 추정하는 것이다. 정성적 분석에서는 위험요소를 설명하기 위해 숫자를 사용하지 않지만 '높음, 보통, 낮음'과 같은 비교 가능한 용어를 사용하여 위험 수준을 평가할 수 있다. 이러한 정성적 방법은 일반적으로 사용하기가 쉽고 빠르며 수치 계산만큼의 의미 있는 결과를 제공할 수 있다. 정성적 분석은 주로 자산의 가치가 높지 않거나 손실이나 피해가 적을 것으로 예상되는 등 보안 요구수준이 높지 않은 경우에 적용된다. 따라서 정성적 분석은 위험 구성요소를 설명하기 위해 숫자 값을 사용하지 않는 접근방식으로, 중소 규모의 사업장이나 프로젝트에서 주로 사용된다고 할 수 있다.[22]

정량적 분석에서는 자산의 가치, 위협, 취약성 및 업무영향도와 발생가능성의 수준을 설명하기 위해 숫자나 척도를 사용한다. 정량적 분석은 단순한 등급 구분에서부터 정교한 통계 분석이나 수학공식에 이르기까지 분석방법이 다양하다. 정량적 방법을 사용하면 차트와 그래프, 통계적 방법을 요약하여 많은 양의 데이터를 간결하게 표시할 수 있고, 컴퓨터 소프트웨어를 사용하여 데이터를 자동으로 처리할 수도 있다.[23]

높은 자산 가치로 인해 보안요구 수준이 높은 경우에는 공격이 발생할 확률이 낮더라도 엄격한 정량적 분석을 시행할 필요가 있다. 원자력발전소, 정부기관 및 군사시설 등이 그러한 예에 포함된다. 미국에는 국가 위기 상황에 대응하기 위한 최상위 기관으로 국토안보부Department of Homeland Security, DHS가 있는데,

21 Project Management Institute(2017). A Guide to the Project Management Body of Knowledge(PMBOK) Guide, 6th ed, Newtown Square: Project Management Institute.

22 Landoll. op. cit.

23 Aven, T.(2011). Quantitative Risk Assessment: The Scientific Platform, Cambridge: Cambridge University Press.

국토안보부는 국가 기반시설에 대한 위험진단 방법론을 승인해 왔다. 국토안보부가 승인하고 현재까지 신뢰받는 정량적 물리보안 위험진단 방법론 중 하나가 산디아 모델Sandia Model이다.

산디아국립연구소Sandia National Laboratories는 여러 하위 분야로 세분된 한 세트의 위험진단 방법론Risk Assessment Methodology, RAM을 개발하였다. 산디아 모델은 대표적인 정량적 분석 방법으로서, 방어벽 안의 콘크리트 혼합물의 비율이나 철근의 간격까지도 지연 공식Delay Formula에서 계산될 수 있을 정도의 상세한 수준에서 방호대책의 효과를 계산한다. 그런데 이러한 상세하고 정확한 정량적 분석 방법이 원자력발전소, 핵저장시설, 군사시설과 같은 기반시설에는 적합하지만, 분석에 들어가는 비용이 과도하여 대부분의 일반시설에서는 적합하지 않을 수 있다. 위험평가는 비용과 결과가 적당한 균형을 이뤄야 한다. 산디아 모델이 위험평가 방법론 중 정확성과 세부성에 있어 최고라고 할 수 있지만, 이는 보통의 위험평가에 사용하기에는 지나치다고 할 수 있다. 이것이 산디아 모델이 일반적 위협보다는 국가기반시설에 대한 테러위협에 보다 적합한 이유이다.[24]

이처럼 정성적 분석과 정량적 분석은 각각의 쓰임새가 다르며 두 방법 중 어떤 방법이 더 우수하다고 말하기는 어렵다. 또한, 철저한 분석을 위해서 정성적 분석과 정량적 분석이 결합되어 모두 사용되는 경우도 흔한데, 이를 혼합Mixed 접근법이라 한다. 결과적으로 어떤 방법을 사용할지는 위험 평가자의 스타일과 조직의 의사결정자에 달려 있다. 가장 중요한 것은 어떠한 방법이든 입력된 정보가 정확하고 최신 상태인지를 확인하는 것이다. 정성적, 정량적, 혼합 분석 방법의 하나를 사용하거나, 정교한 소프트웨어 도구 사용 또는 수작업 프로세스를 선택하더라도 결국 위험분석의 가치는 투입 데이터의 질에 크게 좌우된다.[25] 이는 '쓰레기가 들어가면 쓰레기가 나온다Garbage In, Garbage Out, GIGO'라는 컴퓨터과학 분야의 격언이 위험평가에도 정확히 적용된다는 의미이다.

한편, 상용화된 많은 자동화 도구가 위험평가 및 위험진단을 수행하는 데 도

24 Norman, T.(2016). Risk Analysis and Security Countermeasure Selection, 2nd ed, Boca Laton: CRC Press.

25 Patterson, D. G.(2013). Physical Protection Systems: A Practical Guide, 2nd ed, Alexandria: ASIS International.

움을 줄 수 있다. 상용 소프트웨어는 대용량 데이터를 저장, 처리 및 조작하는 데 매우 효율적이다. 그러나 일반적으로 자동화된 도구는 정량화하기 어려운 무형 요소 및 정보를 다루는 데 적합하지 않을 수도 있으므로 무조건 자동화 도구가 우수하다는 편견을 가져서는 안 된다.

물리적 방호체계PPS와 설계평가 모델DEPO[26]

물리적 방호체계Physical Protection System, PPS는 1970년대 초반 미국 산디아국립연구소에서 원자력발전소의 방호체계를 가리키며 사용하기 시작한 용어이다. Garcia(2008, pp.1-7)는 "물리적 방호체계는 방사성 물질에 대한 절도Theft, 파괴Sabotage, 또는 악의적인 사람의 공격에 대항하여 자산과 시설의 보호를 위한 인력People, 절차Procedures, 장비Equipment를 통합한다고 하며, PPS의 목적은 공격자Adversary가 시설에 대한 악의적인 행동을 성공적으로 완료하는 것을 예방하는 것이며, 주기능은 탐지Detection, 지연Delay 및 대응Response이다"라고 설명하였다.

이를 위한 설계 및 평가 프로세스로 DEPODesign Evaluation Process Outline를 개발하였는데, DEPO는 전 세계 원자력 시설의 보안 분석에서 표준 프로세스로 사용되고 있다. DEPO는 위험 수준과 설비 예산 및 운용에 대한 업그레이드 영향 사이에서 균형이 달성되는 시점을 결정하는 명확성과 확률적 모델링 패러다임으로, DEPO의 전통적인 시스템 엔지니어링은 확률론적 위험평가에 기반하여 보안에 대한 확률론적 영향 즉, 특정 감지기가 금지 구역에 진입할 때 경보를 울릴 확률 또는 대응팀이 공격자를 저지할 수 있는 확률로써 설명한다.

DEPO는 목표결정Determine-설계Design-분석Analyze'의 세 가지 주요 단계로 구성되며, 프로세스의 첫 번째 단계는 보호 시스템의 목표를 결정하는 것이다. 목표 결정 단계에서 설계자 또는 물리보안 전문가는 (1) 시설 운영 및 조건을 특성화하고, (2) 위협을 정의하며, (3) 목표를 식별하게 되고,

26 Garcia, M. L.(2006). Vulnerability Assessment of Physical Protection Systems, Boston: Butterworth-Heinemann.; Garcia, M. L.(2008). The Design and Evaluation of Physical Protection System, 2nd ed, Boston: Butterworth-Heinemann.

일단 목표가 결정되면, 이는 PPS를 설계하는 데 큰 틀로써 활용된다. PPS 설계는 탐지, 지연, 대응의 목적을 충족하는 관련 보안기술을 각 목적의 하위 항목에 나열 및 적용하고 시스템 효율성에 대한 분석을 통해 최적화를 이루어 낸다.

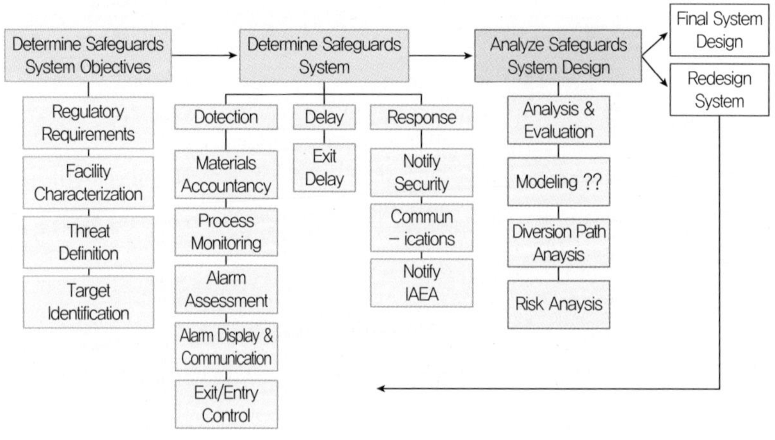

〈그림 1-7〉 DEPO 설계 및 평가 프로세스

출처: Garcia, 2008

DEPO의 핵심은 보안위험을 측정하는 것이고, 이를 위한 공식은 다음과 같다(Garcia, 2006).

$$R = Pa \text{ x } (1 - Pe) \text{ x } C$$

R = 시설에 대한 위험 Risk to the Facility

Pa = 적의 공격 가능성 Probability of an Adversary Attack

Pe = 통제유효성 Probability of Control Effectiveness

C = 영향값 Consequence Value

이러한 DEPO의 보안위험 공식도 이 책에서 제시하는 위험 공식인 "위험 = 자산 x 위협 x 취약성"과 근본적으로 동일한 개념이라 할 수 있다. DEPO의 Pa는 적의 공격 가능성이므로 앞서 <표 1-1>에서의 위험의 요소 중 위협Threat이라 할 수 있고, (1-Pe)는 PPS의 비유효성, 즉 취약성Vulnerability이라 할 수 있으며, C는 영향값으로 자산에 미치는 피해, 즉 자산Asset으로 볼 수 있다. 결국 R은 적이 시설의 핵심 자산에 접근하거나 이를 탈취할 위험을 의미한다.

DEPO의 보안위험 공식을 세부적으로 살펴보면, Pa는 적의 공격 가능성으로 보통 과거의 수치를 활용하여 계산한다. 예를 들어, 지난 10년간 공격이 3회 발생했으면, 올 한 해 공격이 발생할 가능성은 0.3이다. 다음으로 C는 영향값으로 사건의 심각성을 의미한다. 이러한 모든 요소는 0~1 사이의 값을 가지는데, 0은 최소값을 의미하고 1은 최댓값을 의미한다. 마지막으로 통제유효성에 해당하는 Pe는 아래의 공식으로 구체화된다.

$$Pe = Pi \times Pn$$

Pi = 대응에 의해 공격이 방해받을 가능성Probability of Interruption

Pn = 대응에 의해 공격이 무력화될 가능성Probability of Neutralization

보통 Pi는 적대적 행위를 중단시키기 위해 위협이 탐지된 장소에 대응수단이 도착하는 것이고, Pn은 공격자가 패배하여 적대적 행위가 중단되는 것이다. 다만, 어떤 공격자들은 폭력적이지 않아 대응자산의 도착과 동시에 포기할 수 있는데, 이때는 Pn은 고려할 필요가 없으며 Pi의 값이 그대로 Pe의 값이 된다. 결과적으로, Pe는 탐지, 지연, 대응체계의 성능 즉 전체적인 통제유효성을 평가하는 것으로 볼 수 있다.

한편, 통제유효성이나 취약성을 평가하는 방법은 크게 다음 두 가지의 접근법이 사용된다. 첫 번째는 정책과 규정 등 설정된 목표와 기준을 준수하고 있는지를 통제수단이나 절차의 존재 여부에 의해서만 평가하는 기능기반 접근법Feature-based Approaches으로 주로 위험수준이 낮은 상업시설에서 체크리스트 방법을 통해 평가된다.

두 번째는 보안통제요소가 어떻게 작동하고 그것이 전체 시스템 효과에 어떤 기여하는지를 평가하는 성능기반 접근법Performance-based Approaches

으로 보통 위험 수준이 높은 국가기반시설에 적용된다. 위에서 설명한 Pe = Pi × Pn 공식은 성능기반 접근법으로 볼 수 있다.

4 위험진단 기법

위험진단은 위험을 식별하고 평가하기 위해 관련 데이터를 수집하고 분석하는 과정으로 보호 대상인 자산과 예상되는 위협 그리고 물리적 보안 통제 취약성을 찾아내고 조사하는 것이다. 이러한 위험진단에는 문서조사, 인터뷰, 설문조사, 현장실사, 체크리스트 등 다양한 방법이 적용된다.

1) 문서조사

문서조사Document Review은 모든 관련 문서 정보를 검토 및 평가하는 것으로, 위험진단을 위해 주로 아래와 같은 문서를 조사한다.[27]

- 주요 정보리스트, 주요시설/설비/장비의 위치, 주요 인원 현황
- 관련 사고보고서, 관련 진단, 감사 및 컨설팅 보고서
- 물리보안 정책/지침/절차 및 요구사항
- 물리보안설비 및 시스템의 설계도서(도면, 시방서, 물량, 제원)
- 보안인력 운영현황

문서조사는 인터뷰와 현장실사에 앞서 실시하는 것이 바람직하며 조직 내부에 보관된 전자문서 및 인터넷을 통해 검색할 수 있는 외부자료까지 포함하여 진행한다.

27 Norman, op. cit.

2) 인터뷰

대화의 일종인 인터뷰Interview에서는 질문을 통해 어떠한 정보와 사실에 대한 결과를 얻게 된다. 그러나 인터뷰와 일상 활동에서 하는 대화와의 결정적인 차이점은 인터뷰가 특별한 목적을 위해 전략적으로 이루어지는 계획된 의사소통 행위라는 것이다.[28]

물리보안 진단에서 인터뷰는 문서조사 후에 대상자와 일정을 미리 협의하여 진행하는 것이 일반적이다. 인터뷰를 통해 문서조사에서 파악된 사항을 관련 업무를 수행하는 담당자로부터 세부적으로 확인하고, 문서에 표현되지 않은 사항을 추가로 조사한다.

적절한 인터뷰를 진행하기 위해서는 사전에 질문할 사항들이 정리되어 있어야 하며, 조직의 구조나 담당자들의 실제 역할에 따라 대상자가 적절히 선정되어야 한다. 또한, 인터뷰는 정직하고 편견 없는 참여를 위해 신뢰가 바탕이 된 기밀 유지 환경에서 수행되어야 한다. 특히, 질문이 지나치게 까다롭거나 엄격하지 않도록 해야 하며, 응답자와의 신뢰관계Rapport를 형성하도록 노력하여 자연스러운 대화를 나누는 분위기를 조성해야 한다.[29]

3) 설문조사

설문조사Survey란 미리 구조화되어 있는 설문지를 통하여 어떤 현상에 관한 자료를 수집하고 분석하는 연구 방법이다. 설문조사의 목적은 특정한 모집단을 대표할 것이라고 추정되는 응답자들을 통하여 정보를 구하는 데 있다.[30] 물리보안 위험진단 과정에서의 설문조사는 주로 식별된 위험에 대한 업무담당자 등 특정 집단의 의견을 파악하며, 이때 리커트척도Likert Scale가 주로 활용된다.

28 박성희(2003). 미디어 인터뷰, 서울: 나남출판사.

29 Margot, E.(1991). Doing Qualitative Research: Circles within Circles, London: Routledge.

30 김구(2011). 사회과학 연구조사 방법론의 이해: 양적연구와 질적연구의 접근, 서울: 비앤엠북스.

4) 현장실사

현장실사On-site Survey는 현재의 보안수준을 평가하고 취약성을 판단하며, 그러한 취약성을 해결하는 데 필요한 보호 수준을 평가하기 위해 실시하는 시설과 운영 및 시스템과 절차에 대한 현장점검을 말한다. 따라서 현장실사를 통해 현재의 물리보안의 수준을 파악하고, 세부적인 취약성을 파악하며, 필요한 목표 수준을 설정하여 개선을 위한 권고 사항을 제시할 수 있다. 이러한 현장실사를 보안조사Security Survey라고도 한다.[31]

일반적으로 물리적 공간에 대해 현장실사를 수행함에 있어, 다음과 같은 세 가지 접근법을 사용한다. 그러나 어떠한 접근법을 사용하든 체계적 접근이어야 하며, 다음에 반복해서 재수행할 수 있는 방법이어야 한다.[32]

- 외부–내부 접근법Outside-Inward Approach: 조사자는 외부로부터 조사를 시작하고 자산을 향해 안쪽으로 이동한다. 이 접근방식에서 조사자는 공격자의 관점에서 기존의 보안시스템을 무효화시킬 방법을 고민하기 때문에 실제 침입에서의 상황과 유사한 접근이 가능하다.
- 내부–외부 접근법Inside-Outward Approach: 이 방법은 방어자의 관점에서 나온 것으로 조사자는 자산에서 시작하여 외부의 비보호지역을 향해 나아간다. 조사자는 각각의 보안시스템을 평가하여, 해당 시스템이 의도한 대로 작동하는지, 얼마나 효과적인지와 개선할 방법을 결정한다.
- 기능적 접근법Functional Approach: 조사자가 보안의 여러 기능을 개별적으로 분석하는 접근법이다. 기능적 접근법에서는 일반적으로 건축구조적 요소, 전자시스템적 요소, 운영인력적 요소의 세 가지 대분류 항목과 이를 세분화한 하위 기능 항목들을 분석한다.

현장실사는 인터뷰 등의 조사과정에서 확인된 내용 중 추가 확인이 필요한 사항이나 검증이 필요한 사항 위주로 점검하며, 물리적 공간별로 조사할 내용을 미리 정리해두어 혼란스럽지 않도록 해야 한다. 또한, 조사에 필요한 거리측

31 Doss, op. cit.

32 Radvanovsky, R. & McDougal, A.(2018). Critical Infrastructure: Homeland Security and Emergency Preparedness, 4th ed, Boca Laton: CRC Press.

정기, 조도측정기, 연기발생기, 휴대용 조명기 등 목적에 따른 도구와 현장 상황 및 기상을 고려하며 필요 시 안전모, 안전화, 안전조끼 등을 착용해야 한다.

실사 과정에서는 물리보안 통제수단의 유효성에 대한 정확한 검증을 위하여 테스트를 진행할 수 있다. 외곽 침투나 보호구역 출입문에 대한 강제개방 탐지, 보안검색 장비에서의 금지품목 탐지 등이 이러한 테스트에 속하며, 이때 보안요원이 이러한 상황에 적절하게 대응하는지도 확인할 수 있다.

5) 체크리스트

체크리스트Checklist는 필요 조치 수행 여부 또는 요구사항 충족 여부 확인을 위해 항목별로 구성하여 사용되는 체계적인 도구이다.[33] 많은 조직에서 작업의 일관성 유지를 위해 체크리스트를 활용하고 있다. 체크리스트는 간단하고 빠르게 사용할 수 있다는 장점이 있지만, 깊이 있고 철저한 분석은 어려우므로 위험식별에 대한 적절한 노력을 피하기 위한 목적으로 이 기법을 선택하지 않도록 유의해야 한다. 또한, 평가자는 체크리스트에 없는 항목도 항상 유심히 살펴보고 놓치지 않도록 해야 하며, 일정한 기간을 두고 점검을 통해 오래된 정보는 삭제하고 새로운 정보로 체크리스트를 업데이트를 해야 한다. 이때 유의할 점은 조사를 수행할 때 체크리스트는 중요한 요소를 놓치지 않도록 하는 데 도움이 될 수 있지만, 체크리스트를 위험진단의 유일한 도구로 사용해서는 안 된다는 것이다.

물리보안에서 체크리스트는 주로 위험진단을 위한 취약성 조사의 도구로 사용되는데, 물리보안의 통제요소에 대한 점검기준을 조사대상의 보안정책과 지침을 기반으로 도출한 후 설정된 기준과의 차이가 있는지를 조사하는 형태로 진행한다.

33 ASIS(2012). op. cit.

6) 위험진단 보고서의 작성

위험진단 보고서는 진단 결과를 전달하고 확인된 취약성을 완화하도록 조직을 설득하기 위해 작성한다. 양질의 위험진단 보고서가 갖추어야 할 조건은 다음과 같다.[34]

- 정확성Accuracy: 적절한 관점을 가진 사실
- 선명성Clarity: 이해에 근거한 의사소통
- 간결성Conciseness: 지나치게 장황하지 않음
- 적시성Timeliness: 최신 정보
- 어조Slant or Pitch: 보고서의 분위기

이 중 위험진단 보고서를 작성하는 보안전문가가 각별히 주의해야 할 것이 바로 마지막 조건인 어조이다. 어조는 정중하고, 지나치게 사소한 세부 사항에 집중하거나 부정적일 것을 지양하는 것으로, 특히 보안 상태가 얼마나 나쁜지 또는 기존 보안전략이 얼마나 비효율적인지를 강조하는 식으로 써서는 안 된다는 것이다. 이는 위험진단을 하는 보안전문가가 쉽게 빠지는 함정으로, 오히려 보고서는 보안 상태가 어떻게 개선될 수 있으며 왜 그것이 중요한지에 초점을 맞추어야 한다. 이러한 보고서 작성 조건은 위험진단 보고서뿐 아니라 모든 종류의 보안 관련 보고서에 적용될 수 있다.

5 위험처리

위험진단을 통해 위험이 식별되고 평가되면, 해당 위험을 처리하기 위한 전략이 필요하다. 미국산업보안협회ASIS[35]에 따르면, 효과적인 자산 보호 전략은 보통

34 ASIS(2015). op. cit.
35 Ibid.

다섯 가지 전략의 조합으로 이루어진다고 하였는데, 이는 하나의 전략만을 활용할 수도 있고, 두 개 이상의 전략을 동시에 활용할 수도 있다는 의미이다. 다만, 물리보안을 포함한 보안 분야에서는 다섯 가지 전략 중 위험의 감소를 주로 활용한다.

위험처리 전략이 정해지면 그에 따른 구체적인 보호조치Protective Measures를 이행하게 된다. 이때, 어떤 보호 조치를 이행해야 하는지를 결정하는 것은 매우 어려운 작업이 될 수 있다. 예산의 제약과 가용 자원을 고려하는 것이 중요하지만, 각 전략이 조직의 운영에 미칠 수 있는 잠재적인 부작용도 함께 고려해야 한다.

1) 위험처리 전략

(1) 위험의 회피

위험의 회피Risk Avoidance는 손실 이벤트를 유발할 기회 자체를 제공하지 않는 것이다. 즉 손실을 야기하는 수많은 활동 또는 노출들을 피하는 것이기 때문에 위험을 다루는 가장 직접적인 방법으로 볼 수 있다. 그러나 위험의 회피는 보석상에서 도난을 우려하여 보석을 모두 치우는 것과 같이 조직의 임무 수행을 원천적으로 무효화 할 수 있기에 소극적인 접근법에 속하며, 종종 비실용적일 수 있다.

(2) 위험의 분산

위험의 분산Risk Spreading은 조직 자산의 전부 또는 대부분을 단일 위치에 배치하거나 단일 위협의 대상으로 두는 것을 방지하는 것으로, 지리적 분산이 주로 활용된다. 기업이 고부가가치 상품의 모든 재고를 단일 창고에 보관하는 경우, 해당 창고가 중대한 손실 사건(예: 도난, 홍수, 화재 등)에 휘말리게 되는 경우 잠재적 손실은 자산의 100%가 될 수 있다. 그러나 이 상품이 지리적으로 분리된 여러 곳의 시설에 배치된다면, 자산의 손실은 전체 재고량의 일부분에만 해당할 것이다. 이러한 위험분산은 분산된 위험을 독립적으로 관리해야 한다는 점에서 추가비용을 발생시킨다.

(3) 위험의 전가

위험의 전가Risk Transfer는 보험과 같은 수단을 통해 손실 이벤트 발생 시 다른 곳으로 손실을 넘겨버리는 것이다. 보험을 보안수단으로 보기는 어렵지만, 조직이나 개인의 위험관리 측면에서는 중요한 수단으로 인정된다. 이와 함께, 계약조항 등을 통해 손실 이벤트 발생 위험을 공급자나 판매자와 같은 다른 대상에게 넘기는 것도 위험의 전가에 해당한다.

위험 전가의 또 다른 예는 보호 대상을 다른 잠재적 대상(예: 인근 시설)보다 덜 매력적으로 만드는 것이다. 침입절도범에 관한 우리나라의 한 연구[36]에서 국내의 많은 절도범은 인근의 다른 잠재적 대상보다 보안장치가 적은 대상을 매력적이라 생각하고 그러한 시설을 침입절도의 목표로 선택하였다. 이는 비교 대상보다 덜 매력적으로 만든다면 그만큼 침입절도 피해를 당할 확률도 낮아진다는 것을 의미한다.

(4) 위험의 수용

위험의 수용Risk Acceptance은 위험의 존재는 인지하지만, 선제 조치를 하지는 않는 것으로, 최소한의 보안대책을 마련하거나 아예 보안 대상에서 제외하는 전략이다. 이 전략은 우선순위가 낮은 위험에 적절하며, 다른 방법으로 위험을 처리할 수 없거나 손실이 우려되는 자산의 가치가 작아 비용편익적 측면에서 효과적이지 않을 때 채택할 수 있다. 또 위험을 처리하기 위해 여러 보안 통제 수단을 적용한 후에도 모든 위험을 완전히 제거하는 것이 사실상 불가능하므로 일부 위험은 남을 수밖에 없는데, 이를 잔여위험Residual Risk이라고 한다. 추가적인 조치를 하지 않고 이러한 잔여위험을 받아들이는 것도 위험의 수용으로 볼 수 있다.

36 Lee, J.(2006). Burglar Decision Making and Target Selection: An Assessment of Residential Vulnerability to Burglary in the Korean Context, Ph.D. Thesis, University of Portsmouth.

잔여위험

아래 위험관리 개념도에서 보는 바와 같이, 다양한 위험관리 대책(통제수단)을 통해 위험을 낮춘 후에도 여전히 존재하는 위험을 잔여위험 Residual Risk이라고 한다. 위험관리에 있어 잔여위험은 용인 가능한 위험 수준 Acceptable Level of Risk, ALR까지 낮추게 되는데 용인 가능한 위험 수준은 조직이 공식적으로 수용하기로 결정한 잔여위험의 수준으로 프로젝트의 위험성, 조직의 성격과 문화 및 위험관리 비용 등을 종합적으로 고려하여 최고 경영진이 결정한다.

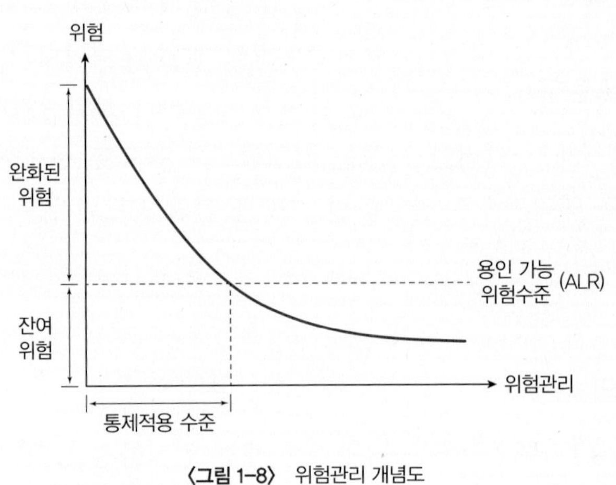

〈그림 1-8〉 위험관리 개념도

(5) 위험의 감소

위험의 감소Risk Reduction에는 자산에 대한 위험을 감소시키는 모든 조치가 포함된다. 물리보안의 영역에서 가장 보편적이고 직접적인 위험 감소 방법은 취약성을 감소시키는 것이다. 일반적으로 위험의 감소가 취약성을 감소시키는 것임에 비해, 위험의 분산과 위험의 전가는 주로 영향을 감소시킨다는 점에서 차이가 있다. 침입경보용 감지기나 영상감시용 카메라 등을 통해서 공격자의 침입을 탐지 및 대응하고 자산손실의 위험을 줄이는 방법을 위험감소의 한 예로 들 수 있다.

위험감소를 위해 적용되는 물리보안의 통제수단은 건축구조적 보안, 전자시스템적 보안, 운영인력적 보안으로 구분된다. 보안전문가는 물리보안 프로젝트를 기획할 때 이러한 세 가지 요소를 모두 고려해야 하며, 효율적인 보안 프로그램이 되기 위해서는 모든 요소가 통합되어 잘 어우러져야 한다.

그리고 이러한 보안통제수단은 가용성, 경제성 및 타당성 측면에서 평가되어야 한다.[37] 여기서 가용성Availability이란 통제수단이 장애나 오류 없이 정상적으로 운영되는 능력을 말하는 것으로, 예를 들어, 300대의 감시카메라 중 30대가 고장상태로 촬영이 되지 않거나 사전에 설정된 기능을 구현하고 있지 못하다면 해당 영상감시시스템의 가용성은 90%라고 할 수 있다. 다음으로 경제성Affordability은 비용-편익분석Cost-benefit Analysis의 관점에서 통제수단을 구성하고 운영하는데 투입되는 비용과 이로 인해 얻을 수 있는 손실의 감소를 비교하기 위한 것이다. 예를 들어, 특정 기간 통제수단의 적용을 통해 기대할 수 있는 손실의 감소가 1억 원일 때 투입해야 하는 비용이 2억 원이면 경제성에 맞지 않으므로 계획이 변경되어야 한다. 마지막으로 타당성Feasibility은 통제수단이 통제목적을 위해 적절한지 여부에 대한 것으로 예를 들어, 내부자의 정보매체나 출력물 무단유출을 탐지할 목적으로 외곽 펜스에 외부침입을 탐지하는 적외선 감지기를 설치하였다면 이는 타당하지 않은 경우에 해당한다. 경우에 따라 이러한 타당성 확보를 위해 법률적 요구를 준수하는지에 대한 여부로부터 직원들의 편의성이나 심미적인 관점까지도 검토될 수 있다.

(6) 확률-영향 평가 매트릭스와 위험처리 전략

어떠한 위험처리 전략을 사용할지에 대하여 확률-영향도 매트릭스와 연관지어 생각하면 보다 쉽게 선택할 수 있다. 일반적으로 아래 〈그림 1-9〉와 같이 위험의 발생가능성이 매우 크고 발생 시 피해의 결과, 즉 영향도도 매우 큰 위험의 경우에는 회피 전략을 주로 사용하게 된다. 이는 확률-위험도 매트릭스에서 오른쪽 윗부분에 속하는 위험으로 발생 시에는 비즈니스의 존립 자체가 위험해지기 때문에 가능한 피해야 하는 것이다.

---

37 Asis(2015). op. cit.

반대로 매트릭스의 왼쪽 아랫부분과 같이 발생가능성과 위험도가 모두 작은 경우는 위험이 발생할 가능성도 낮고 또 발생하더라도 그 피해도 경미하기 때문에 비용편익적 측면에서 특별한 조치를 하지 않고 위험을 수용하는 것이 적절하다. 물론, 이때도 위험을 방치하는 것이 아니라 위험의 변화를 지속적으로 추적 관리하여야 한다.

또 위험의 발생가능성은 크지 않으나 발생 시 영향도가 큰 경우는 전가 전략을 사용하는 것이 좋다. 사람들이 보통 자신에게 중대한 병의 발생가능성은 높지 않다고 생각하나 발병 시의 큰 피해를 생각해서 보험에 가입하는 것을 예로 들어 생각하면 이해하기가 쉽다.

마지막으로 발생가능성과 위험도가 매트릭스의 중간 정도에 오는 경우에는 위험감소와 분산의 전략을 주로 사용하게 된다. 이때 위험이 우상향 쪽으로 갈수록 위험처리의 우선순위가 높다고 할 수 있다. 그리고 앞서 설명한 바와 같이, 물리보안의 영역에는 물리적 취약성을 통제하여 위험을 감소시키는 방법을 가장 많이 활용한다.

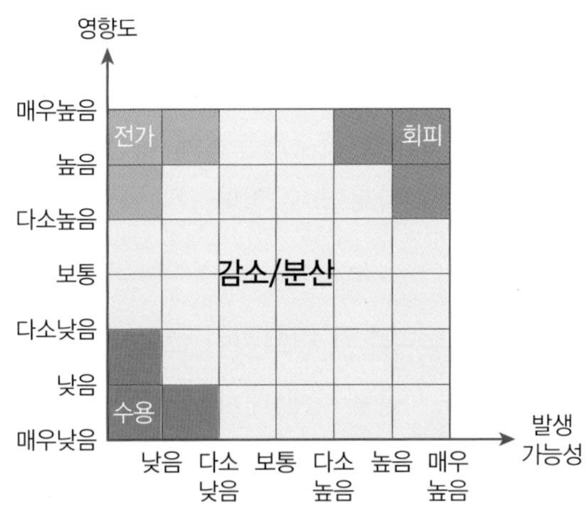

〈그림 1-9〉 확률-영향도 매트릭스와 위험처리 전략

2) 보호조치

(1) 보호조치의 이행

위험의 처리를 위해 조직은 사용 가능한 자원과 기업의 사명 및 운영에 대한 악영향을 고려하면서 관련 위험을 효과적으로 해결할 수 있는 구체적 보호조치를 이행해야 한다. 이때 보호조치의 이행은 선택 → 테스트 → 실행 → 훈련의 4단계 과정을 거친다.[38]

첫 번째 단계인 선택Select에서 보안전문가는 확인된 위험을 해결할 수 있는 가능한 여러 솔루션을 제공하며, 이러한 솔루션들은 경제성, 긴급성, 편의성, 심미성 또는 기타 요인에 따라 배열한다. 이때 솔루션은 하드웨어, 소프트웨어, 절차나 그 조합이 될 수 있다. 다양한 솔루션을 제공하는 경우에도 보안전문가는 고객의 요구에 대해 전문지식을 바탕으로 권장하는 솔루션을 제시하는 것이 바람직하다.

두 번째 단계는 테스트Test인데, 이전 단계에서 제시된 권장 솔루션에 대해 다음과 같은 몇 가지 사항을 테스트해야 한다.

- 해당 환경에서 솔루션이 예상대로 작동하는가?
- 솔루션이 시설의 다른 시스템과 연동되어 예상대로 작동하는가?
- 솔루션이 위험처리 측면에서 바람직한 효과를 얻었는가?
- 사람들(보안직원, 일반직원 및 시설 이용자)이 새로운 솔루션에 잘 적응하는가?
- 시스템 운영의 단기 및 장기 비용을 정확하게 예측할 수 있는가?

테스트 단계에서는 경우에 따라 솔루션을 시작하기 전에 버그를 테스트하고 해결할 수 있도록 제한된 물리적 영역(예: 건물의 특정 공간)에서 솔루션 전체 또는 일부를 먼저 구현해 볼 수 있다.

세 번째 단계인 솔루션의 실행Implement에서 고려해야 할 요소에는 직원과 방문객 등에 대한 알림, 설치 비용, 시설 접근 방해 가능성, 가동 중지 시간, 부분 시설 폐쇄 등이 있다. 그리고 마지막 단계인 훈련Train에서는 보안인력, 유지보수 인력 및 기타 직원을 대상으로 새로운 솔루션에 대한 훈련이 필요할 수 있다. 훈

38 Ibid.

련은 시간과 비용 측면에서 솔루션 비용에 포함되어야 하며, 전체 이행 계획에 통합되어야 한다.

(2) 보호조치의 비용 타당성

보안 비용은 다른 곳에 쓰일 수도 있는 기업의 자산이나 자원을 보안에 투입하는 것이기 때문에 그 비용에 대한 타당성이 검토되어야 한다. 예를 들어, 보호조치에 매년 10억 원이 투입되는데 경영진에게는 10억 원 만큼의 손실방지나 자산보호가 되지 않는 것처럼 보일 수 있다. 그렇다면 이는 다음 해 보안 예산의 삭감이나 보안 기능의 축소라는 부정적 결과를 초래할 수도 있다. 그러므로 보안에 사용한 비용만큼의 가치를 정당화시켜야 한다.

일반적으로 보안 활동은 필요하지만 직접적으로 정량화할 수 없는 경우가 많다. 그러나 조직 자원의 적절한 배분을 위해서는 보호조치의 재무적 기여가 다른 기능 못지않음을 최대한 증명하여야 한다. 이러한 보안의 비용에 대한 타당성의 확보는 보통 비용회피Cost Avoidance와 자산회수Asset Recovery를 통해 이루어진다.[39]

비용회피는 보호조치가 없었다면 발생했을 손실이 전혀 발생하지 않았거나 예상한 만큼 발생하지 않았다는 것과 감소된 손실 발생 가능액이 보안프로그램 설치 운영비용보다 더 크다는 것을 보여주는 것이다. 이러한 접근 방법은 이론적이기는 하지만 위험관리 전문가들이 기업이 얼마의 위험을 감수하고 얼마의 보호를 받을 것인지를 결정할 때 가장 자주 사용된다.

보통 보호조치가 제시되거나 실행되게 되면, 이러한 조치에도 불구하고 발생할 수 있는 손실에 대한 추정이 이루어져야 한다. 예를 들어, 보안 통제가 없다면 재고 보관창고에 절도로 인한 1억 원의 손실 발생이 예상되며, 영상감시장치, 침입경보장치 등의 보호조치가 되었을 때 경우에는 손실을 1천만 원까지 줄일 수 있다고 가정해 보자. 그러면 그 차액은 9천만 원이 되며 이 액수는 회피된 손실이라고 할 수 있다. 이 액수는 이제 보안 비용의 타당성을 설명하기 위해 사용될 수 있다.

---

39 Asis(2012). op. cit.

보안 비용의 타당성을 설명하는 두 번째 방법은 보호조치 즉 보안프로그램이 존재함에 따라 나타날 수 있는 실제적인 자산의 회수를 평가하는 것이다. 예를 들어, 직원 한 명이 상자를 가지고 시설 밖으로 나가려다가 보안요원에 의해 제지되었고, 제조과정에서 사용되는 부품 100만 원 어치를 허가 없이 반출하려는 시도가 발각되었다. 이 경우 자산 회수액이 100만 원이 되고, 이러한 회수 비용 또는 가치가 보안 비용에 의한 수익에 포함된다. 이때 회수 가치를 산정해야 하는데 최초 구매비용으로 할지, 아니면 현재의 대체 비용으로 산정해야 할지 등에 대한 논란이 있을 수 있다. 보통 회수가치는 조직의 방침에 따라 결정한다.

이러한 논의를 종합했을 때 보안 비용에 대한 수익은 다음 공식에 의해 계산될 수 있다.[40]

$$AL + R / CSP = ROI$$

AL = 회피된 손실Avoided Loss

R = 회수액Recoveries Made

CSP = 보안프로그램 비용Costs of Security Program

ROI = 투자 비용에 대한 수익Return on Investment

보안 비용의 타당성을 강조하기 위해서는 가능한 높은 ROI를 얻는 것이 중요하다. ROI가 1이라는 것은 보호조치가 정확히 쓴 비용만큼의 역할을 하는 것이다. 그리고 1 이상이면 보호조치가 없었다면 얻지 못했을 수익을 기업에 가져다주고 있다는 것이고, 1 이하는 그렇지 못하다는 것을 의미한다.

결과적으로 보안 비용이 타당성을 입증하기 위해서는 가능한 수준까지 보안 비용과 편익이 정량화되는 것은 중요하다. 그러한 정량적 평가가 없다면 많은 조직이 보안 비용이 가져다줄 수 있는 잠재적인 이익을 잃어버린다는 것을 모른 채 보안프로그램을 없애거나 축소하게 될 것이다.

이러한 타당성을 정량화하기 위한 도구로 '보안 메트릭Security Metric'이 있다.

---

40 Ibid.

메트릭Metric은 일부 특성을 정량화할 수 있는 측정 시스템이라는 뜻으로 보안 메트릭은 노력 수준, 비용 및 생산성 측면에서 보안의 각 기능이 수행하는 작업을 정량적, 통계적 분석을 통해 추적한다. 이러한 보안 메트릭을 통해 조직은 보안 프로그램의 상태, 보안 프로그램의 성과 추세, 보안 프로그램의 투자 수익(ROI)에 관한 정보를 파악할 수 있고, 그러한 정보를 통해 보안프로그램의 효과를 결정하고 프로그램의 개선을 촉진할 수 있다.

물리보안 메트릭으로 무엇을 측정해야 하는지를 결정하는 것은 개별 보안 관리자의 역할이다. 예를 들어, 쇼핑센터의 보안관리자는 매장에서의 절도 횟수 및 탐지 횟수, 주차장에서의 절도 횟수 및 탐지 횟수 등을 활용할 수 있다. 그런데 이러한 메트릭 프로그램은 적절히 계획되지 않으면 실패하기 매우 쉽다. 특히, 개별 메트릭이 적절하게 정의되고 수집되지 않으면 전체 메트릭 프로그램은 쓸데없는 자원 낭비가 된다. 이러한 이유로 모든 개별 메트릭은 SMART라는 원칙을 따르는 것이 좋다. SMART는 아래 메트릭 작성 원칙을 나타내는 각 단어의 첫 번째 알파벳을 합친 것이다.

- 구체적Specific: 각 측정 항목은 의미 있어야 하며, 명확하고 실행 가능한 정보를 제공해야 한다.
- 측정 가능Measurable: 측정 항목은 정량화가 가능한 값이어야 한다.
- 달성 가능Attainable: 수집하는 데 너무 많은 시간과 노력이 드는 메트릭은 효과가 떨어진다. 수집하기 어려운 데이터를 수집하려 하는 대신 알려진 문제에 대한 시정 조치를 취하는 것이 시간과 노력을 절약하는 데 더 효과적일 수 있다.
- 반복 가능Repeatable: 메트릭은 일관되고 균일한 방식으로 생성되지 않으면, 다른 것과 비교할 수 없다.
- 시간 의존Time-dependent: 메트릭은 동일한 기간(일, 주, 월 단위)을 사용하여 지속적으로 수집해야 하며, 그렇지 않으면 부정확한 결과가 산출된다.

2014년에 미국산업보안협회ASIS는 보안관리자들이 메트릭 프로그램을 개발, 평가 및 개선할 수 있도록 보안 메트릭 평가 도구Security Metrics Evaluation Tool, Security MET를 개발하는 연구를 후원하였다. 그리고 이러한 후원을 통해 발간된 보고서에서는 물리보안 메트릭 평가 도구인 Security MET를 활용하여 보안 예산 확보를 위해 고위 경영진을 설득하는 방법에 대하여 자세히 설명하였다.

제 2 장

물리보안 개요

I 물리보안의 개념

'물리보안Physical Security'에 대한 가장 넓은 범위의 개념 정의는 논리적Logical 영역을 제외한 물리적Physical 영역 전체에 대한 보안을 말한다고 할 수 있다. 그러나 현실적으로 보안 실무의 영역에서 물리보안을 광의적 개념으로 사용하고 있지 않기 때문에 물리보안에 대하여 보다 구체적인 개념 정의가 필요하다.

물리보안 분야에서 전 세계적으로 가장 공신력 있는 단체인 미국산업보안협회ASIS는 보안을 위험Risk을 통제하여 안전한 상태를 유지하는 것이라 정의하였다.[1] 따라서 보안의 한 영역인 물리보안의 개념을 정의하기 위해서는 위험의 개념을 이해하는 것이 선행되어야 한다. ASIS에 따르면 위험은 자산Asset, 위협Threat, 취약성Vulnerability의 세 가지 요소로 구성되는데, 이 책에서는 이러한 세 가지 요소를 분리하여 설명하는 방법을 적용하였다.

자산 측면에서 ASIS[2]는 물리보안의 주요 보호 대상의 범위를 인명People, 정보Information, 시설Property이라고 설명하고 있다. 그러나 이것만을 물리보안에서 보호하는 자산의 범위라고 할 수는 없다. 예를 들어, 감시카메라를 설치하여 특정 사업장의 범죄를 예방하는 행위는 고객으로부터 사업장에 대한 평판을 보호하는 역할도 할 수 있기 때문이다. 따라서 물리보안을 통해 보호하는 자산의 범위는 인명, 정보, 시설이 중심이긴 하나 사업 및 환경 특성에 맞게 추가할 수 있다.

위협 측면에서 위협의 범위를 '고의적인 위협'에 두는 것이 적절한데, 이는

1 ASIS(2012). Protection of Assets, Alexandria: ASIS International.

2 ASIS(2009). Facilities Physical Security Measures Guideline, Alexandria: ASIS International.

'비고의적인 위협'이나 '자연재해'에 대한 통제는 방재와 안전 영역에서 주로 다루어지기 때문이다. 다만, 물리보안의 통제기능을 실제로 수행할 때는 방재나 안전에 대한 지원 역할도 함께 고려해야 한다. 이는 보안 감시카메라로 화재를 탐지한 후 보안요원이 초기진화를 하는 경우와 같이 물리보안 통제는 안전이나 방재활동과 밀접하게 연관되어 있기 때문이며, 최근 그러한 경향이 점차 더 커지고 있다.

취약성 및 이를 통제하기 위한 수단은 '건축구조적 요소, 전자시스템적 요소, 운영인력적 요소'로 구성된다. 다만, 펜스, 볼라드, 잠금장치, 감시카메라, 보안요원 등 기존의 통제수단 및 그에 대한 취약성으로 한정하기보다 위협으로부터 자산을 보호한다는 근본적인 목적에 따라 안전, 방재 영역의 통제수단들과 연동 및 통합하는 것이 더욱 효과적일 것이다. 또한, 최근 국내에는 핵심정보 유출시도에 대한 효과적인 대책 마련을 위해 물리적 보안과 논리적 보안의 데이터들을 종합적으로 분석하는 다양한 기법들이 적용되고 있는데, 이러한 융합보안 측면에서의 접근도 필요하다.

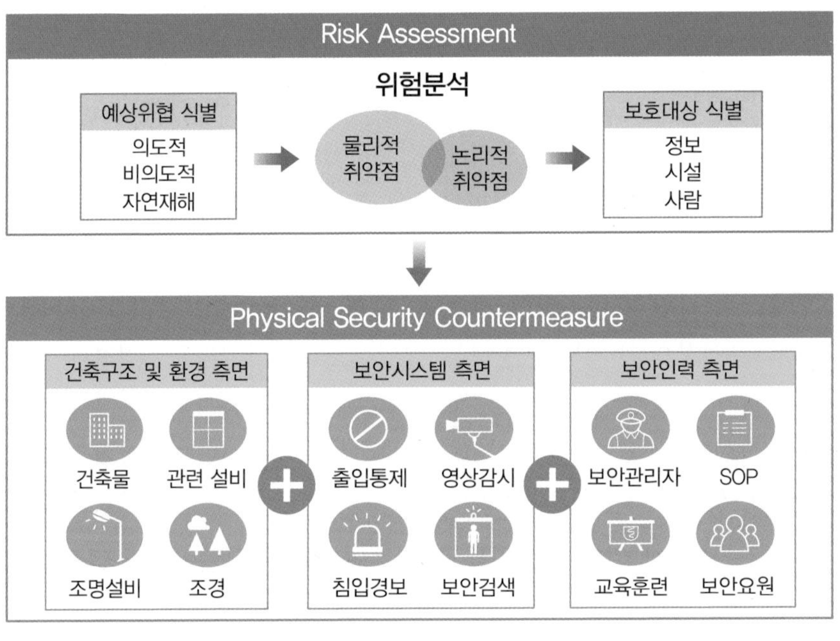

〈그림 2-1〉 물리보안의 프레임워크

이상의 내용을 종합하면 물리보안에서 보호자산의 범위는 인명, 정보, 시설을 포함한 자산들로 구성되며, 위협의 범위는 주로 절도, 손괴, 스파이행위 등의 범죄 행위들이다. 또한, 물리적 취약성을 통제하기 위한 수단은 〈그림 2-1〉과 같이 건축구조적 요소, 전자시스템적 요소, 운영인력적 요소를 모두 포함하고 있다는 것을 알 수 있다.

이처럼 물리보안의 개념 정의에 있어서 자산은 '인명, 정보, 시설'을 기본으로 하고, 위협은 '고의성'을 중심으로, 그리고 취약성은 '물리적 취약성'으로 한정하는 것이 타당하다고 할 수 있다. 따라서 이 책에서 물리보안의 정의는 다음과 같다. "물리보안은 주로 범죄 등 고의적 위협으로부터 인명, 정보, 시설 등 자산을 보호하기 위해 물리적 취약성을 통제하는 활동이다. 그 통제수단은 건축물이나 보안관련 설비 등의 건축구조적 요소, 보안시스템 등의 전자시스템적 요소와 보안요원 등의 운영인력적 요소로 구성된다."[3] 이러한 물리보안의 통제수단의 요소들을 보다 구체적으로 분류하면 아래 〈표 2-1〉과 같다.

〈표 2-1〉 물리보안의 통제요소

구분	통제요소
건축구조적 요소	펜스, 벽, 지붕, 바닥, 금고실, 볼라드, 장벽
	출입문, 창문, 셔터, 게이트, 개구부
	조명 및 조경
	건물구조 및 동선
전자시스템적 요소	출입통제시스템(출입 인증장치 등)
	영상감시시스템(감시카메라 등)
	침입경보시스템(침입감지기 등)
	보안검색시스템(X선 검색장비, 금속탐지장비 등)
	통합관제시스템(PSIM 플랫폼 등)
운영인력적 요소	보안관리자
	보안요원(순찰, 관제, 감시, 대응, 조사 등)

3 이상희, 이주락(2017). 물리보안의 정의에 관한 연구: 위험평가이론을 중심으로, 한국산업보안연구, 7(2): 33-52.

Ⅱ 물리보안 원칙

보안통제 대책들이 보안 취약성을 효과적으로 완화시키기 위해서는 다음과 같은 기본 원칙들이 고려되어야 한다. 이 중 5Ds는 물리보안에만 적용되는 원칙이지만, 다른 것들은 물리보안뿐만 아니라 논리적 보안을 포함한 보안 전 영역에서 고려해야 할 원칙이라 할 수 있다.

- 5Ds
- 심층보안
- 균형적 보호
- 통합보안
- 충돌/중복회피

1 5Ds

5Ds는 억제Deter, 거부Deny, 탐지Detect, 지연Delay, 제거Destroy로서 보안의 근본 목적인 자산 보호의 거의 모든 측면에서 적용된다.[4] 일반적으로 자산을 보호하는 첫 번째 목표는 발생 가능한 여러 가지 위협을 억제하여 공격자에게 침입할 엄두가 나지 않도록 하는 것이다. 경고 표지판, 영상감시카메라, 보안견 등을 억

4 ASIS 홈페이지(https://www.asisonline.org). CPP Online Review.

제의 기능을 가진 예로 볼 수 있다. 두 번째 목표는 통제된 출입구 등과 같은 보안수단을 통해 상대의 접근을 거부하는 것이다. 통상적으로 타겟하드닝Target Hardening[5] 방법을 통해 접근을 거부하게 된다. 이때 타겟하드닝은 각종 위협으로부터 자산을 보호하기 위한 여러 가지 물리적 조치로 사람, 장치, 시스템을 활용한 감시, 출입통제 등을 포함한다.[6]

처음의 두 가지 조치가 실패하면, 가능한 한 신속히 공격이나 상황을 탐지하는 것이 목표인데, 침입경보시스템 및 영상감시시스템을 이용하여 탐지하는 경우가 일반적이다. 위협 상황이 탐지되면 보안담당자는 위협 상황을 지연시킬 수 있도록 적절한 조치를 한다. 또한, 서로 다른 보안대책을 연달아 설치하거나 중복으로 설치하는 것이 시간을 지연시킬 수 있다. 그리고 지연 후 상황이 보장된다면 보안요원이나 경찰 등의 대응인력이 공격자를 무력화 또는 제거할 수 있다.

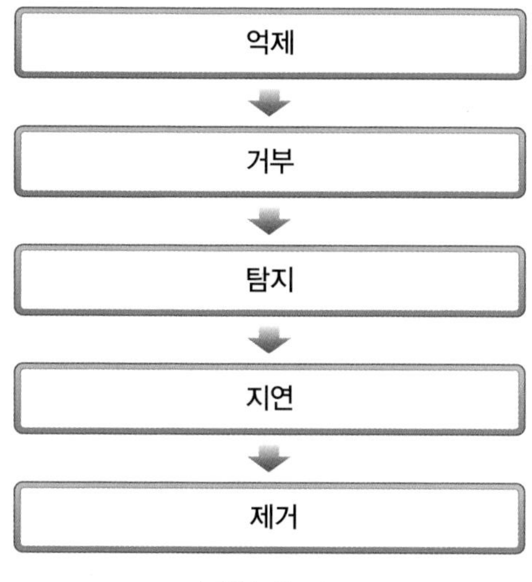

〈그림 2-2〉 5Ds

5Ds와 비슷한 개념으로 3Ds(Detect, Delay, Defend), 4Ds(Deter, Detect, Delay, Deny)가 있는데, 이는 기본적으로 5Ds와 같은 개념으로서 5Ds의 다섯 요소 중 일부를 합쳐 축소한 것으로 보는 것이 타당하다. 국내 물리보안 업계와 앞서 설

5 대상물강화(Target Hardening)는 각종 위협으로부터 자산을 보호하기 위한 여러 가지 물리적 조치로 사람, 장치, 시스템을 활용한 감시, 출입통제 등을 포함한다.

6 박현호, 조준택, 김강일(2018). WDQ분석을 통한 타겟하드닝 CPTED의 침입범죄 예방효과 검증: 안산시 사례 중심으로, 시큐리티연구, 56: 9-30.

명한 미국 산디아국립연구소의 DEPO에서는 '탐지Detect, 지연Delay, 대응Respond'의 개념을 주로 사용하는데, 이는 3Ds와 같은 개념으로, 결국 5Ds와도 일맥상통한다고 할 수 있다.

한편, 보호 프로그램의 효과를 평가할 때 5Ds와 관련하여 각 보호 계층의 작동 방식을 이해하는 것이 중요하다. 물리적 보안 기능의 효과를 계산하려면 먼저 보호할 자산, 공격자의 도구와 전술 및 공격자가 사용할 수 있는 경로를 식별해야 한다. 이러한 분석의 결과는 일반적으로 설계기준위협Design Basis Threat(이하 DBT)이라 한다.[7] 물리보안의 기본 원칙은 보안의 적용이 위협에 대한 현재의 평가에 기초해야 한다는 것이다. DBT는 이러한 위협 평가에서 도출되는데, DBT는 잠재적 공격자의 유형, 동기, 의도 및 능력에 대한 포괄적인 설명이다. 물리적 방호체계Physical Protection System(이하 PPS)는 DBT를 바탕으로 설계 및 평가되어야 하며, 따라서 DBT는 PPS 설계의 기초 및 시스템의 적합성을 평가하기 위한 일관된 기준을 제공한다. DBT를 지정하는 것은 새로운 또는 기존의 PPS에 필요한 성능 수준을 설정하는 한 가지 방법이다. DBT를 사용하면 PPS가 과도하게 설계되지 않고, 잠재적인 위협에 대해 효과적인 필요한 수준의 보호를 받도록 보장할 수 있다.

2 심층보안

심층보안Security-in-Depth은 군사 분야에서 시작된 심층방어Defense-in-Depth라는 개념에서 유래한 것으로 계층화된 보안Layered Security이라고 한다. 그리고 심층방어는 다중·다층적인 방어전략을 가리키는 용어로써 종심縱深방어 또는 종심 깊은 방어로도 표현된다.

심층보안은 상호 통합된 여러 층의 보안 통제대책에 의해서만 자산이 효과적으로 보호될 수 있다는 원리이다. 예를 들어, 아래 그림과 같이 침입자가 목표

7 Doss, K. T.(2019). Physical Security Professional Study Guide, 3rd ed, Alexandria: ASIS International.

로 하는 보호 대상에 도달하기 위해 외곽으로부터 내부에 이르기까지 여러 단계의 보안통제를 극복해야만 하도록 만들면 단일한 보안통제조치만 있는 경우와 비교하여 공격자가 목표를 달성하기가 훨씬 어렵다는 것이다. 심층보안이 공격자에게 미치는 영향은 다음과 같다.[8]

- 불확실성의 증가
- 공격 전 광범위한 준비를 요구
- 임무에 실패하거나 중단하게 되는 단계 추가

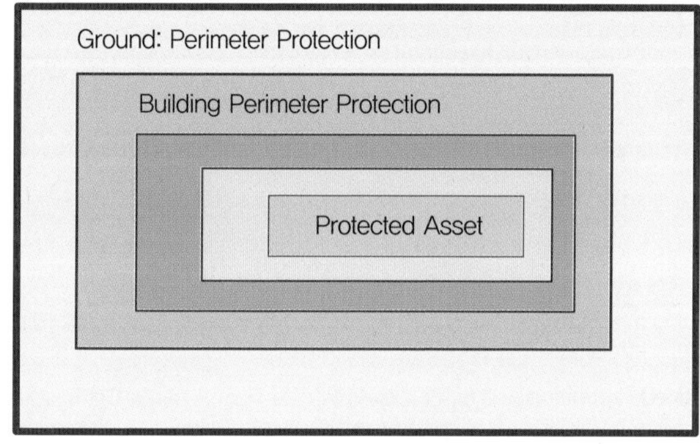

〈그림 2-3〉 심층보안 모형

출처: Fisher & Green, 2004.

결과적으로, 최고 수준의 보안은 여러 계층을 유지하여 하나의 구성요소에 취약성이 있더라도 다른 구성요소가 그 취약성을 상쇄할 수 있도록 중복적으로 설계할 때 구현할 수 있다. 이때, 보안계층의 수에 대한 일률적 원칙은 없고, 보호되어야 할 자산의 특성에 따라 결정된다. 다만, 보안계층이 많으면 전체적으로 이를 무력화하기가 더 어려워진다고 할 수 있다.[9]

실무적으로 심층보안을 구현함에 있어서는, 주로 외부층Outer Layer, 중간층Middle Layer, 내부층Inner Layer의 세 가지 주요 계층으로 구분한다.[10] 먼저, 외부

8 ASIS(2015). Physical Security Principles, Alexandria: ASIS International.

9 Fennelly, L.(2017). Effective Physical Security, 5th ed, Boston: Butterworth-Heinemann.

10 ASIS(2015). op. cit.

층은 장벽, 보호조명, 신호 및 외곽의 실외형 침입감지기와 실외형으로 적합한 영상감시카메라 등으로 구성된다. 외부층에서의 통제조치는 일반적으로 자산이 위치한 장소로의 진입에 대한 경계층을 의미하며, 사람과 차량의 진입로에 대한 진입 경계가 포함된다. 중간층은 건물 외벽과 연결된 문, 창문, 환기구 등의 기타 개구부Opening와 천장으로 구성되어 턴스타일게이트Turnstile Gate 등의 출입통제장치, 침입감지기와 출입지점을 감시하는 실내형 영상감시카메라로 통제한다. 내부층은 보호구역 내부침입을 탐지하는 실내형 감지기, 보호구역의 출입지점과 내부를 감시하는 영상감시카메라, 보호구역을 나타내는 경고표지판 등으로 구성되는 경우가 많다. 이때 조직에서 최고의 가치를 가진 자산은 보통 가장 안쪽 계층 내부에 둔다.

3 균형적 보호

균형적 보호Balanced Protection는 보호 자산에 이르는 모든 경로가 가능한 같은 수준의 통제 효과 또는 방어력을 가져야 한다는 것이다.[11] 즉, 쇠사슬에서 약한 고리Weak Link가 없어야 한다는 원리이다. 쇠사슬은 가장 약한 고리만큼 강하다는 외국의 속담처럼 하나의 고리라도 약하다면 그 쇠사슬은 쉽게 끊어질 것이다. 예를 들어, 만약 출입문의 경첩이 극복하기 쉽다면, 침입자는 문에 구멍을 내거나 벽을 뚫고 들어올 필요가 없다. 이때 출입문의 보호 수준은 가장 약한 경첩의 보호 수준과 같아지게 된다.

구체적으로 균형적 보호는 동일한 구역으로 침입하기 위해 각 통제수단을 무력화하기 위한 최소 시간 또는 노력이 경로별로 동일하고, 각 경로의 침투를 감지할 확률이 균형 잡힌 수준이어야 한다. 보안전문가는 물리보안시스템의 효과를 최대한으로 유지하기 위하여 각각의 경로가 제공하는 탐지 및 지연의 균형성을 검토하고, 불균형 요소를 개선해야 한다.

11 Garcia, M. L.(2005). Vulnerability Assessment of Physical Protection Systems, Boston: Butterworth-Heinemann.

침입경로도Adversary Sequence Diagram, ASD

침입자 경로Adversary Path는 특정 사이트 내 목표물에 도달하기 위해 지나가야 하는 일련의 경로를 의미한다. 이때 각 경로에 존재하는 통제 요소는 침입자를 탐지하고 지연시키는 역할을 한다. 침입경로도Adversary Sequence Diagram, ASD 분석을 통해 사이트 내에서 특정 위협에 가장 취약한 경로 즉 공격자의 공격이 중단될 가능성이 가장 낮은 경로를 결정할 수 있는데, 침입경로도는 다음과 같은 세 가지 단계를 거쳐 작성된다.[12]

① 인접한 물리적 영역으로 구분하여 사이트 설명
② 인접 영역 간의 보호 계층 및 경로 요소 정의
③ 각 경로 요소에 대한 탐지 및 지연값 기록

침입경로도는 수작업으로 작성할 수도 있고, 컴퓨터 소프트웨어를 사용하여 전자적으로 작성할 수도 있다. 침입경로도를 검토하면 각 경로의 탐지 및 지연값을 비교하여 물리보안시스템의 균형성 여부를 쉽게 찾아낼 수 있다. 이때, 각 보호 계층에 대해 경로 요소가 제공하는 감지 및 지연은 균형을 이루어야 하며, 불균형 요소가 드러나면 통제요소의 보완 및 조정을 통해 균형을 맞추어야 한다.

한편, 앞서 설명한 미국 산디아국립연구소의 DEPO 보안위험 측정 공식 중 통제유효성을 평가하는 'Pe = Pi × Pn'에서 PiProbability of Interruption는 일반적으로 침입경로도를 통해 결정된다. 침입경로도는 손실과 피해를 발생시키기 위한 공격자의 침입경로에 대해 통제요소들이 충분한 탐지 및 지연을 할 수 있는지를 요소별로 판단할 수 있는데, 이를 통해 Pi 측정치를 계산할 수 있다.

12 Seger K. A.(2011). Utility Security: The New Paradigm, Tulsa: PennWell.

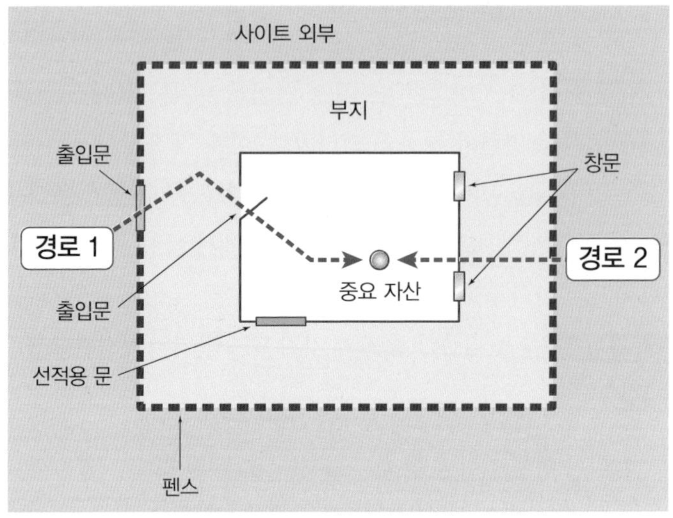

〈그림 2-4〉 침입경로도(예)

4 통합보안

효율적인 보안 프로그램은 개별 조치의 모음이 아니라 잘 통합된 전략을 기반으로 해야 한다. 이러한 접근방식을 시스템 접근방식System Approach이라고도 한다. 아래와 같이 통합Integration은 물리보안 내부에서의 통합과 물리보안을 비롯한 다양한 보안 및 위험관리 분야 간의 통합이 모두 가능하다.[13]

- 통합 전자보안 시스템
- 통합된 물리적 보안 요소
- 통합 보안 프로그램
- 전사적 위험관리

첫째, 전자보안 시스템은 크게 출입통제시스템Access Control System, 침입경보시스템Intrusion Alarm System, 영상감시시스템Video Surveillance System, 보안검색시스

13 ASIS(2015). op. cit.

템Contraband Detection System으로 구분되는데, 이러한 기술을 가장 효과적으로 활용하기 위해서는 전자보안시스템들을 IT 인프라에 통합하는 것이 좋다. 이를 통해 비용을 절감하고, 전체적인 효율성을 높일 수 있다. 다만, 전자보안 장치들이 통합됨에 따라 전체 시스템이 복잡해지고, 그 결과 문제를 확인하고 해결하는 어려움도 함께 커질 수 있다. 특히, 다양한 분야가 통합됨에 따라 문제 발생 시 문제에 대한 책임을 회피할 가능성도 크다. 그러므로 성공적인 결과를 보장하기 위해서는 신중한 계획과 이해당사자 간의 긴밀한 협력이 중요하다.

둘째, 물리적 보안의 여러 통제 요소가 통합되어 포괄적인 물리적 보안 전략의 일부로 작동해야 한다. 물리보안 통제요소는 일반적으로 건축구조적 보안, 전자 보안시스템, 운영인력으로 분류되는데, 이러한 각각의 통제 요소들이 통합되어 운영되어야 최대의 효과를 낼 수 있다.

셋째, 물리보안은 전반적인 보호 전략의 한 부분일 뿐이므로, 물리적 보안전략은 기술적 보안, 인사 보안, 보안 교육 및 인식, 보안정책, 보안조사 등과 같은 다른 보안 분야의 보호 전략들과 통합되어 종합적으로 운영되어야 한다.

마지막으로, 기업이나 조직의 위험관리는 보안뿐만 아니라 법률적 책임관리, 위기관리 및 비상대비, 사업연속성관리, 산업 보건 및 안전관리 등의 다양한 기능과 활동을 포함하고 있으므로, 물리보안 프로그램은 전체 보안 프로그램과 통합되어 전사적 위험관리Enterprise Risk Management, ERM의 일부가 되어야 한다.[14] 특히, 보안 기능은 일반적인 보안 영역을 벗어나는 조직의 위험을 처리하는 데 관여하는 경우(예: 감염병 예방, 의료 응급 상황, 위험 물질 사고, 사건 조사, 평판 관리)가 많으므로 전체 위험관리와의 통합 필요성이 크다고 할 수 있다.

≫ 전사적 위험관리[15]

전사적 위험관리Enterprise Risk Management, ERM는 조직의 전체적인 시각에서 조직에 영향을 미칠 수 있는 잠재적인 위험을 파악하고, 용인 가능한 수준Acceptable Level of Risk, ALR으로 위험을 관리하며, 조직의 목적을 달성하

14 Booz, E. G., Allen, J. L. & Hamilton, C. L.(2005). Convergence of Enterprise Security Organization, Alexandria: The Alliance for Enterprise Security Risk Management.

15 존 프레이저 · 베티 J. 심킨스/노동래 譯(2010). 전사 리스크 관리, 서울: 연암사.

기 위해 합리적인 대응 수단을 수립·이행하는 지속적인 프로세스이다. 이는 조직이 직면하는 여러 가지 경영 위험을 전체적인 시각에서 통합적으로 식별하고 관리하는 위험관리 방식으로, 개별적으로 분리되어 있던 위험관리를 체계적으로 재구성해 위험관리의 효과를 극대화하는 것을 목적으로 한다. 기존의 방식이 각각의 기능 단위로 위험을 식별하고 관리했다면, 전사적 위험관리는 위험관리의 책임 주체를 중심으로 각 부문의 위험관리를 통합하는 방식이다. 또한, 전사적 위험관리는 단순히 조직 전반에 걸친 다양한 위험의 식별, 통제 및 최소화 수준에 그치는 것이 아니라, 위험관리를 통해 조직 발전의 기회를 찾고 조직의 목표를 달성하는 방법과 프로세스를 의미한다.

전사적 위험관리는 COSO Committee of Sponsoring Organizations of the Treadway Commission가 위험관리에 관한 새로운 모델과 방법론을 제시하며 시작되었는데, COSO는 1985년 미국에서 내부통제, 경영윤리, 기업 거버넌스 등의 측면에서 경영의 질을 개선하려는 목적으로, 설립된 비정부 조직으로 미국공인회계사회 AICPA, 미국회계협회 AAA, 내부감사인협회 IIA 등의 전문가가 참여하고 있다.

5 충돌 및 중복회피

감시카메라, 감지기, 출입통제장치, 보안 조명 및 보안요원 등의 물리보안 요소는 서로 충돌할 수 있다. 그러므로 물리보안 조치는 이러한 충돌을 회피하여야 하며 종합적인 전략이나 프로그램의 일부로서 검토되어야 한다.

먼저, 안전 Safety과 보안 Security 사이에 갈등이 발생할 수 있다. 예를 들어, 전기식 잠금장치를 비상상황 발생 시 작동을 멈추고 폐쇄되는 방식 Fail-secure 방식으로 설정해두는 것은 관련 법규나 소방안전 지침과 서로 충돌할 수 있다. 이러한 갈등은 조직 또는 시설의 문화와도 관련될 수도 있다. 이 때문에 보안 조치 및 전반적인 물리보안 접근법은 관련 법규 및 조직의 운영 목적에 부합해야 한다. 다만, 안전과 보안의 충돌 시 보안관리자는 보안 요구사항이 생명 안전 규정에 우선할 수 없다는 것을 알아야 한다.

또한, 동일한 장비의 중복사용 역시 회피하여야 한다. 이는 국내에서 흔히 발생하는 오류인데, 예를 들면, 같은 공간을 감시하는 감시카메라를 같은 지점에 보안과 안전 기능에서 각각 설치하여 별도로 모니터링하는 경우이다. 이러한 중복사용은 불필요한 예산과 비용을 증가시키게 된다.

Ⅲ 보호구역 설정 및 관리

1 보호구역 설정

모든 물리보안 기획에서 선행되는 절차인 위험진단Risk Assessment을 진행한 후의 우선적인 과제 중 하나는 보호구역을 설정하는 것이다. 보호구역이란 특정인의 출입이 제한되는 구역을 의미하는데, 통상적으로 해당 구역에 보관된 자산의 중요도나 위험진단을 통해 도출된 위험 수준에 따라 등급을 구분한다.[16] 해당 시설의 특성에 따라 보호구역에 적용하는 명칭과 등급을 세분화하는 것을 다르게 할 수 있다. 보호구역 설정에 있어 준수되어야 하는 기본 원칙은 아래와 같다.[17]

- 시설 내의 모든 구역에 대해 보호구역 등급을 지정
- 존재하는 위험을 종합적이고 구체적으로 판단하여 보호구역을 설정
- 설정된 보호구역은 그 등급에 따라 출입통제시스템의 배치나 기능에 대한 설계기준 적용의 차등화

또한, 보호구역을 설정하는 데는 비밀을 취급, 보관하는 등의 순수한 보안상의 중요성뿐만 아니라, 고가의 자산 보관이나 안전사고의 위험성 등 조직의 입장에서 특별한 관리가 필요한 장소라면 어디나 보호구역으로 설정할 수 있다.[18]

---

16 Bindra, L., Eng, K., Ardakanian, O. & Stroulia, E.(2020). Flexible, Decentralized Access Control for Smart Buildings with Smart Contracts, IEEE/ACM 5th International Workshop on Software Engineering for Smart Cyber-Physical Systems, 32-38.

17 ASIS(2015). op. cit.

18 한국산업기술보호협회(2017). 산업보안실무가이드. 서울: 한국산업기술보호협회.

2 보호구역의 등급

1) 클라우드서비스 보안 운영 명세서

클라우드서비스 보안인증제Cloud Security Assurance Service와 관련하여 클라우드서비스 보안 운영 명세서[19]에서는 다음과 같이 물리적 보호구역의 등급을 구분하고 있다.

〈표 2-2〉 클라우드서비스 보안 운영 명세서 보호구역 등급

접견구역	외부인이 별다른 출입증 없이 출입이 가능한 구역
제한구역	비인가된 접근을 방지하기 위하여 별도의 출입통제 장치 및 감시시스템이 설치된 장소로 출입 시 직원카드와 같은 출입증이 필요한 장소
통제구역	제한구역의 통제항목을 모두 포함하고 출입 자격이 최소인원으로 유지되며 출입을 위하여 추가적인 절차가 필요한 곳

출처: 한국인터넷진흥원, 클라우드서비스 보안 운영 명세서

여기서 통제구역은 제한구역보다 더 중요한 자산들을 취급 관리하는 장소를 지정하는 곳으로 통제구역에는 임직원 및 외부인 중에서 최소로 제한된 접근권한이 부여된 사람만 출입할 수 있다. 보호구역 별 적용되는 통제사항 및 시설 구분은 아래 〈표 2-3〉과 같다.

〈표 2-3〉 보호구역 별 통제사항 및 시설 구분

	접견구역	제한구역	통제구역
통제사항	외부인이 통제 없이 출입 가능	• 내부직원은 출입이 허용되나 외부인은 출입이 통제 • 출입통제 장치 등으로 인가된 인원만 출입 가능 • 사무실 복도 등에 CCTV 등 보안장치 설치 및 모니터링	• 외부인은 물론 내부직원이라도 필요한 최소한의 인원만 출입 가능 • 접견구역보다 더 엄격한 출입통제 적용 • CCTV 등 보안장치 설치 및 모니터링 • 출입을 위해 추가적인 신청, 검토, 승인 등의 절차 필요 • 비인가자 출입 시 인가자에 의한 인솔 등 필요
시설 구분	접견장소 등	각 부서별 사무실 등	전산실, 통신장비실, 관제실, 운영실, 공조실, 발전실 등

출처: 한국인터넷진흥원, 클라우드서비스 보안 운영 명세서

19 클라우드 서비스 보안 운영 명세서 '8.1.1. 물리적 보호구역 지정', 한국인터넷진흥원.

2) 보안업무규정 및 세부시행규칙

국가정보원의 직무 중 보안업무 수행에 필요한 사항을 규정하는 보안업무규정[대통령령 제28211호] 제34조 제1항에서는 국가비밀 · 암호자재와 국가보안시설 · 보호장비의 보호를 위하여 필요한 장소에 일정한 범위의 보호구역을 설정할 수 있다고 하며, 제2항에서 보호구역은 그 중요도에 따라 제한지역, 제한구역 및 통제구역으로 구분하였다.[20] 그리고 보안업무 세부시행규칙[대통령훈령 제366호] 제42조에서는 보안업무규정에 따라 보호구역의 등급을 아래 〈표 2-4〉와 같이 정의하고 있다.

〈표 2-4〉 보안업무 세부 시행규칙 보호구역 등급

제한지역	비밀 또는 정부 재산의 보호를 위하여 울타리 또는 경호원에 의하여 일반인의 출입의 감시가 요구되는 지역
제한구역	비밀 또는 주요시설 및 자재에 대한 비인가자의 접근을 방지하기 위하여 그 출입에 안내가 요구되는 구역
통제구역	비인가자의 출입이 금지되는 보안상 극히 중요한 구역

출처: 보안업무 세부 시행규칙 제42조

동시행규칙 제42조에서는 보호구역에 대하여는 철저한 보안대책을 수립 · 이행하여야 하며, 특히 제한구역 및 통제구역에는 그 구역의 기능 및 구조에 따라 아래와 같은 대책이 강구되어야 한다고 기술하고 있다.

- 출입 인가자의 한계설정과 비인가자의 출입 통제책
- 주야 경계 대책
- 외부로부터의 투시, 도청 및 파괴물질의 투척 방지대책
- 방화대책
- 경보대책
- 기타 필요한 보안대책

20 제34조(보호지역) ① 파괴, 기능 마비 또는 비밀누설로 인하여 전략적으로 또는 군사적으로 막대한 손해를 끼치거나 국가안전보장에 연쇄적 혼란을 일으킬 우려가 있는 시설 또는 지역(이하 "국가보안시설"이라 한다)이나 선박 · 항공기 등 중요장비(이하 "보호장비"라 한다)를 관리하는 기관 등의 장과 각급기관의 장은 국가비밀 · 암호자재와 국가보안시설 · 보호장비의 보호를 위하여 필요한 장소에 일정한 범위의 보호구역을 설정할 수 있다. ② 제1항에 따른 보호구역은 그 중요도에 따라 제한지역, 제한구역및 통제구역으로 나눈다.

이와 함께 동시행규칙 제43조에서는 제한구역 및 통제구역의 설정은 필요한 최소한의 범위로 제한되어야 한다고 설명하고, 제44조에서는 보호구역으로 설정이 가능한 일반적 대상을 아래와 같이 예시하고 있다.

- 종합비밀보관소
- 암호취급소
- 비밀상황실
- 정보존안실情報存案室
- 정보공작실
- 전파관리소
- 군항 및 항공기지
- 군사요새지
- 탄약고지대
- 기타 보안상 특별한 통제가 요구되는 지역 또는 시설

3 보호구역 관리

클라우드서비스 보안인증제 안내서[21]에서는 아래 〈표 2-5〉와 같이 물리적 보호구역에 대한 세부 보안 조치사항을 제시하고 있다.

〈표 2-5〉 보호구역 보안 조치사항

구분		보안 조치사항
물리적 보호구역	물리적 보호구역 지정	중요정보 및 정보처리시설을 보호하기 위한 물리적 보안구역(예: 주요 정보처리 설비 및 시스템 구역, 사무실, 외부인 접견실 등)을 지정하고, 각 보안 구역에 대한 보안대책을 마련해야 한다.
	물리적 출입통제	물리적 보안 구역에 인가된 사만이 집근할 수 있도록 출입을 통제하는 시설(예: 경비원, 출입통제 시스템 등)을 갖추어야 하고, 출입 및 접근 이력을 주기적으로 검토하여야 한다.
	물리적 보호구역 내 작업	유지보수 등 주요 정보처리 설비 및 시스템이 위치한 보호구역 내에서의 작업 절차를 수립하고 작업에 대한 기록을 주기적으로 검토하여야 한다.
	사무실 및 설비 공간 보호	사무실 및 설비 공간에 대한 물리적인 보호방안을 수립하고 적용하여야 한다.
	공공장소 및 운송 · 하역 구역보호	공공구역 및 운송 · 하역을 위한 구역은 내부 정보처리시설로부터 분리 및 통제하여야 한다.
	모바일 기기 반출입	노트북 등 모바일 기기 미승인 반출입을 통한 중요정보 유출, 내부망 악성코드 감염 등의 보안사고 예방을 위하여 보호구역 내 임직원 및 외부인력 모바일 기기 반출입 통제절차를 수립하고 기록 · 관리하여야 한다.

출처: 한국인터넷진흥원, 2020.

또한, 한국산업기술보호협회[22]에서는 보호구역의 설정 및 관리를 위해서는 가급적 다음과 같은 원칙을 고려할 것을 권고하고 있다.

- 제한구역은 명확하게 지정하고 직원들이 인식할 수 있도록 한다.
- 시스템이 위치한 건물과 장소는 물리적으로 안전조치 및 허가자 외 출입을 통제한다.
- 외부 연결 통로는 허가 없이 접근할 수 없도록 보안조치를 수립한다.
- 인가 없이 카메라 및 레코딩 장비의 반입을 금지한다.

21 한국인터넷진흥원(2020), 클라우드서비스 보안인증제 안내서, 나주시: 한국인터넷진흥원.

22 한국산업기술보호협회, 앞의 책.

• 통제지역 출입권한에 대해서는 주기적으로 갱신한다.
• 중요 시설들은 일반인 접근이 쉽지 않은 위치에 둔다.
• 제한구역 출입 이력을 관리한다.

보호구역 관리와 관련하여 한국산업기술보호협회[23]는 보호구역에 출입통제 시스템이 물리적으로 잘 갖추어져 있다 하더라도, 출입권한이 제대로 관리되지 않으면 많은 허점이 발생할 수 있다고 하였다. 그러므로 적절한 출입권한관리를 위해서는 출입권한의 발급, 조정, 회수 등에 대한 정책이 문서화 되어야 하고, 그에 따른 절차가 이행되어야 하며, 출입권한 관리를 위한 담당자가 지정되어야 한다. 이와 함께, 개인정보보호법에 의해 출입자에 대한 신상정보와 출입로그 등이 그 기록방식에 따라 개인정보로 관리되어야 하는 경우가 있다. 이러한 때에는 관리적, 기술적, 물리적 보호조치를 개인정보보호를 위해 출입통제시스템에 적용해야 한다.

23 앞의 책.

Ⅳ 물리보안 관련 법규, 표준, 지침

1 시설보호 관련 법규

1) 통합방위법

국가중요시설은 통합방위법 제2조에 의해 공공기관, 공항 · 항만, 주요산업시설 등 적에 의하여 점령 또는 파괴되거나 기능이 마비될 경우 국가안보 및 국민생활에 심각한 영향을 미치는 시설을 말하는데, 국가중요시설은 동법 제21조(국가중요시설의 경비 · 보안 및 방호)에 의해 관리자와 소유자는 경비 · 보안 및 방호 책임을 지도록 하고 있으며, 통합방위사태에 대비하여 자체방호계획을 수립하도록 의무를 부여하고 있다. 이러한 국가중요시설은 국방부장관이 관계 행정기관의 장 및 국가정보원장과 협의하여 지정하며, 국가중요시설의 자체방호, 방호지원계획, 그 밖에 필요한 사항은 대통령령으로 정하도록 되어 있다.

국가중요시설의 등급은 중요도에 따라 '가'급, '나'급, '다'급으로 나뉘어 차등적으로 관리를 받게 된다. 국가중요시설 지정 및 방호 훈령에 따르면 적에 의해 점령 또는 파괴되거나, 기능 마비 시 광범위한 통합방위 작전 수행이 요구되고, 국민생활에 결정적인 영향을 끼칠 수 있는 시설은 '가'급, 일부 지역의 통합방위 작전 수행이 요구되고, 국민생활에 중대한 영향을 끼칠 수 있는 시설은 '나'급, 제한된 지역의 통합방위 작전 수행이 요구되고, 국민생활에 상당한 영향을 끼칠 수 있는 시설은 '다'급으로 분류된다. 국가중요시설 현황은 아래 〈표 2-6〉과 같다.

〈표 2-6〉 국가중요시설(국가 및 공공기관) 현황

구분	국가중요시설
"가" 급	청와대, 국회의사당, 대법원, 국방부, 국가정보원, 한국은행 본점, 한국조폐공사, 정부중앙청사(서울, 과천, 대전, 세종)
"나" 급	대검찰청, 경찰청, 기상청 청사, 한국산업은행 · 한국수출입은행 본점, 중앙행정기관 각 부처 및 이에 준하는 기관
"다" 급	국가정보원 지부, 한국은행 각 지역본부, 다수의 정부기관이 입주한 남북출입관리 시설 등 중앙행정기관의 청사, 기타 중요 국 · 공립기관

출처: 박성수, 2021 재정리

또한, 동법 제32조(국가중요시설의 경비 · 보안 및 방호)는 국가중요시설의 경비 · 보안 및 방호를 위하여 국가중요시설의 관리자는 청원경찰, 특수경비원, 직장예비군 및 직장민방위대 등 방호인력과 장애물 및 과학적인 감시장비를 통합하는 것을 내용으로 하는 자체방호계획을 수립하고 시행하여야 한다. 이 경우 자체방호계획에는 관리자 및 특수경비업자의 책임 하에 실시하는 통합방위법령과 시설의 경비 · 보안 및 방호 업무에 관한 직무교육과 개인화기를 사용하는 실제의 사격훈련에 관한 사항이 포함되어야 하며, 국가중요시설의 자체 방호를 위한 통합상황실과 지휘 · 통신망이 구성되어야 한다. 기타 국가중요시설의 방호를 위한 상세한 사항은 국가 비밀문서인 대통령훈령 제28호 통합방위지침에 기재되어 있다.

2) 보안업무규정

보안업무규정[대통령령 제28211호]은 국가정보원법 제3조 제2항에 따라 보안 업무수행에 필요한 사항을 규정한 것이다. 동 규정 제32조(국가보안시설 및 국가보호장비 지정)에 근거하여 국가정보원장은 파괴 또는 기능이 침해되거나 비밀이 누설될 경우 전략적 · 군사적으로 막대한 손해가 발생하거나 국가안전보장에 연쇄적 혼란을 일으킬 우려가 있는 시설 및 항공기 · 선박 등 중요 장비를 각각 국가보안시설 및 국가보호장비로 지정할 수 있다. 또한, 동 규정 제33조(국가보안시설 및 국가보호장비 보호대책의 수립)에 근거하여 국가보안시설 또는 국가보호장비를 관리하는 기관의 장은 해당 감독기관의 장이 수립한 분야별 보호대책에 따라 해당 시설 및 장비에 대한 세부 보호대책을 수립하여 시행해야 한다. 보안업무 규정은 세부사항을 보안업무 세부시행규칙 [대통령훈령 제366호] 정하고 있는데, 특히 보호구역을 제한지역, 제한구역 및 통제구역으로 구분하고 있다.

3) 경비업법

경비업법은 경비업의 육성 및 발전과 그 체계적 관리에 관하여 필요한 사항을 규정하는 법으로서, 시설보호와 관련하여서 동법에서는 제2장(경비업의 허가) 등에서 경비업을 영위하기 위한 법인 허가 요건 및 경비업자의 의무를 규정하고 있으며, 제3장에서는 기계경비업무에서 대응체제 구축과 오경보 방지에 대해 규정하고 있다. 그리고 제4장에서는 경비지도사 및 경비원에서 결격사유 및 교육, 경비원의 의무 및 복장, 장비 등의 내용을 규정하고 있다. 또한, 동법 제14조(특수경비원의 직무 및 무기사용 등)에 의해 국가중요시설의 경비, 도난 · 화재 그 밖의 위험 발생을 방지하기 위한 특수경비원의 직무를 설명하고 있으며, 특수경비원의 무기 휴대 및 사용과 관련하여 규정하고 있다.

2 기술보호 관련 법규

1) 산업기술의 유출방지 및 보호에 관한 법률

'산업기술'이라 함은 제품 또는 용역의 개발 · 생산 · 보급 및 사용에 필요한 제반 방법 내지 기술상의 정보 중에서 행정기관의 장이 산업경쟁력 제고나 유출방지 등을 위하여 지정하며, '국가핵심기술'은 국내외 시장에서 차지하는 기술적 · 경제적 가치가 높거나 관련 산업의 성장잠재력이 높아 해외로 유출될 경우에 국가의 안전보장 및 국민경제의 발전에 중대한 악영향을 줄 우려가 있는 기술로서 산업통상자원부장관이 지정한다. 이 법은 산업기술의 부정한 유출을 방지하고 산업기술을 보호함으로써 국내 산업의 경쟁력을 강화하고 국가의 안전보장과 국민경제의 발전에 이바지함을 목적으로 한다.

물리보안과 관련해서는 동법 제10조에 국가핵심기술을 보유 · 관리하고 있는 대상기관의 장은 해당기술의 유출을 방지하기 위하여 보호구역의 설정 · 출입허가 또는 출입 시 휴대품 검사를 하도록 하고 있으며, 위반시 1천만원 이하의 과태료를 부과하도록 하고 있다.

물리보안과 관련된 세부적인 사항은 동법 제8조에 따라 산업통상자원부가 작성한 '산업기술보호 지침 및 매뉴얼'을 준수하도록 하고 있다. 동 지침 및 매뉴얼 제14조(시설의 구분과 보호구역 관리)에서는 RFID Tag Gate, ID카드, ANPR, X선 검색기, 문형 금속 탐지기 등을 통한 출입통제, 심야시간 방범시스템, 도청 · 감청 방지 및 전자파 차단 등 규제수단 사용과 관련된 사항을, 그리고 제17조(정보시스템 보호대책)에서는 출입구에 24시간 검색대를 설치하여 보조기억매체, 카메라 등을 통해 정보유출을 방지하기 위한 사항 등을 구체적으로 제시하고 있다.

2) 방위산업기술 보호법

방위산업기술 보호법은 방위산업기술을 체계적으로 보호하고 관련 기관을 지원함으로써 국가의 안전을 보장하고 방위산업기술의 보호와 관련된 국제조약 등의 의무를 이행하여 국가신뢰도를 제고하는 것을 목적으로 한다. '방위산업기술'이란 방위산업과 관련한 국방과학기술 중 국가안보 등을 위하여 보호되어야 하는 기술로서 방위사업청장이 제7조에 따라 지정하고 고시한 것을 말한다. 동법 시행령 제2조(방위산업기술 보호체계)는 물리보안과 관련된 인원통제 및 시설보호 체계를 다음과 같이 구비하도록 하고 있다.

- 방위산업기술 보호책임자의 임명, 보호구역의 설정 및 출입제한을 통한 인원통제 체계
- 보호구역에 보안장비 설치를 통한 방위산업기술에 대한 불법적인 접근을 탐지하는 시설보호 체계

또한, 물리보안과 관련된 세부적인 사항은 동법 및 동법 시행령에 따라 만들어진 '방위산업기술 보호지침'을 준수하도록 하고 있다. 동 지침은 대상기관의 방위산업 기술보호에 필요한 방법 및 절차 등을 제공하기 위하여 만들어졌는데, 특히 동 지침의 제3장(인원통제 및 시설보호)에서는 기술보호구역 설정 및 보호대책, 기술보호구역 출입권한 부여 및 마스터키 관리, 외부인 · 외국인 출입 통제 및 근무구역 관리, 기술보호구역 정보통신장비 사용 통제에 관련된 사항을 구체적으로 제시하고 있다.

3 인명보호 관련 법규

1) 건축법

건축법은 건축물의 범죄예방에 관한 사항을 의무화하고 있는데, 일정한 기준에 해당하는 건축물에 대해 국토교통부장관이 범죄를 예방하고 안전한 생활환경을 조성하기 위하여 건축물, 건축설비 및 대지에 관한 범죄예방 기준을 정하여 고시하고 해당 기준에 따라 건축하도록 하고 있다. 기준에 해당하는 건축물의 범위는 동법 시행령에서 아래와 같이 정하고 있다.

- 공동주택 중 세대수가 500세대 이상인 아파트
- 제1종 근린생활시설 중 일용품을 판매하는 소매점
- 제2종 근린생활시설 중 다중생활시설
- 문화 및 집회시설(동 · 식물원은 제외한다)
- 교육연구시설(연구소 및 도서관은 제외한다)
- 노유자老幼者시설
- 수련시설
- 업무시설 중 오피스텔
- 숙박시설 중 다중생활시설

이처럼 범죄예방 건축기준 고시(국토교통부 제2018-145호)는 범죄를 예방하고 안전한 생활환경을 조성하기 위하여 건축물, 건축설비 및 대지에 대한 범죄예방 기준을 정함을 목적으로 하며, 특히 범죄예방환경설계CPTED 전략인 자연적 감시, 접근통제, 영역성 확보, 활동의 활성화를 적용하도록 구체적으로 제시하고 있다.

2) 화재예방, 소방시설 설치유지 및 안전관리에 관한 법률

화재예방, 소방시설 설치, 유지 및 안전관리에 관한 법률은 화재와 재난 · 재해, 그 밖의 위급한 상황으로부터 국민의 생명 · 신체 및 재산을 보호하기 위하여 화재의 예방 및 안전관리에 관한 국가와 지방자치단체의 책무와 소방시설 등의 설치 · 유지 및 소방대상물의 안전관리에 관하여 필요한 사항을 정함으로써 공공의 안전과 복리 증진에 이바지함을 목적으로 한다. 동법 제10조(피난시설, 방화구획 및 방화시설의 유지관리)는 피난시설, 방화구획 및 방화시설을 폐쇄하거나 훼손하는 등의 행위를 금지하고 있어 비상계단을 포함한 건물의 출입지점을 통한 비인가자의 무단진입을 통제해야 하는 물리보안의 특성과 충돌될 수밖에 없다. 따라서, 소방법의 비상구 폐쇄조치를 위반하지 않는 적절한 출입통제 조치를 해야 한다.

소방방재청이 제시한 비상구의 폐쇄와 관련된 위반행위 예외 기준은 아래와 같다. 다만, 이러한 예외기준에 해당하더라도 시설관리자는 관할 소방관서를 통해 현장점검을 받는 것이 바람직하다.

- 화재 등 비상시 자동 개방되는 KFI인증 비상문자동개폐장치 설치
- 아파트의 복도(통로)에 자전거를 질서 있게 일렬로 세워둔 경우
- 방재실에서 원격조작으로 자동 개방되는 구조
- 화재 또는 정전 시 자동 개방되는 구조 등

3) 주차장법

주차장법은 주차장의 설치 · 정비 및 관리에 필요한 사항을 규정함으로써 자동차 교통을 원활하게 하여 공중의 편의와 안전을 도모함을 목적으로 한다. 인명보호와 관련하여서 동법 시행규칙 제6조(노외주차장 구조 · 설비기준)에서는 자주식주차장으로서 지하식 또는 건축물식 노외주차장의 주차구획 및 차로, 주차장 출구 및 입구, 사람이 출입하는 통로에서의 최소 조도와 최대 조도를 규정하고 있다. 또한, 경보장치 및 폐쇄회로 텔레비전 또는 네트워크 카메라를 포함하는 방범설비 설치 · 관리에 관한 사항도 규정하고 있다.

인명보호와 관련한 세부적인 사항은 동법 시행규칙 제6조 제1항 제10호 및 제11조 제2항에 따라 주차장에 설치 · 관리하는 방범설비 설치기준을 정한 '주차장 내의 방범설비 설치 세부지침'을 준수하도록 하고 있다. 동 지침에서는 사각지대 방지를 위한 카메라 설치, 폐쇄회로텔레비전과 녹화장치의 기준, 녹화장치 화질의 유지 · 관리 및 자료 보관과 관련된 사항이 구체적으로 제시되어 있다.

4 표준 및 지침

표준과 지침의 확립은 현대와 같은 글로벌 사회에서 포괄적인 보안 프로그램의 중심축이라 할 수 있다. 공인된 표준과 지침에 대한 준수는 보안위험관리의 전반적인 효율성과 일관성을 높이고, 또 시설보안 배상책임Premise Security Liability의 발생 시 방어를 위한 근거를 제공할 수 있다. 물리보안과 관련된 국내외의 표준 및 지침은 매우 다양하며, 이 책에서는 물리보안 분야의 가장 대표적인 표준과 지침을 소개한다.

시설보안 배상책임

시설보안 배상책임Premise Security Liability이란 과실에 대한 법적 책임으로서, 범죄의 피해자인 개인이 보안 조치의 미비가 범죄 발생의 중요한 요인이었다고 주장하며 시설관리 주체에 대하여 소송을 제기할 때 발생한다. 불충분한 보안에 대한 대부분의 민사적 주장은 시설관리 주체가 영상감시 장치, 보안인력 배치 등의 합리적인 보안 조치를 제공하지 못한 데서 기인하지만, 때로는 지나친 물리력 사용, 불법적 신체 수색 및 구금 등 보안인력의 부당행위로 인해 발생할 수도 있다. 시설보안 배상책임과 관련된 이슈 발생 시 보안 프로그램의 적절성은 범죄에 대한 구체적인 사실관계 및 확인된 위험수준을 시설관리 주체가 실제 사용한 보안대책과 비교해 판단한다.[24]

1) 구성체계[25]

정책Policy은 보안에 대한 목표, 방향이 제시되는 보안 관련 최상위 문서로써, 조직의 경영목표를 반영하고 보안 관련 상위 정책과 일관성을 유지해야 한다. 정책은 보안을 위해 관련된 모든 사람이 반드시 지켜야 할 특정 요구사항 및 규칙에 대하여 전반적이며 개략적으로 규정하며, 최고경영자의 보안에 대한 의지와 지원을 반영한다.

표준Standard은 정책의 준수를 위해 요구되는 보다 구체적인 사항이나 특별한 요구사항을 규정하는 것으로써, 관련된 모든 사용자가 준수하도록 요구되는 규정이다.

지침Guideline은 표준과 유사하지만, 강제성이 약하고, 선택적이거나 권고적인 내용이며 융통성을 가질 수 있는 규정으로써, 보안정책에 따라 특정 분야별로 보안활동에 필요하거나 도움이 되는 세부 사항을 규정한다.

절차Procedure는 사용자들이 정책, 표준, 지침을 따르기 위하여 구체적으로 어떻게 해야 하는지에 대하여 세부적이고 상세하게 설명한 문서로써, 보안활동의

24 Vellani, K.(2019). Strategic Security Management: A Risk Assessment Guide for Decision Makers, 2nd ed, Boca Laton: CRC Press.

25 ISACA(2019). CISA Review Manual, 27th ed, Schaumburg: ISACA.

구체적 적용을 위해 필요한 적용 절차 및 관련 양식 등의 구체적이고 세부적인 방법을 기술한다.

국내에서 보안과 관련하여 많은 조직에서 통상적으로 '정책'이라 부르던 것들은 실제로 표준 · 지침 · 절차로써 그들을 명확히 구분하지 않고 사용하는 경향이 있다. 그러나 계층구조적 관점에서 볼 때 표준 · 지침 · 절차는 보안정책과 비교하여 보다 상세한 수준이며, 아래 〈그림 2-5〉와 같은 계층성을 가진다.

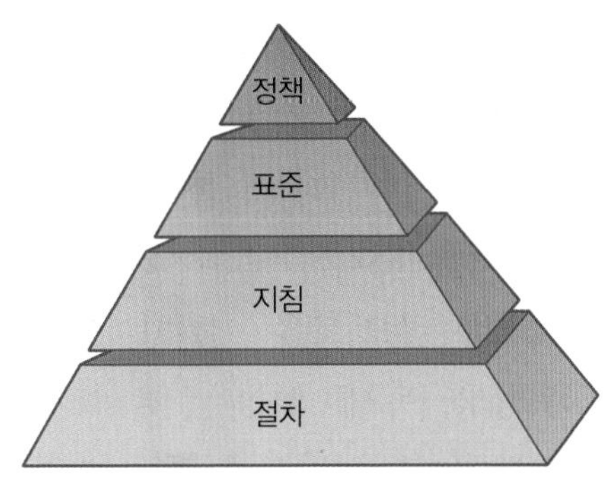

〈그림 2-5〉 정책, 표준, 지침, 절차 구성체계

2) 물리보안 분야 주요 표준 및 지침

(1) 위험관리 관련

가. ISO 31000 위험관리 원칙 및 지침 / 국제표준화기구

나. ASIS 전사적 위험관리 지침 / 미국산업보안협회

다. ASIS 보안위험평가 지침 / 미국산업보안협회

라. FEMA 452 위험평가, 빌딩에 대한 잠재적 테러공격 완화 방법 안내서 / 미국 국토안보부

(2) 건축구조 및 환경적 요소 관련

가. UFC 4-020-01 건물 대테러 표준 / 미국 국방부

나. UFC 4-022-03 보안펜스 및 게이트 / 미국 국방부
다. UFC 4-022-02 차량장애물 / 미국 국방부
라. IESNA G-1-03 보안조명 기준 / 북미 조명협회
마. KS A 3011 조도기준 / 한국산업표준
바. KS F 2637 문, 창, 셔터의 침입저항 시험방법-동하중 시험 / 한국산업표준
사. KS F 2638 문, 창, 셔터의 침입저항 시험방법-정하중 시험 / 한국산업표준
아. ISO 22341 범죄예방환경설계 가이드 / 국제표준화기구
자. FEMA 426 잠재적 테러 공격에 대한 빌딩 안전관리 매뉴얼 / 미국 국토안보부
차. FEMA 427 상업건물의 테러공격에 대한 피해경감을 위한 설계 입문서 / 미국 국토안보부
카. FEMA 430 사이트 및 도심의 보안설계 / 미국 국토안보부
타. 건축물의 범죄예방 설계 가이드라인 / 국토교통부
파. 건축물 테러예방 설계 가이드라인 / 국토교통부
하. 육상 물류보안 유형별 가이드라인 / 국토교통부

(3) 전자보안시스템 요소 관련

가. KS C IEC 62642-1 침입경보 및 홀드업시스템 - 시스템 요구사항 / 한국산업표준
나. KS C IEC 62642-7 침입경보 및 홀드업시스템 - 적용지침 / 한국산업표준
다. KS C IEC62676-1 보안용 영상감시시스템 - 시스템 요구사항 / 한국산업표준
라. KS C IEC62676-3 보안용 영상감시시스템 - 영상 인터페이스 / 한국산업표준
마. KS C IEC62676-4 보안용 영상감시시스템 - 적용지침 / 한국산업표준
바. IEC60839-11-1 출입통제시스템 - 요구사항 / 국제전기협회

사. IEC60839-11-2 출입통제시스템-적용지침 / 국제전기협회

아. ASIS GDL FPSM-2009 시설 물리보안통제 가이드라인 / 미국산업보안협회

자. ISO27001 정보보호 표준 / 국제표준화기구

차. EC 62463 방사선 방호장비-인원 및 불법물품운반 보안검색을 위한 X-ray 시스템 / 국제전기협회

카. UFC 4-021-02 전자보안시스템 / 미국 국방부

(4) 운영인력 요소 관련

가. ISO 18788 보안운영 관리시스템 / 국제표준화기구

나. KS S1005 -1 경비서비스 프로세스 / 한국산업표준

다. KS S1005 -1 경비서비스 기반구조 / 한국산업표준

라. ASIS GDL PSO-2010 보안요원 선발 및 교육 / 미국산업보안협회

제 3 장

건축구조적 통제

I 건축구조적 통제요소

물리보안의 주요 통제요소는 건축구조적 요소, 전자시스템적 요소, 운영인력적 요소이다. 이러한 세 가지 통제요소는 모든 설정에서 가장 효과적이고 효율적인 보호 상태를 달성하기 위해 통합된 방식으로 함께 작동해야 한다.

세 가지 통제요소 중 건축구조적 보안은 물리보안의 가장 기초가 되는 영역으로서 건축물의 구조 및 주변의 환경과 더불어 그것을 구성하고 있는 각종 설비 요소들을 물리보안 통제에 적합하게 활용하는 것이다. 모든 건축물은 기둥, 벽, 지붕으로 구성되어 형태를 유지하고 외부와 분리되는 동시에 문, 창문, 셔터 등을 통해 외부와 연결된다. 또한, 내부에는 전기, 기계, 공조, 통신 등의 각종 설비를 배치하여 건축물의 용도에 따른 기능을 수행하며, 외부에는 펜스나 조경 등을 통해 외곽을 구분한다. 건축구조적 보안 통제요소들을 정리하면 아래와 같다.[1]

- 펜스, 장벽(볼라드, 장애물, 벽체) 등
- 게이트, 문, 창문, 셔터 등
- 전기설비, 공조설비
- 조명 및 조경, 옥외시설물

건축설계 단계에서 건축구조적 보안이 검토되지 않은 경우 많은 취약성이 나타나게 되며 차후에 이러한 문제점들을 전자시스템적 수단이나 운영인력적 수단으로 통제하려고 하면 큰 비용과 노력이 필요하다. 건축구조적 보안은 보통 보안통제지점을 우회하여 무단침입하거나 자산을 무단반출하는 물리적 경로를

1 ASIS(2015). Physical Security Principles, Alexandria: ASIS International.

효과적으로 통제하기 위해서 적용되며, 특히 범죄예방환경설계CPTED나 테러예방설계ATD와 같은 보안설계기법의 형태로도 발전하고 있다. 범죄예방환경설계와 테러예방설계는 다음 장에서 별도로 다룬다.

Ⅱ 펜스와 장벽

장벽Barrier은 사람, 동물, 차량이나 물건의 이동을 막기 위한 자연적이거나 의도적으로 제작된 장애물을 말한다. 장벽은 특정 지역에 대한 침투를 제한, 지연, 예방하기 위한 물리적 한계로 작용한다. 장벽 활용의 기본적인 개념은 여러 층의 보호 장벽을 설계하고, 주요 보호 자산이 이러한 장벽 내에 위치하도록 하는 것이다.[2]

장벽은 수동적 장벽Passive Barrier, 보안인력Security Officer 또는 전개 가능한 장벽Dispensable Barrier의 형태를 취할 수 있다. 이 중 수동적 장벽은 펜스, 문, 벽, 바닥, 잠금장치와 같은 구조적 요소를 의미하고, 보안인력은 침입자를 지연시킬 수 있다는 측면에서 인적 장벽으로 본다. 화학 안개Chemical Fog와 연기Smoke, 자극제Irritant와 같은 전개 가능한 장벽은 적들의 공격 중 필요시에만 활용된다.[3]

장벽의 유형마다 각각의 장단점이 있으며, 잘 설계된 물리보안시스템은 이 세 가지 유형을 모두 결합하여 사용한다. 예를 들어, 보안인력은 유연하고 지속적인 지연을 제공할 수 있으며, 사이트를 중심으로 이동 배치할 수 있다. 그러나 보안인력은 비용이 많이 들고, 사람이기 때문에 유혹이나 협박에 타협할 수도 있다. 이와는 대조적으로, 수동적 장벽은 항상 제 자리에 있고, 실패하더라도 어느 정도의 지연을 제공한다는 장점이 있다. 전개 가능한 장벽은 주로 보안인력에 의해 사용되며 전력승수Force Multiplier의 역할을 한다.[4] 이처럼 물리보안 분야에

2 ASIS(2012). Protection of Assets, Alexandria: ASIS International.

3 Doss, K. T.(2019). Physical Security Professional Study Guide, 3rd ed, Alexandria: ASIS International.

4 군사학에서 전력승수는 인력 또는 무기가 더 큰 성과를 달성할 수 있는 능력을 제공하는 요인을 가리킨다. 위키백과 홈페이지(https://en.wikipedia.org). 2021. 11. 10. 검색.

서는 기술이 인간의 요소를 대체하는 것이 아니라 인간의 성과와 능력을 증가시키는 도구로 보는 경향이 강하다. 특히, 미국산업보안협회ASIS는 물리보안의 통제요소인 건축구조적 요소, 전자시스템적 요소, 운영인력적 요소 중 인적 요소를 가장 중요한 것으로 보며, 인적 자원의 적재적소 배치와 다른 두 기술적 요소의 전력승수 역할을 강조하고 있다.[5]

1 펜스

모든 건물이나 시설은 보안계층의 경계선을 형성하기 위해 벽, 게이트, 바닥, 천장, 지붕, 문, 창 및 기타 구조물을 적용한다. 이러한 경계선 형성을 위한 주요수단은 펜스Fence와 장벽Barrier으로 물리보안 전략의 일부로 이해하고 활용해야 한다. 특히, 펜스는 주로 외곽 경계선에 배치되어 시각적으로 영역을 표시하는 동시에 일정 구간에 대한 침입 시도를 지연시키는 가장 보편적인 보안대책 중 하나이다. 펜스는 부지의 경계에 배치되어 경계를 정의하는 시각적인 역할을 하며 침입이나 공격에 대한 지연 및 어느 정도의 저항을 제공하는 역할을 한다. 또한, 펜스는 심리적 억제 기능을 가지며, 사람이나 차량을 원하는 검문소나 출입구로 유도하는 기능도 가진다. 이와 함께 침입할 의도가 없는 사람들에게 경계선을 인식시키는 역할을 한다. 펜스는 와이어, 석재, 목재와 철 등 다양한 소재를 사용하며, 목적에 따라 디자인과 형태가 달라질 수 있다.[6]

그러나 침입 의도가 있는 경우에 도구를 이용하여 펜스를 비교적 쉽게 절단할 수 있으며, 상단을 뛰어넘거나 하단을 굴토하여 무력화할 수 있다는 점에 유의하여야 한다. 이러한 특성으로 인하여 시설에 요구되는 보호 수준에 따라 상단에 탑가드Top-guard를 설치하거나 하단에 콘크리트를 매립하기도 한다. 또한, 보안요원이 배치된 초소, 감시카메라, 침입감지기, 차량차단장벽, 경고표지판 또는 자연장벽으로 보강할 수 있다. 특히, 외곽에 침입경보시스템을 적용하는

5 ASIS(2015). op. cit.
6 ASIS(2012). op. cit.

경우 침입을 실시간으로 탐지하고 펜스에 의해 지연되는 시간을 활용하여 보안 요원 등의 대응수단을 현장에 투입하는 것이 가능하게 된다.

결과적으로, 펜스는 제한적인 보안효과를 제공할 수 있을 뿐이며, 마음만 먹으면 언제든 침입이 가능하다고 보아야 한다. 펜스는 단지 이를 지연시킬 수 있을 뿐이지 침입을 완전히 막지는 못한다. 그럼에도 불구하고 펜스는 전체 보안계획에서 필수 불가결한 중요한 부분으로써, 감시카메라, 침입경보, 순찰 등에 의해 보강되는 것이 좋다.[7]

펜스의 종류는 능형망 펜스, 그물망 펜스, 미관형 펜스 등으로 구분되며, 미관형 펜스는 주로 차도 및 인도와 접해 있는 외곽구간에 적용된다.

1) 능형망 펜스

다양한 펜스 유형 중에서 능형망 펜스Chain-link Fence는 가장 보편적이며, 내구성이 뛰어나고 저렴하여 비용 대비 효율이 뛰어나다. 능형망 펜스는 신속한 설치가 가능하며, 적절하게 배치된 경우 외부 요인으로부터 일정 수준의 보호가 가능하다. 또한, 가시성이 뛰어나 반대쪽 상황을 볼 수 있다는 이점을 가진다. 능형망 펜스의 소재는 보통 철제 와이어인데, 이를 꼬아서 끝부분의 마디나 꼬임을 제외하고는 매듭이 없도록 만든다.[8]

〈그림 3-1〉 능형망 펜스

출처: National Police Academy, 2015.

7 Ibid.

8 ASIS(2015). op. cit.

미국의 여러 정부기관에 의해 능형망 펜스의 보안수준을 평가하기 위해서 여러 번의 실험이 진행되었다. 실험 결과는 능형망 펜스는 담요, 와이어 절단기나 볼트 절단기 등의 보조기구 도움 없이도 얼마든지 극복될 수 있다는 것을 일관되게 보여주었다. 표준 능형망 펜스는 들어오고자 하는 강력한 의지를 가진 사람에게는 아무런 효과가 없었다. 그러나 이 펜스가 차량, 동물, 우연히 들어오려는 사람 및 의지가 강하지 않은 기회범Opportunistic Offender에 대해서는 효과가 있다고 알려져 있다. 능형망 펜스는 어떠한 높이로도 가능하기 때문에 필요한 곳이면 어디라도 적용할 수 있다. 그러나 다음과 같이 설치된 경우에는 효과적이지 않다.[9]

- 철조망 구멍이 넓음
- 철조망에 얇은 와이어 사용
- 가볍고 약한 기둥(Post)과 레일(Rail)
- 기둥을 묻은 바닥 구멍이 충분히 깊지 못함

능형망 펜스는 철조망의 면이 마름모꼴인 펜스로서, 펜스 상단에 탑가드를 설치하여 상단 침입을 지연하는 효과를 강화한다. 이때, 경계를 표시하거나 작은 동물의 침입을 막기 위한 울타리는 1.2m 높이여야 한다. 일반적으로 소유주와 위험을 알려주기 위해 표지판이 경계 울타리에 세워지는데 15.2m 간격을 두고 세워진다.[10] 그러나 사람의 의도적 침입을 억제하기 위해서는 탑가드를 제외한 펜스 자체의 높이가 최소한 2.1m(7ft) 이상이어야 하며, 철조망의 소재는 아연이나 PVC 등으로 코팅된 강철이어야 하고 와이어는 9AWG(지름 2.906mm), 철조망면 구멍 하나의 넓이는 12.9cm^2(2in^2)이하여야 한다. 펜스 기둥의 깊이는 0.9m 이상으로 하여 콘크리트에 고정되어야 하며, 기둥 간의 간격은 3m를 초과하지 않아야 한다. 상단의 탑가드는 0.3m(1ft) 높이로 윤형철조망Concertina Wire을 설치하는 경우 지름은 0.9m 이상으로 한다.[11] 또한, 펜스 기둥 높이는 1.2m를 기준으로 최소 60cm의 깊이로 묻어야 하며, 펜스 높이가 30cm 증가할 때마다 7.6cm씩 더 깊게 설치해야 한다. 종단의 펜스 기둥과 건물 사이의 거리는 5cm

---

9 Doss(2019). op. cit.

10 ASIS(2012). op. cit.

11 ASIS(2015). op. cit.

이하로 유지해야 한다.[12] 그리고 외곽 펜스 경계면에 배수구나 도랑이 지나가는 경우 펜스의 철조망을 배수구 및 도랑까지 연장하여야 하며, 지면으로부터의 펜스 하단의 이격거리는 10cm 이하여야 한다.

시각적인 프라이버시가 필요한 경우에는 나무판자나 플라스틱판을 와이어 사이에 끼워 넣을 수 있고, 펜스에 다른 소재를 덮어 단단히 고정시킬 수도 있다. 또 와이어를 PVC로 코팅할 수 있는데, 이렇게 하면 미관이 개선되며, 녹이 슬지 않기 때문에 염분이 높은 항만 등에서 사용할 수 있다. 이와 함께, 능형망 펜스는 실외뿐만 아니라 창고 같은 실내에서 중요자산을 보호하기 위해 사용될 수도 있다.[13]

AWG

AWG(American Wire Gauge)는 미국이나 그 밖의 지역에서 와이어의 굵기를 나타내는 규격이다. AWG 번호가 작을수록, 와이어가 두꺼워진다. 능형망 펜스에서 철조망은 No. 9 AWG 이하여야 하고, 높은 보안이 필요한 곳에는 No. 6 AWG가 주로 사용된다. 능형망 펜스에 가장 많이 쓰이는 와이어는 다음과 같은 직경과 파단 하중을 가진다.[14]

- No. 6 AWG: 5mm, 984kg
- No. 9 AWG: 3.8mm, 585kg

2) 그물망 펜스

그물망 펜스(Mesh Fence)는 철조망의 면이 세로와 가로 철선으로 구성되어 있으며, 펜스면을 통한 가시성이 능형망 펜스보다 양호하다. 그물망 펜스 역시 아연 등으로 도금되어야 하며, 높이 등의 규격은 능형망 펜스의 기준을 준용한다.[15]

---

12 Doss(2019). op. cit.

13 ASIS(2012). op. cit.

14 위키백과 홈페이지(https://en.wikipedia.org). 2021. 2. 10. 검색

15 ASIS(2015). op. cit.

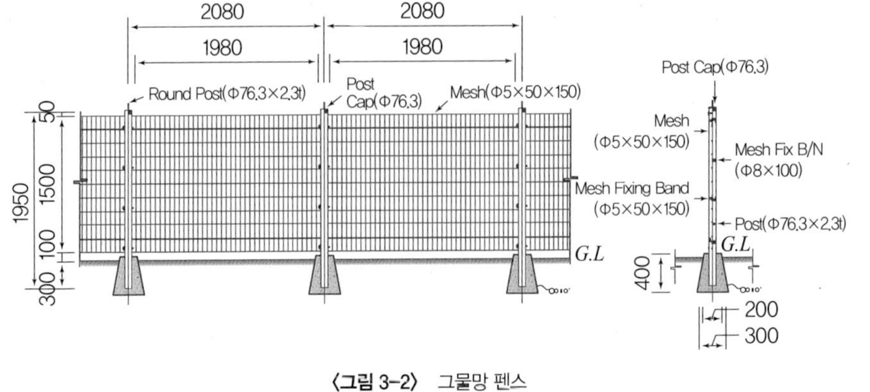

〈그림 3-2〉 그물망 펜스

출처: UFC 4-022-3.

3) 미관형 펜스

미관형 펜스Ornamental Fence는 형태와 구조가 매우 다양하며 건축물이나 주변 환경과 조화를 이루어 적용된다. 미관형 펜스는 일정한 보안 기준이 없이 미관을 고려하여 적용된 펜스로 침입에 취약할 수 있다. 능형망 펜스와 비교하여 미관형 펜스는 건축 환경과 보다 조화를 잘 이루지만, 일반적으로 더 높은 비용이 들며 가시성을 제한한다는 문제점이 있다. 그러므로 높은 보안통제 수준을 요구하지 않는 경우나 출입게이트 주변과 도로 인접구간 등 미관이 중요한 구간에 주로 적용하나, 구조나 형태 등에 대한 적절한 검토가 이루어진다면 유효성 있는 외곽 통제수단이 될 수 있다.

권고되는 최소한의 기준은 철강 또는 알루미늄으로 제작되어야 하며, 이때 철제 튜브나 프레임의 항복응력[16] 한계점은 60,000psi(414Mpa) 이상이어야 한다. 그리고 펜스의 높이는 2.4m(8ft) 이상이어야 하며, 펜스 상단은 둥근 모양Ball-top이 아닌, 포인트 탑Point-top으로 뾰족한 모양이어야 한다. 콘크리트 매립

16 어떤 물체에 응력을 가하여 변형시킬 때 응력이 작을 때는 응력에 비례하여 변형(탄성변형)이 되고 응력을 제거하면 원래의 상태로 되돌아간다. 그러나 응력이 어떤 한계를 넘었을 때 변형이 급격히 증대하는 경우가 생긴다. 이 현상을 항복이라 하고 그 한계응력을 그 물질의 항복응력 또는 단지 항복값 또는 항복점이라고 한다. 기계공학사전 편찬위원회(1995). 기계공학대사전, 서울: 집문사.

등의 사항은 능형망 펜스의 기준을 참고하되, 펜스 면이나 기둥의 모양이 발 디딤판의 역할을 하여 침입을 쉽게 하지 않는지 등의 취약성을 확인하여야 한다.[17]

〈그림 3-3〉 미관형 펜스

출처: General Services Administration, 2007.

4) 확장형 금속 펜스

확장형 금속 펜스Expanded Metal Fence는 절단하기 어렵고 강제 진입 시 능형망 펜스보다 훨씬 큰 저항을 제공한다. 확장형 금속 펜스는 능형망 펜스와 같이 그물망의 형태이지만 하나의 금속판을 자른 후 확장하는 공정을 거쳐 일체형인 특징을 가지기 때문에 풀리지 않으며 절단하기가 매우 어렵다. 능형망 펜스에 비해 비용이 다소 높지만 비용대비 높은 보안성을 가진다. 확장형 금속 펜스에는 일반형Regular, 격자형Grating, 납작형Flattened, 장식형Decorative의 네 가지 주요 유형이 있다.[18] 그리고 필터링이나 강도를 높이기 위해서, 금속 시트Sheet를 여러 층으로 겹쳐서 설치할 수 있는데, 이렇게 함으로써 더 강한 보호력을 제공한다. 대

17 Baker, P. & Benny, D. J.(2013). The Complete Guide to Physical Security, Boca Laton: CRC Press.

18 Doss(2019). op. cit.

부분의 금속 시트에는 40~90%의 구멍이 있으나 시각적 차단이 필요하다면 구멍의 크기를 10%까지 줄일 수 있다.[19] 확장형 금속 펜스는 강철, 알루미늄, 스테인리스로 제작되며, 높이 등의 적용기준은 능형망 펜스와 동일하다.

〈그림 3-4〉 확장형 금속 펜스의 철망

출처: UFC4-022-03.

5) 전기 펜스

전기 펜스Electric Fence는 절연체가 장착된 펜스 기둥에 의해 지지되며 철조망, 약한 전류가 흐르는 철조망 또는 전선으로 구성된다. 단순히 5개의 전류가 흐르는 전선을 펜스의 상단에 부착하여 운영할 수도 있고, 높은 보안을 요구할 경우에는 50개의 정도의 전선을 펜스에 촘촘하게 구성하여 운용할 수도 있다. 20개의 전선으로 구성된 2.4m(8ft) 높이의 전기 펜스가 능형망 펜스의 안쪽에 설치되어 보안용으로 흔히 사용된다.[20] 전기 펜스는 일반적으로 침입 경보시스템, 출입통제시스템 및 감시카메라와 결합하여 운영할 경우 더욱 효과적이다. 이 경우 전기 펜스의 신호가 각 시스템과 연동되어 좀 더 빠른 대응을 가능하게 한다. 전기 펜스의 전류는 접촉할 때 불쾌감을 느낄 정도의 저전압으로 운영되지만 '전기흐름'이라는 경고문구만으로도 공격자에게 공포심을 유발하여 충분한 억제 효과

19 ASIS(2012). op. cit.

20 Fennelly, L.(2017). Effective Physical Security, 5th ed, Boston: Butterworth-Heinemann.

를 가진다. 또한, 펜스 전선이 절단 또는 압력을 감지하고 경보를 발동하는 감지기의 역할을 수행하기도 한다.

〈그림 3-5〉 전기 펜스

출처: National Police Academy, 2015.

6) 탑가드

탑가드Top Guard는 펜스에 추가적 보호가 필요할 때 설치하는 것으로써, 펜스의 꼭대기를 따라 가시형 철사Barbed Wire를 설치한다. 탑가드는 45도 각도로 위협의 방향 쪽을 향하게 된다. 즉 위협이 시설의 외부에서 내부로 침입하려는 경우에는 탑가드가 바깥쪽으로 향하고, 교도소와 같이 시설의 내부에 있는 사람이 외부로 나가려고 하는 경우에는 탑가드가 안쪽으로 향하게 한다. 그리고 위협이 양쪽 모두에 있을 경우에는 V자 형태로 설치한다. 탑가드는 최소 30cm(1ft) 높이로, 보통 15.2cm(6in) 간격으로 3개의 철조망을 사용하며, 바깥 가닥은 최소 133kg의 무게를 견딜 수 있어야 한다.[21] 필요한 경우 이러한 탑가드 지지대 Supporting Arm의 길이와 가시형 철사의 수를 늘릴 수 있고, 가시형 철사를 윤형 Concertina Coil으로 제작하여 탑가드에 올려서 사용할 수 있다.

---

21 Doss(2019). op. cit.

〈그림 3-6〉 탑가드

출처: National Police Academy, 2015.

전통적인 가시형 철사는 침입이나 무단접근에 대한 대응수단으로 크게 효과적이지 못했다. 그러므로 최근에는 가시형 철사보다 굵은 면도날 같은 칼날을 와이어에 붙인 면도날형 철사Razor Wire를 많이 쓰는데, 면도날형 철사는 가시형 철사보다 가격이 비싸지만, 보안성이 좋아서 군 등 보안시설에 주로 쓰인다. 면도날형 철사 중에는 강한 장력이 있어서 절단 시 급속히 펴지며 공격자를 타격하도록 고안된 것도 있다. 한편, 탑가드가 효과적이기 위해서는 사람이 울타리를 넘을 때 도움이 되는 상자, 나뭇가지, 사다리, 컨테이너, 차량 등의 물건이 울타리 근처에서 제거되어야 한다.

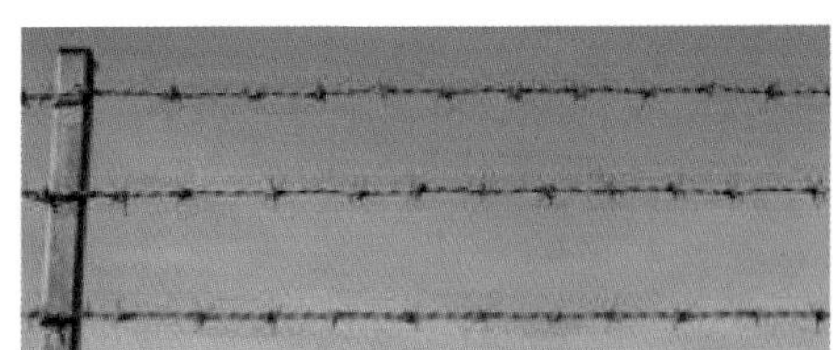

〈그림 3-7〉 가시형 철사와 콘서티나 코일

출처: National Police Academy, 2015.

2 장벽

장벽Barrier은 내부공간으로의 무단접근을 차단하는 외벽의 형태와 볼라드나 장애물과 같이 차량의 돌진을 차단하기 위한 형태로 구분할 수 있다. 이러한 요소들은 공격자가 침입하는 것을 막도록 하는 물리적 기능뿐만 아니라 심리적 억제기능도 함께 가진다. 특히, 잘 설계된 견고한 장벽은 무력화하기 위해 큰 노력이 들기 때문에 공격자가 무력화를 시도하려는 것을 사전에 차단할 수 있다.

경우에 따라 장벽은 자연적으로 조성된 하천이나 호수, 강, 절벽, 협곡 등 기타 접근이 어려운 지형을 포함할 수 있는데, 이를 자연적 장벽Natural Barrier이라 한다. 침입시도 시 장벽이 제공하는 지연 시간은 공격자의 도구와 기술에 의해 크게 좌우되기 때문에 실제적인 지연 시간의 측정과 평가는 공격자가 활용하게 될 도구와 기술을 예측하고 이에 기반을 두어 실행되어야 한다.[22]

1) 벽

일반적으로 벽은 문, 창문, 통풍구 및 기타 개구부보다 침투에 대한 저항성이 크나, 적정한 도구와 시간만 주어진다면 얼마든지 극복될 수 있으므로 벽은 조건에 따라 강제로 진입할 수 있는 침입로가 될 수도 있다. 일반적인 절삭 공구 외에도 차량이 돌진하여 콘크리트 블록, 목재 프레임과 같은 유형의 벽을 무력화할 수 있으며, 폭발물을 이용하여 침입하기 쉬울 정도의 구멍을 만들어 낼 수 있다. 다양한 방법으로 벽을 보강하거나 벽의 두께를 늘리면 더욱 높은 성능의 폭발물을 이용해 무력화가 가능하겠지만, 그로 인해 더 많은 잔해가 발생하며 결과적으로 지연 시간이 늘어나는 효과를 보게 된다.

일반적인 콘크리트 벽은 쉽게 파괴될 수 있으므로, 이를 방지하기 위해서는 철근으로 보강된 콘크리트 벽이 적용되어야 한다. 철근 콘크리트는 일반 콘크리트보다 무력화하는데 많은 시간과 노력이 필요하다. 철근 콘트리트 벽의 보안성을 높이고자 한다면 보강 철근을 추가로 사용하여 철근 간격을 줄이거나 보강

22 Fennelly. op. cit.

철근의 직경을 증가시키면 지연 시간을 늘릴 수 있다.[23]

철근으로 보강되지 않은 15.2cm(6in) 이하의 콘크리트 벽은 간단한 수공구나 적은 양의 폭발물로 쉽게 뚫을 수 있다. 예를 들어, 보통 얇은 철근을 자르는 데 사용되는 볼트 커터로 10.2cm(4in) 두께의 콘크리트 벽을 뚫을 수 있다. 결과적으로 10.2cm(4in) 콘크리트 벽은 아주 작은 힘에 대한 보호만을 제공해 줄 뿐이다. 철근으로 보강된 8인치(20.3cm) 강화 콘크리트 벽은 대부분의 구조물에서 쉽게 발견된다. 8인치 강화 콘크리트 벽은 하중에도 견딜 수 있고 연장으로도 쉽게 뚫리지 않는다. 그러나 적은 양의 폭발물과 연장을 동시에 사용하면 쉽게 뚫을 수 있다. 8인치 이상의 강화 콘크리트 벽은 금고실 공사 시 사용된다. 또한, 철근과 같은 강화재를 사용하지 않은 표준 콘크리트 블록벽은 연장이나 폭발물을 사용해서 쉽게 뚫을 수 있다. 이러한 벽의 강도는 블록의 빈 공간을 콘크리트로 채워 넣거나 보강 철근을 사용하여 보강될 수 있다.[24]

철근 콘크리트로 두 개 이상의 벽을 병렬 배치하면 두 벽을 합친 두께의 벽 하나보다 더 많은 시간을 지연시키는 효과를 기대할 수 있다. 이는 두 개의 벽을 설치하면 첫 번째 벽을 뚫은 후 두 번째 벽을 뚫기 위해 작업을 다시 시작해야 하며, 또한, 첫 번째 벽의 잔해가 두 번째 벽을 뚫기 위한 작업의 방해 요소로 작용하기 때문이다.

보강 철근

보강 철근Rebar의 직경은 철근 콘크리트 벽의 보안성에 큰 영향을 미친다. 보강 철근은 번호로 직경이 정해지는데, 숫자는 1/8인치, 즉 3mm 직경의 배수를 의미한다. 예를 들어 2번은 직경 2/8인치, 즉 6mm의 철근이고, 5번은 5/8인치, 즉 1.5cm의 철근이다. 보통 4번 이하의 보강 철근은 수동식 볼트커터로 절단할 수 있고, 5번에서 8번 사이의 보강 철근에는 유압식 전동 볼트커터가 필요하다. 그러나 8번보다 직경이 큰 보강 철근은 용접기, 전동톱 또는 폭발물로만 절단할 수 있다.[25]

23 Doss(2019). op. cit.

24 ASIS(2012). op. cit.

25 ASIS(2015). op. cit.

2) 지붕 및 바닥

지붕과 바닥도 공격자의 관점에서 충분히 무력화하여 침입할 수 있으므로 각종 보안대책을 통해 이에 대비해야 한다. 이때 폭발물뿐만 아니라 전기 및 열을 이용하는 도구의 조합을 활용한 공격에도 대비하여 보안 수준을 검토하고, 필요 시 지붕과 바닥을 강화해야 한다.

지붕과 바닥은 비슷한 방법으로 제작되지만, 철근의 두께와 유형부터 콘크리트 강도까지 많은 부분이 서로 다르다. 일반적으로 바닥은 지붕보다 더 무거운 하중을 수용할 수 있도록 설계되어 있어 침투에 대한 저항력이 더 크다. 지붕에 대한 보안성을 강화할 때, 지붕을 새로 만드는 것보다 지붕의 표면 하단에 보안 기능을 추가하는 것이 비용 효과적이고 일반적이다. 2차 방호벽과 같은 보안 요소를 지붕의 벽면 아래에 설치하는 것을 고려해 볼 수 있으며, 2차 방호벽은 공격자가 진입하여 도구를 사용하기 어렵게 하도록 지붕 벽면에서 25cm~30cm 이내의 거리에 설치하는 것이 권장된다. 또한, 철근, 철망, 확장형 금속과 같은 자재를 지붕 표면 아래에 적용하여 보안성을 높일 수 있으며, 고온절삭이나 폭발물에 대비하기 위해 지붕 위에 모래를 이용한 방호층을 추가하는 방안도 고려해 볼 수 있다.[26]

3) 금고실

심층보안Security-in-Depth의 관점에서, 중요자산을 보호하기 위한 활용하기 좋은 수단 중 하나가 금고실Vault이다. 금고실은 접근을 제한하고 공간 내의 자산에 대한 보호를 제공하기 위해 특별히 만들어진 구역으로 일반적으로 무단침입과 화재로부터 보호하기 위해 적용된다.

강제 침입에 대한 보호를 위해 금고실은 건물의 외벽과 접해서 설치해서는 안 되며 공격으로부터 최대한 많은 지연 시간을 확보할 수 있도록 쉽게 접근할 수 없는 곳에 배치되어야 한다. 그리고 균형적 보호Balanced Protection의 관점에서

26 Ibid.

금고실의 모든 벽면은 공격에 대해 동일한 보호 수준을 갖추어야 한다. 금고실은 강화 콘크리트를 사용해서 만들어져야 하고, 콘크리트 벽을 철근으로 강화할 경우, 공격에 대한 지연 시간을 크게 증가시킬 수 있다. 이는 철근을 활용한 보강 시 콘크리트가 폭발물로 파괴되었다 할지라도 보강재는 손상되지 않으며, 이러한 철근 보강재를 완전히 제거하는 데 많은 시간이 소요되기 때문이다. 금고실 내부에는 침입감지기와 감시카메라가 반드시 설치되어야 한다.[27]

〈그림 3-8〉 금고와 금고실

출처: 위키미디어 커먼즈, https://commons.wikimedia.org/.

금고Safe[28]

금고실Vault과 금고Safe는 화재로부터 보호하거나 도난을 방지하기 위하여 현금, 서류, 귀중품 따위를 간수하여 보관하는 목적은 같지만, 금고실은 창고, 즉 방房의 개념이고, 금고는 장방형의 상자, 즉 궤櫃의 개념으로 차이가 있다.

금고가 적절한 보호 기능을 수행하기 위해서는 다양한 금고의 특징과 한계를 이해해야 한다. 일반적으로 화재 보호를 위해 설계된 금고는 강제 개방을 막는데 효과적이지 않다. 그리고 열을 차단하는 데 사용되는 재료는 망치 등의 타격에 매우 약하다. 예를 들어, 현금을 보호하기 위해 고안된

27 Doss(2019). op. cit.
28 ASIS(2015). op. cit.

금고는 두껍고 단단한 강철벽이 실내로 열을 빠르게 전달하기 때문에 화재로부터 현금과 같은 타기 쉬운 물체를 거의 보호하지 못한다.

UL 인증기관Underwriters Laboratories은 금고의 정확한 성능 측정을 위해 테스트 기준을 가지고 있다. 따라서, 금고를 적절하게 선택하려면 아래와 같은 다양한 UL 등급의 의미를 이해해야 한다.

- Class 350: 종이 재질의 현금 및 서류 보호
- Class 150: 자기적 성질의 기억매체(자기 디스크, 자기 테이프) 및 사진 재료 보호
- Class 125: 플로피 디스크와 같은 필름 재질의 전자매체 보호

이때, 각 등급의 숫자는 외부 온도상승으로부터 유지할 수 있는 금고 내부의 화씨온도를 의미한다. 예를 들어, "350-4 HR"이라는 표시는 테스트에서 외부 온도 1,700 ℉(927 ℃)에 노출되었을 때 적어도 4시간 동안 금고의 내부 온도가 350 ℉(177 ℃)에 도달하지 않음을 의미한다. 전형적인 내화성 금고는 습기를 머금은 단열재를 금고의 강철벽 사이에 넣게 되는데, 화재가 발생하면 습기가 증발하며 금고 내부를 냉각시킨다. 그러므로 화재에 노출된 내화성 금고는 습기가 증발하였으므로 재사용할 수 없다. 또한, 화재에 노출되지 않았더라도 20~30년 정도의 시간이 지나면 습기가 자연적으로 증발하여 내화 기능이 사라질 수 있다.

반면, 강제개방(절도) 등급의 금고Forced Entry or Burglar Rated Safe는 귀중품을 화재로부터 보호하지 않는다. 이 등급은 공격자가 금고를 강제 개방하는데 필요한 도구와 시간에 기초하여 평가되며, 340kg 이하의 금고는 탈취를 방지하기 위해 바닥에 고정해야 한다. 1970년대 이래 절도 방지 및 화재 대응의 두 가지 목적에 모두 사용할 수 있는 단일 금고가 개발되어 사용되고 있다.

한편, 보안성을 강화하고 비용을 절감하기 위하여 '금고 내 금고Safe within a Safe' 전략을 사용할 수 있다. 이는 작은 크기의 금고를 큰 금고나 금고실 내에 두어 심층보안의 원리를 실현하는 것이다.

4) 차단장애물

일반적인 펜스나 벽은 차량 돌진에 쉽게 돌파될 수 있으며, 강화조치가 된 경우에도 차량의 무게나 중량에 따라 차단할 수 있는 범위는 제한적이다. 따라서, 효과적인 차단을 위해서는 환경에 따라 볼라드 등의 장애물이 적재적소에 배치되어야 한다. 차단장애물은 아래와 같이 고정형과 작동형으로 구분할 수 있다. 또한, 경우에 따라 외부에 배치된 분수대, 플랜터박스, 동상이나 나무, 하천과 같이 자연적이나 인위적으로 조성된 장애물을 강화하여 차단장애물로 활용할 수도 있다.

- 고정형: 고정식 볼라드Fixed Bollard,
  저지형 배리어Jersey Barrier,
  강화된 거리 조형물 및 고정시설Reinforced Street Furniture and Fixture
- 작동형: 작동식 볼라드Retractable Ballard,
  웨지형 배리어Wedge Barrier,
  드랍암크래시빔Drop-arm Crash Beam

작동형은 설치 후 필요한 경우에만 편리하게 사용할 수 있다는 장점이 있지만, 일반적으로 고정형에 비해 비싸고, 유지보수가 더 많이 필요하며, 시스템을 운영하는 사람을 위한 추가적인 교육이 필요하다는 단점이 있다. 또한, 오작동으로 인해 사물의 손상이나 사람의 부상을 초래할 수도 있다.

(1) 고정식 볼라드

고정식 볼라드Fixed Bollard는 철제나 콘크리트 기둥 모양이 일반적이며 LED 조명이나 감지기가 장착되기도 한다. 볼라드의 설치를 통하여 차량이 시설에 접근하는 것을 차단하는데, 볼라드는 외곽 펜스나, 나무와 같은 다른 요소와 연결하여 배치할 수 있다. 차량 폭탄테러의 위험을 낮추기 위하여 시설과 일정 거리 이상 떨어진 곳에 볼라드를 설치하여야 하는데, 이러한 거리를 이격거리Stand-off Distance라 한다.

볼라드 간격은 차량 폭을 고려하여 1.5m 내외로 하는 것이 적절하며, 높이는 차량의 범퍼 높이 이상으로 설치하여 돌진하는 차량을 저지하는 기능을 수행함과 동시에, 너무 낮아 잘 보이지 않는 경우 보행자가 다칠 수 있으므로 높이 0.8~1m, 지름은 0.1~0.2m 범위로 하고 눈에 잘 띄는 색의 반사도료를 사용한다. 또한, 지반의 깊이는 30cm, 너비는 25cm 정도로 매설하여 기초를 충분히 강화하여야 한다.[29]

고정식 볼라드의 경우 초기 설치 후, 위치의 변경이나 회수가 어려운 단점을 가지고 있으므로 초기 설치 시에 보행자의 통행 특성 등을 충분히 고려하여, 보행에 방해가 되지 않는 범위 내에서 설치해야 한다. 다만, 고정식 볼라드 중 탈착 가능한 볼라드는 일반적으로 내장된 접지 소켓에 맞춰져 있으며, 조작을 방지하기 위해 자물쇠로 잠글 수 있다.

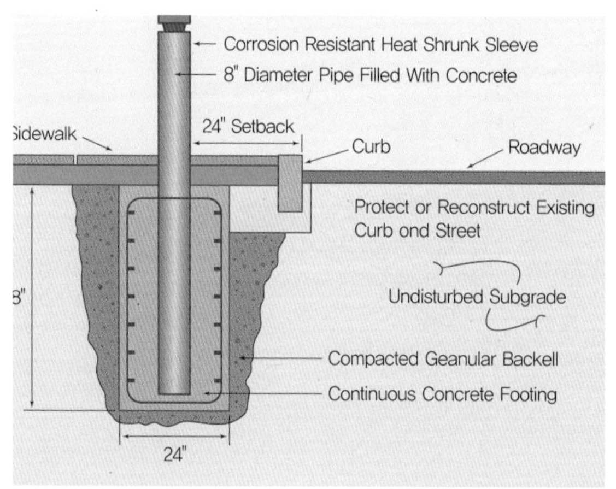

〈그림 3-9〉 고정식 볼라드

출처: FEMA 430.

(2) 작동식 볼라드

작동식 볼라드Retractable Ballard는 전기, 유압, 공압 원리로 작동하며, 비활성 상태일 때 지표면과 수평을 이루도록 설치한다. 차량에 대한 출입통제 지점에서 신원확인이나 보안검색이 필요할 때 차량의 진·출입통제를 위해 운용되는 경우가 많다.

29 ASIS(2012). op. cit.

참고로, 미 국방부에서는 군 시설과 같은 높은 보안성을 요구하는 시설을 위해 통합시설기준인 UFCUnified Facilities Criteria를 제시하는데, UFC에서 권고하는 작동식 볼라드의 주요 규격은 아래와 같다. 이는 미국 재료시험협회American Society for Testing and Materials, ASTM의 M50 및 미 국무부의 K12 인증기준에 해당한다.

- 긴급상황에서 최고 상단까지 올라오는 데 걸리는 시간은 3초 이내
- 6.8톤의 차량이 80km 속도로 충돌 시 정지 가능한 수준

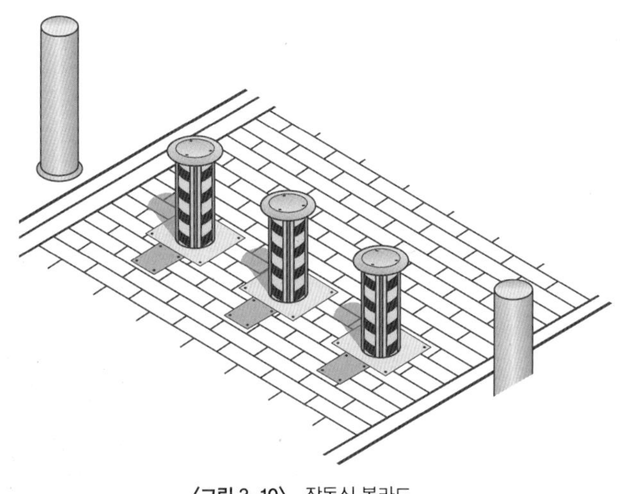

〈그림 3-10〉 작동식 볼라드

출처: UFC 4-022-2.

보안장벽의 보호수준

보안장벽의 보호 수준과 관련하여 신뢰할 수 있는 몇 가지 표준이 있는데, 미 국무부 표준 SD-STD-02.01과 미국 재료시험협회ASTM의 ASTM F2656-07이 대표적이다. 이러한 표준들은 특정 속도로 주행하는 특정 중량의 시험 차량을 정지시키는 장벽의 능력을 평가한다. 아래 <표 3-1>은 시험 차량의 중량과 속도에 따른 미 국무부와 ASTM 등급을 비교한 것으로, 이러한 등급은 설계기준위협DBT에 따라 필요한 장벽의 성능 수준을 결정하는 데 유용하다.

〈표 3-1〉 장벽 보호 수준

차량 무게 (파운드)	차량 속도 (시간당 마일)	미 국무부 기준	ASTM 기준
15,000	30	K4	M30
15,000	40	K8	M40
15,000	50	K12	M50

출처: SD-STD-02.01; ASTM F2656-07.

(3) 저지형 배리어

저지형 배리어Jersey Barrier는 1940년대 미국 뉴저지주에서 처음 개발된 콘크리트 재질의 차선 분리벽이다. 고속도로의 양방향 차선이 서로 교차하는 것 막기 위해 중앙선 위에 배치하여 활용되기 시작하였으며, 현재는 보안 분야에서도 차단 장애물로 널리 활용된다. 저지형 배리어는 넓은 지역에 대한 차량 돌진을 차단하고 차량 폭탄테러의 공격 효과를 감소시키기 위한 건물과의 이격거리를 확보하기 위해 주로 사용된다. 저지형 배리어의 높이는 0.8m 이상, 길이는 3.6m 이상으로 설치되어야 하며 무게는 2,500kg 이상이어야 한다.[30]

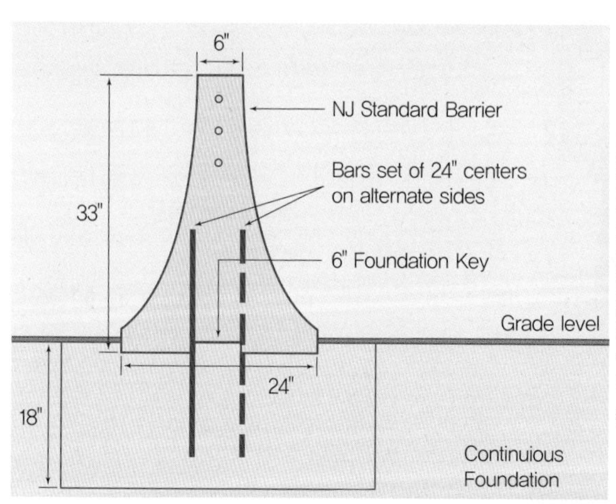

〈그림 3-11〉 저지형 배리어

출처: FEMA 430.

30 Ibid.

저지형 배리어는 장애물 내부에 철근이 내장되어 있으며, 저항력을 증가시키기 위해 지면과 연결되는 앵커를 설치하여 고정한다. 그리고 수직 보강재를 내장하여 장애물의 저항력을 증가시킬 수도 있다.

≫ Serpentine Vehicle Barrier Pattern

차량 진입로가 직선으로 구성된 경우, 차량이 진입하는 데 필요한 시간, 즉 지연 시간을 확보하기 위하여 저지형 배리어 등의 장애물을 가로로 설치할 수 있다. 이는 군부대 등 높은 보안성을 요구하는 시설의 진입로에서 흔히 사용하는 방법으로, 운전자는 시설에 진입하기 위하여 S자 모양으로 운전하여야 하므로 직선으로 운전하는 경우보다 많은 시간이 걸린다. 외국에서는 이러한 모양의 진입로를 뱀이 이동하는 모습과 비슷하다고 하여 Serpentine Drive라 부른다.

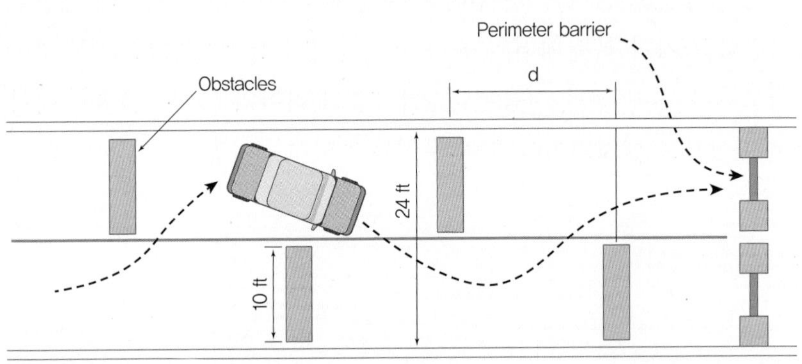

〈그림 3-12〉 Serpentine Vehicle Barrier Pattern

출처: FM 3-19.30.

(4) 웨지배리어

웨지배리어Wedge Barrier는 돌진하는 차량을 신속하게 차단할 수 있다. 일반적으로 높이는 0.5~1.0m이고, 너비는 3.0m 정도이며, 지면 장착 깊이는 0.4m 이상이다. 웨지배리어는 평상시에 차단된 상태에서 출입 시에만 내려가게 하는 형태로 운영할 수 있는데, 작동식 볼라드와 비교해 부지 기초가 얕은 현장에 적용할 수 있다. 웨지배리어에는 상승형Rising Wedge과 회전형Rotating Wedge이 있는데, 회전형은 상승형에 비해 전면이 구부러져 있으며 더 깊게 매립한다는 차이가 있다. 또한, 트럭으로 옮길 수 있는 이동형 웨지배리어도 있으며, 이는 임시로 장애물을 설치하는 데 효과적이다.[31]

〈그림 3-13〉 상승형 및 이동형 웨지배리어

출처: FEMA 430.

(5) 드랍암크래시빔Drop-arm Crash Beam

드랍암크래시빔은 주차장 등에 흔히 설치된 위아래로 작동하는 차단기를 강화한 것으로, 철제 크래시빔과 콘크리트 버팀목, 잠금 및 고정 기계장치 등으로 구성된다. 크래시빔 내부에는 고강도 강철케이블이 들어 있고, 크래시빔이 아래로 내려와 있을 때는 두 개의 콘크리트 버팀목 사이에 놓여 차량을 차단하게 된다. 수동으로 작동시킬 수 있으며, 때로는 유압식 또는 공압식 방법을 사용할 수도 있다.[32]

---

31 FEMA(2007). FEMA 430: Site and Urban Design for Security: Guidance Against Potential Terrorist Attacks, Providing Protection to People and Buildings. Washington D.C.: Federal Emergency Management Agency.

32 Ibid.

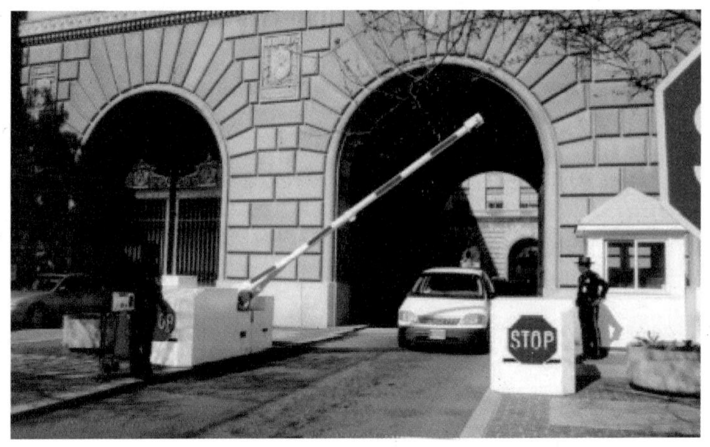

〈그림 3-14〉 드랍암크래시빔

출처: FEMA 430.

(6) 강화된 거리 조형물 및 고정시설

일반적인 거리 조형물과 고정시설을 강화Reinforced Street Furniture and Fixture한다면 건물의 경계에서 차량의 차단을 위해 이들을 활용할 수 있다. 이들의 구조, 간격, 모양 등의 세부 사항은 해당 건물이 요구하는 보호 수준에 맞춰 설계되어야 한다. 활용할 수 있는 조형물 및 시설에는 야외벤치, 펜스, 플랜터박스, 가로등, 간이매점, 버스정류장 등이 있다.[33]

〈그림 3-15〉 숨겨진 볼라드로 강화된 야외벤치

출처: FEMA 430.

33 Ibid.

5) 상징적 장벽

상징적 장벽Symbolic Barrier은 일부 상황에서 보안시설에 대한 효과적인 대안 또는 보완책이 될 수 있다. 상징적 장벽은 조경, 연석, 작은 장식 울타리 또는 바닥 색상이나 질감의 변화로 구성되는데, 일반적으로 상징적 장벽은 견고한 물리적 장벽을 제공하지 않지만 움직임을 제어하는 데 도움이 되는 심리적 신호를 주거나 지정된 경로나 영역에서 이탈하는 것을 불편하게 만든다.[34] 이는 다음 장에서 설명할 범죄예방설계CPTED의 영역성 그리고 상황적 범죄예방Situational Crime Prevention에서 '변명의 여지 제거'의 기능을 한다.

34 한국셉테드학회 편찬위원회(2015). 셉테드의 원리와 운영관리. 서울: 박영사.

Ⅲ 문, 창문, 게이트

출입문과 창문, 셔터 등은 벽과 연결되어 구성되지만, 구조적으로 매우 취약하다. 이렇게 벽의 개구부Opening에 위치하는 설비들은 출입이나 개폐를 위해 열고 닫히는 기능을 가져야 하며, 이러한 기능을 위해 프레임, 잠금장치/볼트, 경첩Hinge과 같은 비교적 낮은 강도의 부속들로 구성되어 있다. 그러므로 강화를 목적으로 할 때는 균형적 보호의 관점에서 주변 프레임과 연결부위까지 모두 강화해야 한다.

1 출입문

대부분의 문과 셔터는 전동드릴, 파이프렌치, 유압스프레더, 쇠지렛대 등의 공구를 사용하여 쉽게 개방할 수 있으므로, 중요한 지점이나 구역의 출입문은 보강조치와 침입감지기를 동시에 적용하여 침입탐지로부터 일정한 지연 시간이 확보되도록 해야 한다. 보통 공격자가 문을 무력화시키는 데 걸리는 시간을 10초 이상으로 설계해야 최소한의 보안 유효성을 가질 수 있다.[35]

문은 보통 동일 공간의 바닥이나 벽보다는 약하다. 그러므로 균형적 보호의 원칙에 의거하여 건물 구조의 바닥, 벽 및 천장에서 제공되는 것과 가능한 동일한 지연값을 제공하기 위해 문뿐만 아니라 문의 프레임, 경첩, 자물쇠 등도 강화

35 ASIS(2015). op. cit.

해야 한다.

종종 문의 패널은 비교적 얇고 가운데가 비어 있으며, 유리나 나무로 되어 있어 쉽게 제거할 수 있다. 문틀도 적절하게 설치되지 않으면 약한 부위가 될 수 있으며, 얇은 쇠지렛대를 이 사이로 넣어서 잠금 볼트를 해체할 수 있다. 철제문은 제대로만 설치되면 이러한 문제점이 생기지 않지만, 여전히 문틀은 문을 빼내지 못할 정도로 튼튼해야 한다.[36]

보안성을 높이기 위해 불필요한 문을 없애거나 최소화함과 동시에 불필요한 창문 및 외부의 문손잡이와 열쇠 구멍을 제거하는 방안을 검토해야 하며, 셔터는 수동개폐 조작버튼과 전원패널을 구역 내부에 위치시킨다.

만약 바르게 설치되지 못하면 경첩은 문의 중대한 약점이 된다. 예를 들어, 경첩이 외부 방향으로 설치되어 있으면 경첩을 구성하는 나사와 핀들도 외부로 노출되어 있고, 침입자는 이를 빠르게 제거하고 침입할 수 있으며, 일을 마치고 나갈 때는 원래대로 돌려놓을 수 있다. 나사와 핀을 제거하고 다시 끼워 넣는 작업이 조심스럽게 이루어지면 침입의 증거는 전혀 남지 않게 된다. 경첩은 나사와 핀이 외부로 드러나지 않도록 설치되어야 한다. 경첩 핀들은 용접 등을 통해 제거하지 못하도록 할 수 있다. 경첩이 출입문 프레임에 매립되는 형태인 스터드인홀Stud-in-hole 방식이나 출입문의 높이와 같은 길이로 경첩을 설치하는 풀렝스Full-length 방식을 적용하면 침투에 필요한 시간을 상당히 증가시킬 수 있다.[37]

또한, 문 표면에 강판을 추가하면 절삭용 공구에 대한 저항을 증가시킬 수 있고, 문의 패널 사이에 목제 코어를 넣으면 열 절삭 공구에 대한 지연 시간이 빈 공간일 때보다 3~4배 정도 증가한다. 그리고 문 프레임을 그라우트Grout 공정으로 지반에 묻어 콘크리트 등으로 메우면 침투 시간이 크게 증가한다. 또한, 비상대피용 출입문의 경우에는 외부에서의 침입을 방지하기 위해 한쪽에서만 열리도록 패닉바Panic Bar가 적용된 문을 설치할 수도 있다. 때에 따라서는 출입 인증과 연계하여 출입문이 열리기까지 15~30초 정도를 지연시키는 장치를 비상구 입구에 설치하기도 한다. 정상적인 상황에서 지연기구는 규정된 시간 동안 문을 열지 못 하게 하지만, 이러한 장치의 설치 유무와 상관없이 모든 출입문은

36 ASIS(2012). op. cit.

37 Ibid.

화재경보가 발령되거나 화재진압 시스템이 작동되면 출입문이 즉시 열릴 수 있도록 페일세이프fail-safe 방식으로 설치되어야 한다.[38]

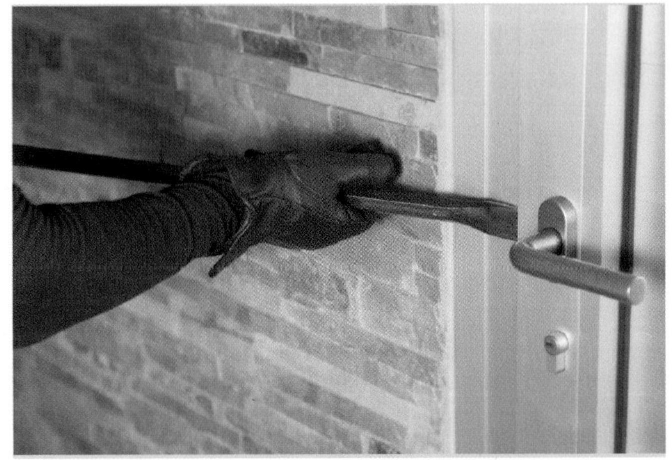

〈그림 3-16〉 쇠지렛대에 의한 출입문 강제 개방 모습

출처: Ministry of Home Affairs, 2018.

2 창문

벽과 연결된 부분 중 창문은 가장 파손되기 쉽고, 일반적으로 30초 이내에 침입이 가능하므로 보안성을 높이기 위한 조치가 필요하다. 또한, 강화되지 않은 일반적인 유리는 깨지기 쉽다. 따라서 보호구역의 창문은 가능한 침투에 취약하지 않은 보안성 높은 유리를 적용해야 하며, 균형적 보호 관점의 약한 연결고리Weak Link가 되지 않도록 창틀의 강도, 잠금장치의 견고함까지 모두 고려해야 한다. 이는 창문 부품들이 동일한 공격 수준을 견디도록 강도가 같아야 한다는 것이다.

우선적으로 창문들이 주변 구조물에 견고하게 고정되어야 하고, 잠금장치는 내부에 설치되어야 하며, 쉽게 파손되지 않도록 충분히 견고해야 한다. 미닫이 유리문은 파손되기 쉬우므로 찰리바Charlie Bar나 트랙록Track Lock과 같은 2차 잠금

38 ASIS(2015). op. cit.

장치를 적용한다.

창문의 가장 취약한 부분인 유리와 프레임에 대해서는 강화조치를 적용해야 하는데, 고열로 열처리되어 강도가 일반 유리의 4~5배인 강화유리Tempered Glass와 유리판 사이에 투명한 유기질막을 끼운 뒤 밀착시킨 접합유리Laminated Glass 등을 적용하는 것이 좋다. 폴리카보네이트 재질을 13mm 두께로 적용하는 경우 충격에 최대 2분 동안 저항할 수 있다.[39]

방탄창Bullet Resistant Window은 탄환이 통과하지 못하도록 하며, 파편 피해도 최소화할 수 있다. 또한, 특수필름 접합유리를 배치하면 탄환의 저지는 물론 피격 후 발생하는 파편 피해를 최소화할 수 있다. UL 인증기관Underwriters Laboratories은 방탄창을 8개의 등급으로 분류하고 있는데, 1~3등급은 권총에 대한 저항, 4~8등급은 소총 등의 소화기에 대한 저항으로 분류하고 있다. 미국의 정부기관과 군사시설에서는 보통 4등급 이상의 방탄창을 적용하고 있다.[40]

많은 전문가가 폭발물에 의한 손상이나 상해의 원인 중 75%가 비산하거나 낙하하는 유리라고 보고하고 있다.[41] 그러므로 방폭창에는 폭탄테러에 따른 유리 비산이나 낙하에 의한 피해를 최소화하기 위하여, 파편이 발생하지 않거나 파편이 발생해도 가까운 거리에 떨어지도록 설계된 유리가 배치되어야 한다. 동시에 창문 프레임을 견고하게 하여 프레임이 이탈되지 않도록 해야 한다. 방폭창의 사용과 동시에 창문 파편이 내부로 들어가지 않도록 방폭커튼Blast Curtain을 설치하거나 유리 보호필름을 사용할 수도 있다.

방폭커튼은 폭발 등으로 인한 유리파편을 막기 위해 제작된 강철보다 강한 특수직물로 만든 커튼이다. 다양한 설계기술을 적용하여 유리파편은 잡아주고 가스와 폭발압은 직물을 통해 빠져나가도록 할 수 있다. 또한, 유리보호필름은 유리의 내부 표면에 붙여 유리를 강화하며, 폭파나 태풍의 경우에 유리의 발사체 파편으로 인한 사람의 부상을 감소시킬 수 있고, 침입이나 유리창을 깨고 물건을 강취하는 '스매시 앤 그랩Smash and Grab' 유형의 범죄로부터 다양한 수준의 보호를 제공할 수 있다.

---

39 Ibid.

40 Fennelly, op. cit.

41 Ibid.

방범창Burglar Resistant Window에는 주로 아크릴이나 폴리카보네이트가 유리 대신 사용되며, 일반적 주거침입이나 망치 등의 수공구로 진열장을 깬 후 물건을 훔쳐 가는 행위를 방지한다. 방범창에는 방탄 기능이 통합된 것도 있다. 그리고 금속화 섬유를 포함하고 있는 전자보안유리Electronic Security Glazing는 전자기 신호를 차단하므로 외부로부터의 전자기파 도청으로부터 시설을 보호할 수 있다.[42]

창문이 지면으로부터 5.4m(18ft) 미만의 높이에 설치되었거나, 또는 나무로부터 4.2m(14ft) 미만의 거리에 위치한 경우, 그리고 창문의 면적이 619.3cm²(96in²)보다 큰 경우, 창문은 접근 및 침입에 취약할 수 있으므로 추가적인 보완조치가 필요하다.

건축물에는 문과 창문 외에도 채광창, 배기구, 환기구, 맨홀, 흡입구, 지붕 해치, 팬 등 외부와 연결된 다양한 개구부가 있어 침입 경로로 사용될 가능성이 있다. 이러한 통로는 은밀한 접근경로가 될 수 있으므로 통제가 필요하다. 그러므로 건물 외부의 개구부라도 619.3cm²(96in²)보다 넓거나 지면으로부터 5.4m(18ft) 이하이면 추가적인 보안조치가 필요하다.[43] 또한, 개구부 중에는 그릴Grill이 설치되어 있을 수도 있으나, 보안이라는 목적에 충분하지 않은 경우가 많다. 따라서 적절한 지연을 위한 다른 구조물로 보강되어야 하며 침입 시 탐지를 위한 감지기 등이 적용되어야 한다. 예를 들면, 강철 재질의 메시 등을 적용하거나 개구부의 크기 자체를 줄여 사람이 들어갈 수 없도록 할 수도 있다.

〈그림 3-17〉 방범창 테스트 모습

출처: Ministry of Home Affairs, 2018.

42 Ibid.

43 ASIS(2012). op. cit.

유리의 종류[44]

- 판유리Plate Glass: 가장 기본적인 유리로 건축에 흔히 사용된다. 판유리는 깨지기 쉬우며, 파손 시 날카롭고 큰 유리 조각으로 부서진다.
- 강화유리Tempered Glass: 고온의 열처리 공정을 거쳐 일반적인 유리에 비해 4~5배 정도 높은 강도를 가지며, 날카로운 모서리가 없는 작은 유리 파편으로 부서지기 때문에 자동차 유리나 출입문과 같이 안전을 고려해야 하는 환경에 적용된다.
- 망입유리Wired Glass: 유리 내에 금속망Wire Mash을 삽입한 것으로 파손 시 유리 파편의 흩어짐이 적다는 장점이 있다. 화재 안전 등급을 유지하기 위해 방화문 및 건물 외부의 창 등에 적용되는 경우가 많으며, 무단침입 장애물로 사용되기도 한다.
- 접합유리Laminated Glass: 두 개 이상의 단층 유리를 접합한 유리로 필요한 수준의 안전성과 강도에 맞춰 제작할 수 있다는 장점이 있다. 또한, 접합 공정 중 유리 사이에 삽입되는 접합 필름을 통해 충격에 의한 파손에도 유리 파편이 멀리 흩어지지 않는다는 장점을 가져, 폭발의 위험을 고려해야 하는 환경에 주로 적용된다. 플라스틱보다 흠집이 덜 생기며 청소하기에 쉽다는 장점이 있다.
- 플라스틱Plastic: 플라스틱인 아크릴Acryl과 폴리카보네이트Polycarbonate가 창문에 사용될 수 있다. 플라스틱은 유리보다 가볍지만, 흠집이 쉽게 생긴다는 단점이 있다. 아크릴 창문은 아크릴만으로 만들지만, 폴리카보네이트 창문은 2개 층의 유리 사이에 폴리카보네이트 코어를 삽입한다. 폴리카보네이트 창문이 아크릴 창문보다 더 튼튼하며 종종 방탄창으로 사용된다.

44 ASIS(2012). op. cit.

3 게이트

건물과 외곽의 게이트 수는 차량/도보 등의 용도나 출입 통과량을 기준으로 하여 불필요한 게이트를 제거하고 효율적으로 운용하여야 한다. 이는 출입구와 관련된 물리보안의 기본 원칙 중 하나가 출입 가능한 출입구 수를 필요한 최소한으로 유지하는 것이기 때문이다. 게이트의 유형은 크게 스윙게이트, 슬라이딩게이트, 턴스타일게이트로 구분할 수 있다.

1) 스윙게이트

모든 스윙게이트Swing Gate는 접합 부분의 저항성을 높이기 위해 용접되어야 하며, 펜스와 연결되어 있다는 관점에서 펜스와 동일한 저항성을 유지하기 위해 펜스에 사용된 자재와 같은 것으로 구성해야 한다. 스윙게이트는 단일 스윙게이트Single Swing Gate와 이중 스윙게이트Double Swing Gate로 구분되는데, 이중 스윙게이트는 주로 차량용 게이트로 사용된다. 또한, 모든 게이트는 독립적인 잠금장치와 개폐 여부를 알리는 감지기가 설치되어야 하며, 차량용 게이트와 외곽 펜스를 연결하는 롤러, 경첩 등은 지속적인 사용 시 변형을 일으키거나 파손될 가능성이 존재하므로 내구성이 뛰어난 제품을 사용하여야 한다.

미국 국방부가 군사시설을 위해 제시하는 통합시설기준인 UFCUnified Facilities Criteria 4-022-03Security Fences and Gates의 스윙게이트 권고 규격은 아래와 같다.

- 게이트의 지면과의 이격거리는 51mm 이하로 설치되어야 한다.
- 이중 스윙게이트의 권장 입구 너비는 8.5m 이하여야 하며, 최대 15m를 초과해서는 안 된다.
- 스윙게이트 기둥의 콘크리트 기초 깊이는 90cm 이상으로 매설되어야 한다.
- 게이트 높이는 2.1m 이상으로 하되 와이어 두께 등을 포함한 세부 규격은 연결된 외곽 펜스 기준에 따른다.

• 단일 스윙게이트가 도보용으로 사용되는 경우 높이는 2m 이상이어야 하며, 출입구의 너비는 1.2m 이상이어야 한다.
• 개방 시 상단의 가시철조망이 함께 개방되어야 하며 앞뒤 90도 각도로 열렸을 때의 공간확보가 고려되어야 한다.

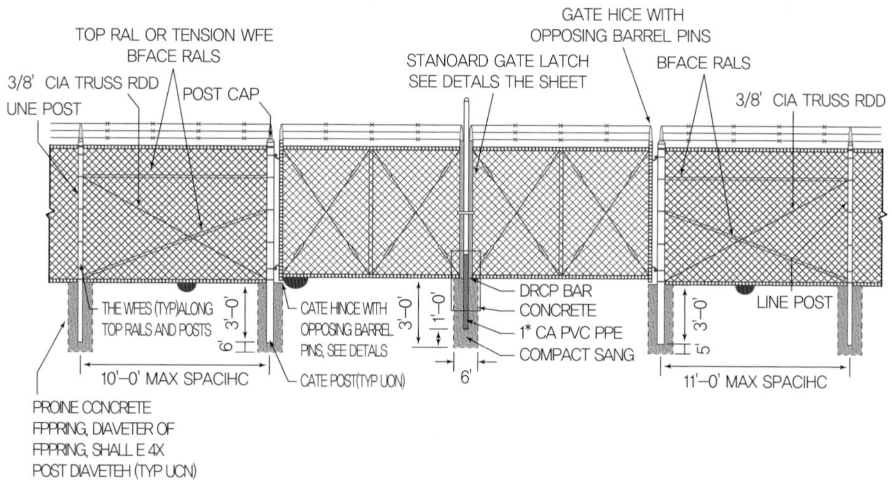

〈그림 3-18〉 이중 스윙게이트

출처: UFC 4-022-03.

2) 슬라이딩게이트

슬라이딩게이트Sliding Gate는 주로 전후방의 공간확보가 어려운 경우에 적용하며, 하단과 기둥에 고정된 롤러에 의해 구동된다. 이때 게이트가 열릴 때 밀리는 공간을 수용할 수 있도록 게이트 1.5배 크기의 직선형 펜스 라인이 확보되어야 한다. 게이트 높이, 와이어 두께 등 세부 규격은 균형적 보호의 관점에서 연결된 외곽 펜스 기준에 따른다.[45]

45 Ibid.

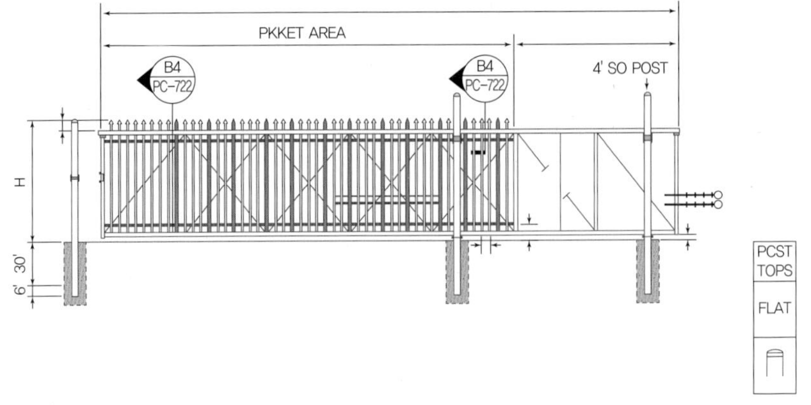

〈그림 3-19〉 슬라이딩게이트

출처: UFC 4-022-03.

3) 턴스타일게이트

턴스타일게이트Turnstile Gate는 따라 들어가기를 차단하기 위해 개발되었으며, 출입에 대한 보안성이 요구되는 대부분의 현장에서 외곽과 로비에 적용되고 있다. 일반적으로 턴스타일게이트는 0.9m~1.4m 정도의 게이트와 2.1m(7ft) 이상의 풀하이트Full-Height 게이트로 구분된다. 허리 높이의 턴스타일게이트는 주로 혼잡한 장소에서 설치 및 적용되며, 구역별 인구 유동량을 빠르게 통과시킬 수 있다. 풀하이트 턴스타일 게이트는 침입에 대한 뛰어난 저항과 지연효과를 가진다.[46]

현재 턴스타일게이트 중 가장 많이 사용되는 옵티컬 턴스타일Optical Turnstile은 외관이 세련되면서 신속한 통과가 가능하도록 제작된 장치로 대략 분당 40여 명이 통과할 수 있다. 옵티컬 턴스타일은 개폐부가 강화유리에 의한 슬라이딩 방식이 주류를 이루나, 플랩Flap방식이나 트라이포드Tripod방식도 있다. 국내에서는 옵티컬 턴스타일을 스피드게이트Speed Gate라 부르기도 한다.

46 ASIS(2015). op. cit.

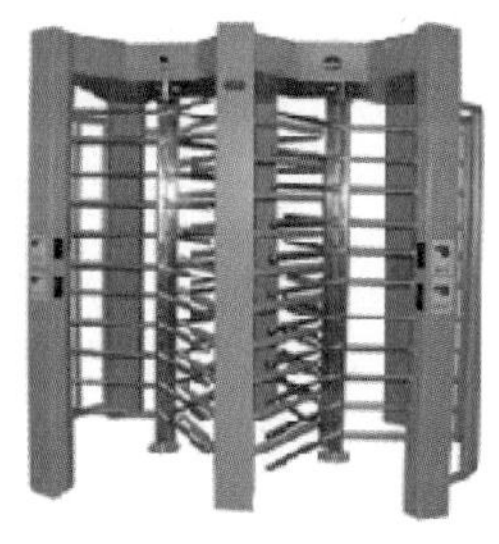  

〈그림 3-20〉 턴스타일 게이트

출처: National Police Academy, 2015.

보안성을 확보하기 위해 권장되는 옵티컬 턴스타일의 규격으로는 개폐부 패널은 24mm 이상의 강화유리로 높이는 180cm 이상, 지면과 패널 하단간 간격은 20cm 이내, 통행로의 너비는 55cm(화물게이트용 등으로 확장된 경우 90cm) 이상이어야 한다. 또한, 장애인이나 화물의 출입을 위해서 스윙방식의 게이트를 함께 적용하기도 한다. 이러한 형태의 게이트는 출입구 상단이 취약하므로 출입구 주변에 인원을 배치하여 무단으로 출입구 상단을 뛰어넘어 침입하려는 시도가 없도록 감시하여야 한다. 그리고 좀 더 강력하게 따라 들어가기를 차단하기 위해서는 풀하이트 턴스타일Full Hight Turnstile과 맨트랩Mantrap 같은 장치의 적용이 요구된다. 풀하이트 턴스타일 게이트는 회전부의 높이가 2.1m(7ft) 이상으로 차단되어 견고하게 설치될 경우 보안요원이 배치되지 않아도 사람들이 게이트를 뛰어넘는 것을 방지할 수 있다.[47]

맨트랩은 보안 영역과 비보안 영역을 분리하기 위해 적용되는 높은 보안 수준의 출입통제시스템으로, 테일게이팅Tailgating, 피기백킹Piggybacking, 패스백 Passback을 방지하기 위해 사용할 수 있다. 맨트랩은 두 개 이상의 서로 연결된 문이 적용된 작은 출입통제 제어 공간으로 구성되며, 진입 인원은 보통 한 명으로 제한되고 각각의 출입문은 보통 서로 다른 출입 인증 방식을 가진다. 하나의 문이 열리기 위해서는 다른 하나의 문은 완전히 잠겨 있는 상태로 유지되기 때문에 첫 번째 문을 통과한 후, 두 번째 출입문의 인증 절차를 완료하기 전까지 사용자는 밀폐된 공간에 갇히게 된다. 만약, 두 번째 출입문의 인증 절

47 ASIS(2009). Facilities Physical Security Measures Guideline. Alexandria: ASIS International.

차에 성공하지 못했거나, 첫 번째 출입문의 인증단계에서 미인가 인원으로 식별될 경우, 맨트랩은 사용자를 공간에 가두고 관련 부서에 경보를 송신한다. 맨트랩은 은행, 데이터 센터, 군사시설 등의 높은 보안성을 필요로 하는 시설에 주로 설치된다.

테일게이팅, 피기백킹, 패스백[48]

출입통제체계의 주요 위협 요소 중 하나인 따라 들어가는 행위는 상세하게 아래와 같이 세 가지로 구별할 수 있다.

- 테일게이팅Tailgating: 출입이 인가된 사람에 의해 개방된 출입문을 출입 인가자의 협조 없이 따라서 무단으로 진입하는 행위
- 피기백킹Piggybacking: 출입이 인가된 사람의 협조하에 비인가자가 출입 인증 없이 함께 들어가는 행위
- 패스백Passback: 출입이 인가된 사람이 출입 후 비인가자에게 출입 인증 수단을 전달하는 행위

테일게이팅을 막기 위해 개발된 장비가 턴스타일게이트와 같은 안티테일게이팅Anti-tailgating 장치이다. 피기백킹 행위는 안티테일게이팅 장치가 설치되어 있어도 직접적인 행동 감시가 되지 않으면 방지가 어려운 경우가 많다. 패스백은 진입과 진출 이벤트가 논리적으로 연결되어 사전에 시스템에 입력되어 있어야 통제할 수 있다. 패스백을 통제하는 활동을 안티패스백Anti-passback이라 하는데, 입실 시에 인증하고, 퇴실 시에는 인증하지 않거나, 반대로 입실 시 인증처리를 하지 않고 퇴실 시에 인증을 하는 경우 관제센터에 로그를 기록하고 경보를 발생시키거나, 출입문이 개방되지 않도록 하는 것이 예가 될 수 있다. 이러한 방법을 적용하게 되면 옵티컬 턴스타일(스피드게이트) 등의 장치를 통해 출입할 때 비인가자에게 본인의 출입카드를 임의로 넘겨주는 행위 등을 차단할 수 있다.

---

48 Ibid.

4 기계정

기계식 잠금장치인 기계정Mechanical Lock은 가장 오래된 보안장치 중 하나로써 물리적인 접근을 통제하기 위해 가정, 차량, 사무실, 호텔, 금고, 책상, 캐비닛, 서류가방, 진열장 등의 다양한 곳에 사용된다. 컴퓨터 소프트웨어를 통해 접근을 허가하는 카드리더기나 생체인식 리더기와 같은 현대의 접근통제 시스템의 정교함에도 불구하고, 사업체나 기관의 편의시설 혹은 자산에 접근을 통제하는 데에는, 여전히 전통적인 기계식 자물쇠와 열쇠도 사용된다. 이러한 선택에 대한 이유로는 낮은 비용, 작동의 단순성, 신뢰성 등이 있다.[49]

그러나 기계식 잠금장치는 보안성이 낮으므로 독립적인 조치로 사용해서는 안 되며, 다른 물리보안 대책과 함께 사용해야만 효과가 있다. 일반적으로 잠금장치에는 기계식 잠금장치인 기계정과 전기식 잠금장치인 전기정 두 종류가 있는데, 이 장에서는 기계정만을 설명하고, 다음 장인 전자보안시스템에서 전기정을 설명한다. 기계정에는 돌기형 잠금장치Warded Lock, 레버 잠금장치Lever Lock, 판날름쇠 잠금장치Wafer Tumbler Locks, 다이얼조합 잠금장치Dial Combination Lock, 핀날름쇠 잠금장치Pin Tumbler Lock 등 여러 종류가 있다. 아래 〈표 3-2〉는 각 기계정의 특징에 대한 설명이다.[50]

〈표 3-2〉 기계정의 종류 및 특징

구분	특징
돌기형 잠금장치 (Warded Lock)	속이 보이는 열쇠 통로와 길고 총열 같은 열쇠를 가지고 있는 돌기형 잠금장치는 오래전부터 사용되었으나, 보안상 단점이 많으며 해정용 도구에 의해 쉽게 열릴 수 있다. 특히, L자 모양의 쇠막대를 열쇠구멍에 끼워 볼트를 움직일 수 있으므로 해정이 쉽고, 열쇠 구멍이 뚫려 있어 실내를 볼 수 있다. 따라서 현대의 보안시스템에서 사용되어서는 안 된다.
레버 잠금장치 (Lever Lock)	레버 잠금장치는 중심 막대와 스프링 장력에 의해 제자리에 고정된 금속판 조각을 통해 작동한다. 열쇠가 자물쇠에 꽂히면, 막고 있던 구조물이 레버의 잘린 공간으로 미끄러져 들어가 잠금장치가 해제된다. 레버 잠금장치는 돌기형 잠금장치보다 높은 보안성을 가진다. 이 형태의 자물쇠는 일반적으로 은행 금고, 책상, 캐비닛, 우편함, 여행용 가방 등에 폭넓게 사용된다.

49 ASIS(2012). op. cit.
50 ASIS(2015). op. cit.

구분	특징
핀 날름쇠 잠금장치 (Pin Tumbler Lock)	핀날름쇠 잠금장치는 산업 및 주거지에서 가장 많이 사용되는 잠금장치로서, 원통형 실린더 내부에 위아래가 절단된 핀들이 있어 맞는 열쇠를 넣으면 전단선(Shear line)이 일직선이 되어 열린다. 핀날름쇠 잠금장치는 5~7개의 핀을 통해 키의 깊이와 조합을 선택할 수 있는데, 핀과 깊이의 설정이 보안 수준과 연관된다. 최근에는 기본 핀날름쇠에 많은 유용한 개선들이 이루어져 높은 수준의 보안을 제공하고 있다.
판 날름쇠 잠금장치 (Wafer Tumbler Locks)	판날름쇠 잠금장치는 자동차에서 주로 활용되다가 책상, 서류 캐비닛 등으로 그 사용이 확대되었다. 마스터키로 작동할 수 있는 플랫 텀블러를 사용하는데, 보안성이 낮은 편이다.
디이얼 조합 잠금장치 (Dial Combination Locks)	다이얼 조합 잠금장치는 열기 위해 열쇠를 사용하지 않으며 번호 다이얼을 조작한다. 다이얼의 조합 수는 텀블러 수에 따라 늘어나며 100개 이상의 숫자가 조합 가능할 때 보안상 양호한 수순으로 볼 수 있다. 네 개 덤블러를 기진 다이얼 조합 자물쇠에서 각각의 텀블러가 100개의 다이얼 위치를 가지고 있으면, 이론적으로 최대 100^4, 즉 100,000,000가지 조합이 있게 된다. 조합 자물쇠 사용에 있어서 가장 중요한 것은 숫자 조합의 선택과 관리절차이다.

출처: ASIS, 2015.

기계정은 출입문이 문틀에 고정되어 움직일 수 없도록 하는 볼트Bolt나 래치Latch, 볼트 또는 래치에 하우징을 제공하는 키퍼Keeper 또는 스트라이크Strike, 볼트나 래치가 동작하도록 하는 메커니즘이 적용된 실린더Cylinder와 같은 부품 및 금속열쇠 등의 잠금 해제 장치로 구성된다. 대부분의 경우, 볼트나 래치는 영구적으로 설치된 하드웨어나 장치 세트에 들어 있고, 열쇠 등의 잠금 해제 장치는 분리되어 있다. 그러나 일부 기계적인 열쇠 중에는 전체 잠금장치가 하나의 조합으로 구성된 것이 있다. 정확한 번호가 입력되면 볼트가 기계적으로 열리는 다이얼 형태의 조합 잠금장치가 그러한 예이다.[51]

기계정의 단점은 열쇠를 분실한 경우 키실린더를 교체해야 한다는 부담이 발생할 수도 있고, 열쇠 불출 및 회수에 대한 통제가 제대로 되지 않으면 열쇠 보유자를 파악하는 것이 어렵다는 것이다. 또한, 기계정은 해정술이나 강제 개방을 가능하게 하는 도구에 의해 무력화될 수도 있다. 그러므로 기계정은 핀, 휠, 디스크 또는 레버 추가를 통해 해정을 위한 조합의 수를 늘리고 별도의 요소를 추가하여 보안성을 강화하는 것이 요구된다.

기계정에 대한 가장 대표적인 공격 방법은 물리력을 사용하는 것으로 자물

51 ASIS(2012). op. cit.

쇠에 대한 직접적인 공격 없이 문의 움직이지 않는 부분이나 문틀에서 움직이는 부분을 분리하는 것이다. 만약 볼트가 짧거나 볼트 집이 제대로 자리 잡고 있지 않으면 문틀을 유압식잭으로 벌리거나, 스크류 드라이버나 쇠지렛대로 빼내면 된다. 이러한 취약성은 문과 문틀을 보강함으로서 극복할 수 있다. 물리력을 사용하는 또다른 방법은 자물쇠를 자물쇠 집에서 분리하고 볼트를 손으로 조작하는 것이다.

물리적 공격이 아닌 은밀한 공격으로써 피킹Picking이 있는데, 피킹은 열쇠 통로를 통한 텀블러 조작 방법이다. 그러나 이 방법은 기술이 없는 사람에게는 사용하기 어렵고, 여러 개의 도구가 필요하다. 무작위 열쇠 제작을 통한 만능키 방식인 '시험 열쇠Try Key'나 '징글키Jingle Key'가 사용되기도 한다.[52]

물리보안이 적용된 현장에서의 기계정의 운영에 가장 중요한 요소 중 하나는 마스터키Master Key이다. 마스터키는 사용자가 여러 구역과 방에 접근해야 하지만, 모든 키를 휴대할 수 없는 경우에 사용되며 마스터키는 하나의 키로 시스템의 모든 잠금장치를 열 수 있다. 그러나 분실이나 도난 시에는 전체 잠금장치의 모든 실린더를 교체해야 할 수도 있으므로 관리에 유의해야 한다. 키시스템의 모든 자물쇠를 열 수 있는 열쇠를 그랜드 마스터키Grand Master Key라 하고, 전체 중 일부 집단의 자물쇠를 여는 열쇠를 서브 마스터키Submaster Key라 한다.[53]

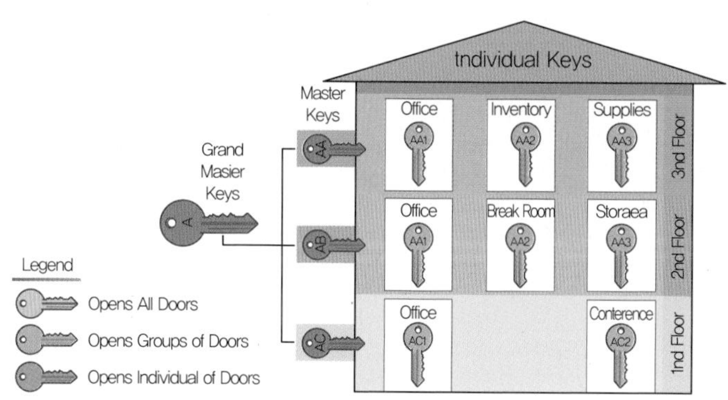

〈그림 3-21〉 마스터키 시스템

출처: Department of Depfence Educational Activity, 2015.

52 Ibid.

53 Department of Depfence Educational Activity(2015). Physical Security and Antiterrorism Design Guide, Alexandria: DoDEA.

5 기타 개구부

보안을 강화하기 위해서는 문과 창문뿐만 아니라 지붕, 벽과 바닥에서의 다양한 형태의 개구부Opening도 고려해야 한다. 이러한 개구부들은 손잡이, 환풍구, 전기 및 통신선을 위한 도관이나 구멍, 하수구, 환기장치에 필요한 개구부 등을 포함한다. 다양한 기법과 재료가 건물의 개구부에 대한 추가적인 보호를 제공할 수 있는데, 강철 와이어 망사Steel Wire Mesh와 강철 그릴Grill이 개구부를 보호하기 위해 자주 설치된다. 이러한 보호장치는 외부에 튼튼히 설치해야 하는데, 필요한 경우 제거할 수 있도록 잠금장치를 달 수 있다.[54]

---

54 Ibid.

Ⅳ 조명과 조경

물리보안에서 조명과 조경은 주로 시각적 정보의 확보와 관련되어 있다. 현장에 적절하게 적용된 조명과 조경은 공격자에게는 적발될 수 있다는 가능성을 높여 심리적 동기의 억제를 불러일으키게 된다. 또 만일 실제 공격행위를 실행하였을 때는 보안 통제수단인 영상감시카메라나 보안요원 혹은 현장의 다른 사람들에게 적발될 가능성을 높여준다.

1 보안조명

일반적으로 보안조명은 범죄행위를 억제하고, 경로 및 공간을 밝혀 안전 기능을 제공하며, 영상감시를 위한 조명의 역할을 한다. 이처럼 보안조명은 상대적으로 설치 및 유지비용이 저렴하면서도 잠재적인 공격자의 침입을 더욱 어렵게 만들고, 침입 시 탐지를 가능하게 한다. 그러나 보안조명에는 설치 및 유지관리 비용이 발생하고, 빛공해의 가능성이 있으며, 주의를 끌지 말아야 할 장소에 오히려 주의를 환기할 가능성이 있다. 그러므로 보안을 위한 조명은 적절한 조도로 필요한 범위를 밝혀주어야 하고, 조명으로 인한 사물의 색의 변화가 적어야 하며, 재점등 시간이 짧아야 한다. 또한, 비용의 효율화를 위해 수명이 길고 전력 소비가 낮은 것이 좋다.[55]

55 Fennelly, op. cit.

1) 보안조명의 종류

보안조명시스템은 작동방식에 따라 연속적인 방식, 대기상태에서 의심스러운 상황에서만 작동되는 방식, 장소를 이동하여 조명할 수 있는 방식, 비상시에만 작동하는 방식으로 구분되는데, 사이트 및 건물의 전반적 요구사항에 따라 필요한 유형을 적용한다.[56]

- 상시조명Continuous Lighting은 가장 일반적인 보안조명으로 원뿔 형태로 중첩된 빛이 해당 지역을 연속해서 비추도록 배치된 고정적 조명이다. 상시조명을 사용하는 방법으로는 눈부심 투사조명과 통제조명이 가장 일반적이다. 눈부심 투사조명Glare Projection Security Lighting은 통제구역 주변의 구역에 고휘도高輝度의 조명을 비추는 것이다. 이는 보안 구역 내부를 보는 것을 어렵게 만드는 동시에 외부로부터의 침입자를 매우 잘 보이도록 한다. 이를 통해 잠재적인 침입자에게 발각될 수 있다는 경각심을 줄 수 있고, 또 보안요원은 상당히 떨어진 거리에서도 자신을 노출하지 않으며 침입자를 쉽게 관찰할 수 있다. 다만, 이 방법은 의도하지 않았던 인접한 구역까지 빛을 투사하는 빛공해Light Pollution를 유발할 수 있으므로 사용에 주의하여야 한다. 한편, 통제조명Controlled Lighting은 조명을 받는 지역의 범위를 제한할 필요가 있을 때 사용하는 것으로 고속도로, 철로, 비행장, 항만등이 인접해 있을 경우에 사용하는 방법이다.
- 대기조명Standby Lighting은 상시조명과 비슷한 형태로 배치한다. 그러나 상시적으로 켜지는 않고, 경보시스템이나 보안요원이 의심스러운 활동을 감지하는 경우에만 자동 또는 수동으로 작동한다.
- 이동조명Movable Lighting은 수동으로 조작되는 이동식 서치라이트 등을 말하며, 주로 연속조명과 대기조명의 보조수단으로 사용된다.
- 비상조명Emergency Lighting은 백업 시스템으로 정전 또는 기타 비상사태로 정상적인 조명시스템의 작동이 불가능한 경우에 사용한다. 특히, 비상조명은 사이트에서 위기상황 발생 시 성공적인 대피에 중요한 역할을 하는 것으로, 주로 휴대용 발전기나 배터리 같은 대체 전원을 이용한다.

56 FEMA 430, op. cit.

또한, 보안조명은 그 형태에 따라 가로등, 탐조등, 투광등, 프레이넬등 및 하이마스트등으로 구분할 수도 있다.[57]

- 가로등Streetlight은 조명이 설치된 아래쪽으로 원형의 조명을 투사하는 것으로 빛을 고르게 발산한다.
- 탐조등Searchlight은 특정 영역을 집중적으로 밝히기 위한 것으로 매우 좁고 강도가 높은 빛을 투사한다.
- 투광등Floodlight은 넓은 영역에 대해 중간 이상의 폭을 가진 빛을 투사한다. 투광등은 일반적으로 경계 주변에 있는 건물에 설치되어 사용된다.
- 프레이넬등Fresnel은 좁은 수평 빔을 투사하며, 큰 영역을 비추는 투광등과는 달리 보안요원을 숨기고 잠재적인 침입자를 밝히는 목적으로 사용할 수 있다. 산업현장에서는 울타리 경계선에서 자주 사용된다.
- 하이마스트등Highmast Light은 높이가 20~45m 높이로 설치되어 실외 주차장이나 고속도로 등에서 주로 사용된다.

2) 조명기구와 조명 비용

조명기구는 램프, 반사재, 확산재, 안정기, 점멸기 등의 광원과 빛을 보내기 위한 기구들로 구성된다. 조명기구의 광원이 되는 램프(전구)의 종류와 특성은 아래와 같다. 이때 램프의 효율성은 입력전원(와트)당 빛의 밝기(루멘)로 측정한다.

〈표 3-3〉 램프 유형

종류	특성
백열등 (Incandescent Lamp)	진공의 유리구 안의 필라멘트에 전류를 흐르게 하면 뜨거워지면서 빛을 낸다. 백열등은 가정에서 자주 사용되며, 연색성이 좋고 재점등 시간이 짧으나, 전기 효율이 낮고 수명이 짧아 유지비용이 높다.
할로겐등 (Halogen Lamp)	할로겐 가스로 채워진 백열등으로 일반 백열등보다 약 25% 향상된 전기 효율성을 가지며 수명이 길다. 또한, 연색성이 좋고 재점등 시간이 짧다.

57 ASIS(2015). op. cit.

종류	특성
형광등 (Florescent Lamp)	진공상태의 유리관에 수은과 아르곤 가스를 넣고, 수은의 방전을 통해 생긴 자외선을 가시광선으로 바꾸어 빛을 낸다. 백열등보다 소비전력은 1/3 정도이며, 수명도 5~6배 길다. 또한, 연색성이 좋고 재점등 시간이 짧다. 그러나 높은 광 출력을 생성하지 못하므로 형광등은 실외에서 잘 사용하지 않는다.
메탈 할라이드등 (Metal Halide Lamp)	금속의 할로겐 화합물을 석영으로 된 발광관에 넣고 아크방전으로 할로겐 화합물을 증발 및 해리시켜 빛을 발하게 하는 램프로서 재점등 시간이 길고, 유지보수비용이 비싸다. 그러나 자연광 같은 색상으로 연색성이 좋아 대형 스포츠 스타디움에 자주 쓰이며, 같은 이유로 영상감시시스템과도 잘 어울린다.
수은등 (Mercury Vapor Lamp)	고압의 수은 증기 속의 아크방전에 의해서 빛을 내며 백열등보다 발광 효율이 높다. 그러나 즉각적인 점등이 어렵고, 주황빛으로 인하여 연색성이 좋지 않다. 긴 수명으로 인해 과거에는 가로등에 흔히 쓰였으나, 현재는 LED로 대체되고 있는 추세이다.
나트륨등 (Sodium Lamp)	고압(High Pressure)나트륨등과 저압(High Pressure)나트륨등으로 구분되며 에너지 효율이 높고 수명이 길어 보행로 및 주차장에 적용된다. 안개가 있을 때 이를 투과하여 더 멀리 볼 수 있도록 해준다는 장점이 있지만, 연색성이 좋지 않으며, 재점등 시간이 길고, 유지비용이 많이 든다. 저압나트륨등은 고압나트륨등에 비해 전기 효율성이 더 높지만, 수명이 짧다.
LED등 (Light Emitting Diode)	비교적 최근에 많이 쓰이는 램프로 LED등은 조명효율이 높으면서도 오래 사용할 수 있으며, 연색성도 좋고 재점등 시간이 빨라 보안조명으로 적절하다. 다만, 눈부심과 지나치게 밝은 빛을 생성하는 특성으로 위치 선정에 주의해야 한다. LED등은 보안 응용에 대한 대부분의 기준을 충족하며, 향후 그 응용 분야가 더욱 확대될 것으로 예상된다.

출처: ASIS, 2015.

조명의 수량과 종류를 선택하는 데 있어 비용은 매우 중요한 요소이다. 조명시스템과 관련된 비용은 보통 설비 비용 8%, 유지관리 비용 4%, 에너지 비용 88%이다. 그러므로 운영비를 효과적으로 절감하기 위해서는 에너지 효율적인 조명 램프를 선택해야 한다. 램프는 1년만 지나도 오염된 렌즈로 인해 조명효과가 급속히 떨어지기 때문에 램프 청소는 최소 3년 이하의 간격으로 수행해야 한다. 또한, 램프의 조명효과는 일반적으로 매년 3%~4%씩 감소하며, 램프의 정격 수명이 80% 정도가 되었을 때는 교체를 고려해야 한다.[58] 다음 〈표 3-4〉는 램프 유형별 효율과 수명 및 소요 비용을 비교한 것이다.

58 ASIS(2015). op. cit.

〈표 3-4〉 램프의 효율, 수명 및 비용

램프 유형	효율 (와트당 루멘)	수명 (시간)	5년 비용 순위 (최저=1, 최고=7)
백열등	20	1,000–4,000	7
할로겐등	25	10,000–20,000	5
형광등	60–80	10,000–20,000	3
메탈할라이드등	125	10,000–25,000	4
수은등	65	16,000–24,000	6
고압나트륨등	125	16,000–24,000	2
저압나트륨등	200	15,000–25,000	1

출처: ASIS 홈페이지, https://www.asisonline.org, CPP Online Review.

연색지수와 재점등 시간[59]

조명에 의해 색상이 다르게 보일 수 있는데, 이 정도를 연색지수 Color Rendering Index, CRI라 한다. 연색지수는 태양광(100)을 기준으로 0~100로 측정되며, 80 이상인 경우 보안조명으로 적절하다고 할 수 있다. <표 3-5>는 다양한 램프의 CRI 값을 보여준다. 이 중 고압 및 저압나트륨, 수은등은 CRI 값이 매우 낮으므로 컬러 감시카메라나 색상 식별이 중요한 경우에는 사용하지 않는 것이 좋다. 예를 들어, 저압나트륨등은 실외용으로 많이 사용되지만, 황색이 강해 연색지수가 좋지 않다. 따라서 저압나트륨등은 색상 인식을 어렵게 하고 대상 물체를 황갈색으로 인식하게 한다.

또한, 보안조명은 비상상황에 대비하여 점등 및 재점등 시간이 짧아야 한다. 백열등, 할로겐등, 형광등은 전원을 켠 후 즉시 밝아지는 특성이 있다. 그러나 수은등, 메탈할라이드등, 고압나트륨등은 램프의 전원을 끈 후 냉각되는 시간이 필요하기 때문에 다시 완전히 밝아질 때까지 오랜 시간이 소요된다는 단점이 있다. 이 때문에 많은 보안 응용 분야에 적합하지 않다. 램프별 연색성 지수와 재점등 시간은 아래와 같다.

59 Vellani, K.(2019). Strategic Security Management: A Risk Assessment Guide for Decision Makers, 2nd ed, Boca Laton: CRC Press.

〈표 3-5〉 램프별 연색지수와 재점등 시간

구분	백열등	할로겐등	형광등	LED	수은등	고압 나트륨등	저압 나트륨등	메탈 할라이드등
CRI	100	100	75~100	75~100	50	20	5	70
재점등 시간	빠름	빠름	빠름	빠름	10~20분	1~20분	0~8분	10~20분

출처: ASIS, 2015.

3) 보정된 색온도

보정된 색온도Corrected Color Temperature, CCT는 빛의 따뜻함과 차가움의 척도이다. 광원의 색온도는 절대온도인 켈빈Kelvin 단위로 측정하며(0 °K = −273.15 °C), 이는 주변 분위기에 상당한 영향을 미친다. 사람들은 보통 빨간색은 따뜻하고 흰색이나 파란색은 시원하다고 인식한다.[60]

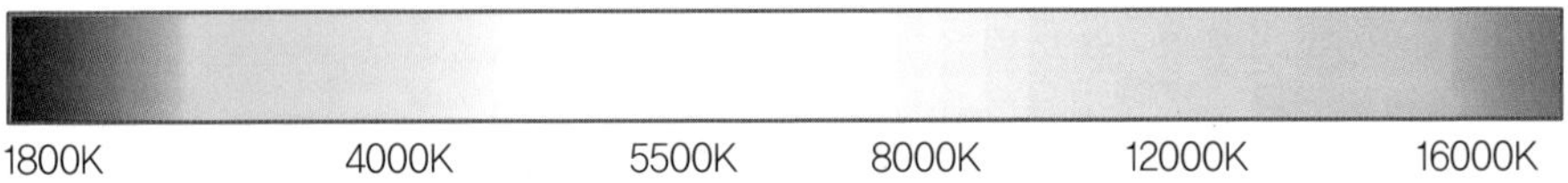

1800K 4000K 5500K 8000K 12000K 16000K

〈그림 3-22〉 색온도

출처: 위키미디어 커먼즈, https://commons.wikimedia.org/

다음 〈표 3-6〉에서는 램프별 색온도와 그 효과가 나타나 있다. 보안전문가는 대상 장소에 따라 적절한 램프 선택을 통해 색온도의 효과를 활용할 수 있다.

60 ASIS 홈페이지(https://www.asisonline.org). CPP Online Review.

〈표 3-6〉 색온도

색온도	따뜻함(3000 °K)	중간(3500 °K)	시원함(4100 °K)	일광(5000 °K)
관련 효과 및 분위기	• 친근함 • 개인적 • 독점적	• 친근함 • 초대함 • 비위협적	• 깔끔함 • 깨끗함 • 효율적	• 밝음 • 정신을 차리게 함 • 명확한 색구분
적용	• 레스토랑 • 호텔 로비 • 사무실 공간 • 도서관 • 소매점	• 대중 접견구역 • 전시실 • 서점 • 사무실 공간	• 교실 • 회의실 • 병원 • 사무실 공간 • 도매업	• 화랑 • 박물관 • 보석점 • 인쇄 회사 • 병원 검진실
램프	• 형광등 • 백열등 • 할로겐등	• 형광등 • 수은등	• 형광등 • 수은등 • 메탈할라이드	• 형광등 • 수은등 • 메탈할라이드

출처: ASIS 홈페이지, https://www.asisonline.org, CPP Online Review.

4) 조도기준

조도는 단위 면적당 주어지는 빛의 양으로 미터법 단위는 룩스Lux(기호는 lx)이고, 미국에서는 Foot-candle(기호는 fc, 1fc = 10.76lx)을 쓴다. 맑은 날 태양 빛을 직접 받는 상황은 약 10,000fc이고, 흐린 날의 상황은 약 100fc이다. 1룩스는 1촉광의 광원光源으로부터 1m 떨어진 곳의 직각인 면의 밝기를 말한다. 그리고 광속光束은 광원에서 나오는 빛의 총량으로 단위는 루멘Lumen(기호는 lm)을 사용한다. 조도와 광속의 관계는 아래와 같다. 즉, 광원으로부터 목표 면까지의 거리가 증가하면 단위면적당 광속, 즉 조도는 그 거리의 제곱에 비례하여 감소한다.[61]

$$\text{조도(럭스: lx)} = \frac{\text{광속(루멘: lm)}}{(\text{거리(m)})^2}$$

조명설비를 통해 범죄 예방적 환경을 조성하고 보안목적의 감시수단을 효과적으로 활용하기 위해서는 공간별 적절한 조도의 적용이 필요하다. 보안조도의 일반적인 기준은 감시카메라에 요구되는 수준에 따라 탐지 = 0.5fc, 인식 = 1.0fc,

61 주근탁, 최안섭(2006). 공동주택의 조도측정 및 평균조도 산출방법. 조명전기설비학회논문지 20(5): 1-8.

식별=2.0fc 기준을 적용한다. 이때, 탐지Detection는 사람, 동물, 물체의 종류를 구분할 수 있는 것이고, 인식Recognition은 얼굴을 알고 있는 개인을 식별할 수 있는 것이며, 식별Identification은 알려지지 않은 개인이나 차량번호를 식별할 수 있는 것을 말한다.[62]

한편 미국산업보안협회ASIS의 '최저조도기준지침Guidelines for Minimum Lighting Levels'은 미국 보안업계에서 가장 일반적으로 쓰이는 보안조명의 밝기에 대한 표준기준으로 아래와 같은 세부 장소별 최저조도의 기준을 제시하고 있다.[63]

〈표 3-7〉 최저조도 지침

적용 장소	최저조도(IES 표준)	Comments(기타 표준)
펜스	0.50fc	NRC 0.20fc
외벽	0.50–2.00fc	NRC 0.20fc, DoAFM 0.15fc
개활지	2.00fc	
실외 주차장	0.20–0.90fc	IES 2.00fc(높은 차량 활동)
실내 주차장	5.00fc	
인도	0.20fc	IES 7.50fc(ATM 주변)
보행자 출입구	5.00fc	DoAFM 2.00fc
차량 출입구	10.00fc	DoAFM 1.00fc
건물 외벽	0.50–2.00fc	
경비실	30.00fc	
상하차시설 외부	0.20–5.00fc	
물류창고	15.00fc	
일반 사무실	30 – 50fc	
작업실	50– 70fc	
실내 공공장소	10–20fc	
소매점	50. 00fc	
은행 – 로비	20. 00fc	
은행 – 은행직원	50.00fc	
은행 – ATM	15.00fc	IES 30fc(준비카운터)

IES = 북미 조도공학회(Illuminating Engineers Society of North America)
NRC = 미 원자력규제위원회(Nuclear Regulatory Commission)
DoAFM = 육군 야전교범부(Department of the Army Field Manual)
※ 1 foot-candle(fc) = 10.76lx

출처: ASIS 홈페이지, https://www.asisonline.org, CPP Online Review.

62 ASIS(2012). op. cit.
63 ASIS(2015). op. cit.

그리고 국내의 조명기준인 KS A 3011:1998이 시설의 유형에 따른 구역별 조도를 A~K까지의 11등급으로 세분화하고 있으므로 이를 참고할 수도 있다. 다만, KS A 3011:1998은 인공조명에 의하여 각 장소를 밝혀, 더 나은 생활을 할 수 있는 환경이 되도록 하기 위한 일반적 조도로 볼 수 있으므로, 보안목적의 경우 위험 요인을 고려하여 조도를 결정하는 것이 타당할 것이다.

〈표 3-8〉 KS A 3011:1998 조도기준

활동 유형	조도 분류	조도 범위[lx]	참고 작업면 조명 방법
어두운 분위기 중의 시식별 작업장	A	3-4-6	공간의 전반 조명
어두운 분위기의 이용이 빈번하지 않은 장소	B	6-10-15	
어두운 분위기의 공공장소	C	15-20-30	
잠시 동안의 단순 작업장	D	30-40-60	
시작업이 빈번하지 않은 작업장	E	60-100-150	
고위도 대비 혹은 큰 물체 대상의 시작업 수행	F	150-200-300	작업면 조명
일반 휘도 대비 혹은 작은 물체 대상의 시작업 수행	G	300-400-600	
저휘도 대비 혹은 매우 작은 물체 대상의 시작업 수행	H	600-1000-1500	
비교적 장시간 동안 저휘도 대비 혹은 매우 작은 물체 대상의 시작업 수행	I	1500-2000-3000	전반 조명과 국부 조명을 병행한 작업면 조명
장시간 동안 힘이 드는 시작업 수행	J	3000-4000-6000	
휘도 대비가 거의 안 되며 작은 물체의 매우 특별한 시작업 수행	K	6000-10000-15000	

* 비고: 조도 범위에서 왼쪽은 최저, 밑줄 친 중간은 표준, 오른쪽은 최고 조도

국가중요시설 조도기준 예시

- 공항 A급 청사(1일 이용객 1만 명 이상)
  검사대, 체크인 카운터: H, 대합실, 안내 카운터, 중앙홀: G, 수하물 처리장, 승강장, 통로: F
- 원자력발전소
  디젤 발전기 건물, 연료 관리소 건물: F, 가스 없는 건물, 보조 건물, 비제어 접근 영역: E
  방사물처리 건물, 원자로 건물: F

출처: KS A 3011: 1998.

조도에 있어서 중요한 요소로 반사율에 대한 고려도 필요하다. 반사율은 물체가 복사 에너지를 반사하는 효율로써, 예를 들어 물체가 빛을 전혀 반사하지

않는다면 실루엣을 제외하고 물체를 볼 수 없다. 반사율은 반사되는 빛의 비율(루멘으로 측정)을 백분율로 나타낸 것으로, 콘크리트로 포장된 주차장과 같은 밝은 표면은 아스팔트로 포장된 주차장과 같은 어두운 표면보다 반사율이 더 높다. 또한, 거울이나 반짝이는 표면은 반사율이 높지만 그렇지 않은 표면은 반사율이 낮다. 일반적인 환경에서 지표면 재질에 따른 반사율은 다음 〈표 3-9〉와 같다.

〈표 3-9〉 지표면 재질에 따른 반사율

지표면 재질	반사율
아스팔트	5%
콘크리트	25%
적벽돌	25%
잔디	40%
눈	95%

출처: ASIS, 2015.

5) 조도의 측정

일반적으로 공간의 평균 조도를 측정할 때에는 IES 4점법과 KS 5점법을 적용한다. 이 두 가지 측정 방법은 측정지점이 달라 평균값에 차이가 발생한다. 그러므로 정확한 분석을 위해서는 공간의 특성과 재실자들의 활동을 고려하여 선택적으로 적용하는 것이 좋다.

IES 4점법은 북미조명학회Illuminating Engineering Society of North America, IES에서 제시한 측정법으로 공간의 최대 및 최소 조도값의 배제를 통해 평균적 개념을 강조하는 방법이다. IES 4점법은 다음 〈그림 3-23〉과 같이 조명기구를 중심으로 나눈 4분면 중앙지점의 바닥면 위 85cm에서 조도를 측정하고, 그 값들의 산술평균을 평균조도로 산출한다.

이에 비하여 한국표준협회의 KS 5점법(KS C 7612)은 조명기구의 직하부 조도를 최대한으로 고려한 측정법으로 국부조도 평가에 적합하다. KS 5점법에서는 평균조도를 벽으로부터 50cm 떨어진 지점의 바닥면 위 80±5cm를 기준으

로 다섯 곳에서 조도를 측정하고 그 값들의 평균값을 평균조도로 산출한다.[64]

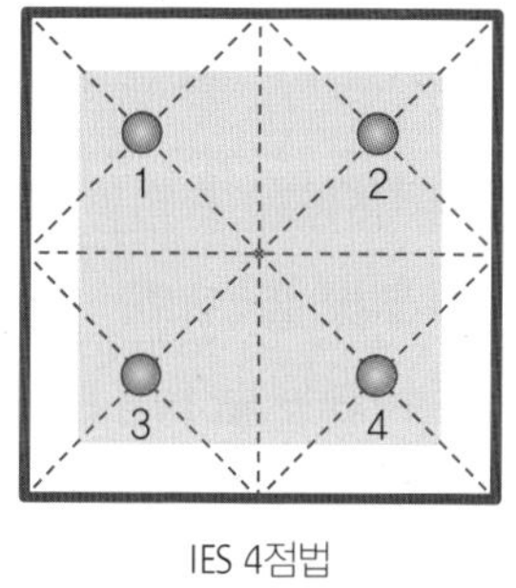

IES 4점법

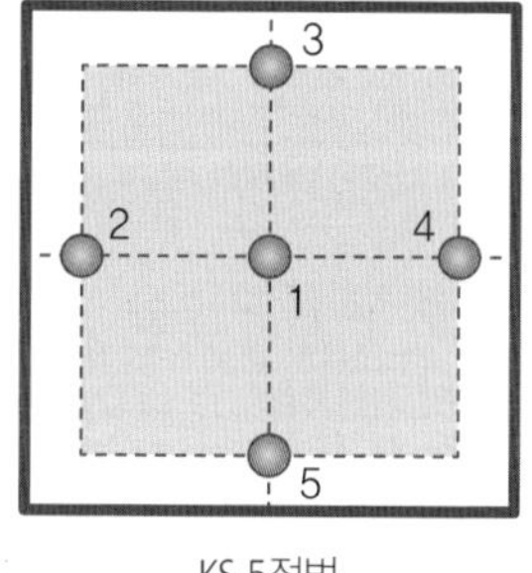

KS 5점법

〈그림 3-23〉 평균조도 측정방법

6) 조명의 효과

조명의 범죄예방 효과와 관련하여 국내에서 가장 구체적으로 설명하고 있는 것은 산업통산자원부 기술표준원이 지난 2008년 제정한 '범죄예방환경설계CPTED-기반표준(KS A 8800)'이라 할 수 있다. 이 표준은 사회 보호의 관점에서 범죄 위험을 관리하고 예방하기 위한 지침으로써, 도시 환경과 건축의 적절한 설계와 관리를 통해 범죄와 범죄에 대한 두려움을 감소시켜 시민들의 삶의 질을 높이는 데 필요한 용어, 적용 범위, 원칙 및 프로세스에 대한 기본적인 지침을 제시하고 있다. KS A 8800은 다음 〈표 3-9〉와 같이 환경유형별 전략 또는 기법으로 다양한 환경에 대한 조명기준을 설명하고 있다.

64 주근탁, 최안섭, 앞의 논문.

〈표 3-10〉 KS A 8800 환경유형의 전략/기법 중 조명 관련

구분	전략 및 기법
주거지역	공공장소가 창문에서 잘 보이도록 설계되고 공공도로와 조명이 적절하게 설치되면 강도, 폭행, 차량 범죄, 방화와 같은 범죄는 물론 범죄에 대한 공포심도 줄어든다. 아파트 등 주택에서 가시성이 확보되면 도난(오토바이, 자전거, 세탁물 등) 위험이 줄어든다.
상업 및 공업 지역	높은 가시성과 조명시설의 적절한 설계는 범죄에 대한 공포를 감소시킨다.
학교 및 청소년시설	높은 가시성과 적절한 조명시설의 설계는 범죄의 공포와 범죄의 발생을 감소시킨다. 흩어져 있지 않고 모여 있는 형태의 설계와 조경이 필요하다. 출입지역, 주차지역, 운동장은 설계와 관리에 있어 특별한 주의가 요구된다.
쇼핑센터 및 소매점	높은 가시성과 조명시설의 적절한 설계는 범죄에 대한 공포를 감소시킨다. 또한, 폭행, 절도, 침입절도, 파손, 차량범죄, 유괴 · 납치, 방화 등의 위험을 감소시킨다.
공원	높은 가시성과 조명시설의 적절한 설계는 침입, 파손, 폭력, 방화, 유괴 · 납치와 같은 범죄의 발생 및 공포를 감소시킨다. 공원 내, 주 이용로는 조명시설을 잘 갖추어 가시성을 유지해야 하고, 그 외 부수적인 이용로는 오히려 어둡게 유지함으로써 통행을 제한해야 한다. 공원의 이용자 수가 적은 경우, 공원 내 CCTV를 설치 · 운영하여 이용자의 안전감을 높일 수 있다.
대중교통 시설	높은 가시성과 조명시설의 적절한 설계는 파손, 폭력, 차량범죄, 절도, 방화 등의 교통시설과 관련된 범죄의 발생 및 공포를 감소시킨다. 지하철역, 주차장, 열차에 대한 접근통제는 성범죄를 포함한 폭력과 주차장에서의 차량범죄의 위험을 감소시킨다. 조명시설과 장벽이 완전하게 설치되어 있는 주차장은 범죄를 위한 접근이 어렵다.

출처: KS A 8800

7) 조명의 적용

보안조명은 일반적으로 외곽부터 보호구역까지의 주요 지점에 설치되어 보안요원에 의해 제어되며, 항상 보조전력이 운용되어야 한다. 특히, 높은 보안 수준을 요구하는 구역에서는 조명이 작동하지 않는 경우를 최소화하기 위하여 이중 회선Dual Circuiting 및 대체 회선Alternate Circuiting 방법을 사용하기도 한다.[65] 그리고 조명은 영상감시카메라의 성능을 보장하기에 충분해야 하는데, 환경과 목적을 고려하여 조명기구, 조명의 수, 조도 수준을 적절하게 설계하여 적용해야 한다.

국토교통부의 '건축물의 범죄예방 설계 가이드라인'에 제시된 조명과 관련된

65 ASIS(2015). op. cit.

주요 고려사항은 아래와 같다.

- 보행자의 통행이 많은 지역은 사물에 대한 인식을 쉽게 하기 위하여 눈부심 방지Glare-free 등燈을 설치하되 색채의 표현과 구분이 가능한 것을 사용해야 한다.
- 높은 조도의 조명보다 낮은 조도의 조명을 많이 설치하여 그림자가 생기지 않도록 하고 과도한 눈부심을 줄여야 한다.
- 공동주택의 경우 출입구의 조명은 출입구와 출입구 주변에 연속적으로 설치하며, 주동 출입구에는 주변보다 밝은 조명을 설치하여 야간에 식별이 용이하도록 하고, 출입구 주변에도 조명을 설치한다.
- 지하주차장의 조명은 눈부심 방지 조명을 설치하며, 10m 거리에서 야간에 상대방의 얼굴을 인식할 수 있을 정도의 조도를 확보한다.

2 조경

조경은 교목, 관목 등 식물의 종류와 배치에 따라 물리보안 수준에 많은 영향을 미친다. 지형과 초목과 같은 요소들은 펜스 대신에 설치되어 친화적인 분위기를 조성함과 동시에 보안을 강화하는 데에도 효과적이다. 조경은 지역 경계를 표시하여 구분할 수 있고, 공격자의 감시 및 무단접근을 예방할 수 있다. 또한, 조경수의 높이를 조절하여 시야선을 확보하여 범죄행위를 억제할 수도 있다.

그러나 조경은 자칫하면 안전과 보안에 부정적인 영향을 미칠 수 있다. 예를 들어, 뾰족한 잎이나 가시가 달린 식물을 심어 놓는 것은 그 지역으로의 출입을 통제할 수 있는 기능을 해서 보안에 도움이 될 수도 있다. 그러나 이러한 식물들은 내부에서 긴급상황이 발생할 경우 사람들이 탈출하는 것을 방해하는 요소로 작용할 수 있으며, 무심코 접근하던 사람들에게 상처를 입힐 수도 있다.

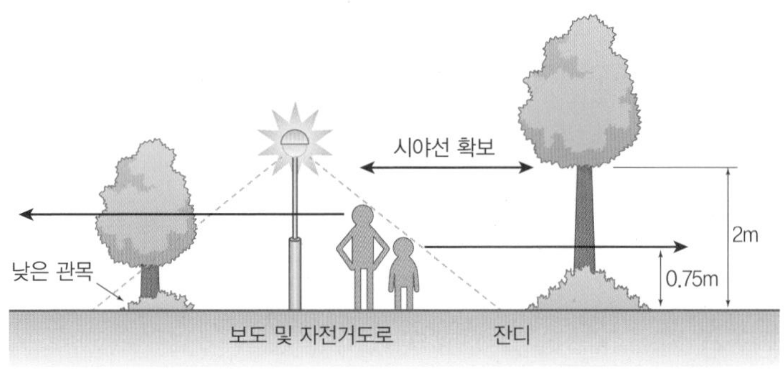

〈그림 3-24〉 범죄예방을 위한 조경 계획

출처: 서울특별시, 2013.

국토교통부의 '건축물의 범죄예방 설계 가이드라인'에 제시된 조경과 관련된 주요 고려사항은 아래와 같다.

- 수목의 식재로 사각지대나 고립지대가 생기지 않도록 수목의 간격을 적정하게 유지하여야 한다.
- 공동주택의 경우 주거 침입에 이용되지 않도록 건물과 나뭇가지가 1.5m 이상 떨어지도록 식재한다.
- 경비실 주변의 시설과 조경은 경비실 내에서 외부를 조망할 때 시야를 차단하지 않도록 한다.

제 4 장

보안설계기법

앞 장에서 설명한 바와 같이, 건축설계 단계에서 구조적 보안이 검토되지 않은 경우 많은 취약성이 나타나게 되며, 차후에 이러한 문제점들을 다른 수단으로 보강하려면 처음부터 구조적 보안을 적용한 것보다 훨씬 큰 비용과 노력이 필요하다. 그러므로 건축구조적 설계기법을 중점적으로 활용한 다양한 보안설계기법들이 나타났는데, 이 중 가장 대표적인 것이 범죄예방환경설계CPTED와 테러예방설계Anti-Terrorism Design이다.

이러한 보안설계 시 가장 중요한 원칙은 시설의 특성을 유지하면서 주변환경과 조화를 이루어야 한다는 것이다. 보안 설계는 시설보다 더 큰 범위인 도시계획의 일부로 고려되어야 하며, 따라서 기존 도시 디자인과 조화되어야 한다. 이는 보안설계의 솔루션이 기존 도시 시설의 미적인 특성과 일관성을 가져야 한다는 것이다. 이와 함께, 보안설계 시 보안성과 편의성의 균형을 유지하는 것도 중요한데, 보통 보안성과 편의성은 서로 상충관계에 있는 경우가 많다. 그러므로 한쪽을 지나치게 강조하면 다른 한쪽이 필요 이상으로 제한되므로, 보안 요구사항과 해당 사이트의 편의 및 일상적 기능 유지 간에 균형을 추구하는 것이 바람직하다.[1]

1 FEMA(2007). FEMA 430: Site and Urban Design for Security: Guidance Against Potential Terrorist Attacks, Providing Protection to People and Buildings. Washington D.C.: Federal Emergency Management Agency.

I 범죄예방환경설계(CPTED)

1 범죄예방환경설계의 개념

인간은 아주 오래전부터 범죄를 예방하기 위해 다양한 활동을 하였고, 범죄의 발생 원인에 대해 고민하기도 하였다. 이와 관련하여 과거에는 인간의 본성과 행동 및 사회경제적 환경을 중심으로 한 범죄예방 방법이 주를 이루고 있었으나, 실제 큰 효과를 보지는 못하였다. 그러므로 최근에는 인간과 사회경제적 환경을 중심으로 하는 범죄예방에서 벗어나, 물리적 환경을 통해 범죄를 예방하는 방법에 보다 큰 관심을 가지게 되었다.

이렇듯 환경과 범죄의 관계를 설명하는 이론을 Brantingham 부부는 환경범죄학Environmental Criminology이라 칭하였는데,[2] 이에는 범죄예방환경설계, 방어공간이론, 일상활동이론, 상황적 범죄예방, 범죄패턴이론 등이 포함된다. 이 중 물리적 환경의 조정을 바탕으로 범죄를 예방하는 대표적 범죄예방기법이 바로 범죄예방환경설계Crime Prevention Through Environmental Design(이하 CPTED)이다.

범죄예방을 위하여 물리적 환경을 활용하는 전략은 최근에 생긴 것은 아니다. 인간은 과거 선사시대부터 외적의 침입에 대응하기 위하여 울타리나 장벽 설치 및 성벽 구축 등의 물리적 환경을 조성하였다. 이후 근대시대에 프랑스의 루이 14세는 파리 시내의 야간 치안을 확보하기 위해 가로등 7천 개를 설치하여 절도 범죄를 예방하였으며, 나폴레옹 3세는 도로 확장 및 직선화 도시계획을 통

2 Brantingham, P. J. & Brantingham, P. L.(1981). Environmental Criminology, Beverly Hills: Sage Publications.

해 지역의 질서를 확립함과 동시에 도심의 미관 개선까지 시도하였다.[3] 이렇듯 과거부터 물리적 환경 변화는 특정한 지역의 범죄 발생을 감소시키는 사회적인 통제 수단으로 활용되었다. 이외에도 물리적 환경의 조정을 통한 범죄예방의 사례는 무수히 많다.

CPTED는 환경의 적절한 설계와 사용이 범죄의 공포, 기회, 발생을 줄이고 우리의 삶의 질을 향상할 수 있다는 생각에 기초한 개념의 집합이다. CPTED의 이론적인 논의는 1961년 Jane Jacobs가 '위대한 미국 도시들의 죽음과 삶The Death and Life of Great American Cities'이라는 저서[4]를 통해 뉴욕의 Greenwich Village에 살았던 본인의 경험을 서술하며, 거주자와 물리적 환경의 상호작용, 이웃이나 도로의 활성화가 삶에 미치는 영향, 주거환경과 범죄의 연관성 등을 설명하면서 CPTED의 기초 개념을 최초로 제시하였다. 이는 환경설계가 범죄예방에 얼마나 중요한지를 보여주었으며, 현재까지도 CPTED 관련 분야의 연구자와 실무자에게 큰 영향을 주고 있다.[5]

이후 1971년 Ray Jeffery가 CPTED라는 구체적 용어를 'Crime Prevention Through Environmental Design'이라는 저서를 통해 최초로 사용하였다. 그는 이 책을 통해 도시설계와 범죄와의 관계에 대해 이론적으로 설명하였고, 범죄자에 대한 직접적인 대응보다 범죄 발생가능성이 큰 환경적 요인을 찾아 환경설계를 통한 개선을 하여 범행 기회를 감소시킴으로써 범죄자의 접근을 사전에 차단하는 것이 가능하다고 하였다. 그리고 1972년 미국의 건축가인 Oscar Newman은 '방어공간Defensible Space'이라는 저서를 통해 자연적 감시Natural Surveillance와 접근통제Access Control 및 영역성Territoriality의 중요성을 설명하면서, 소유감이나 영역성의 부족이 범죄 발생과 밀접한 관련이 있다는 점과 범죄예방을 위해 건물 설계 시 그러한 요소들을 고려해야 한다는 점을 강조하였다.[6]

---

3 백혜웅(2009). 환경설계를 통한 범죄예방(CPTED)의 제도적 고찰: 외국의 사례를 통한 한국에의 적용을 중심으로, 전남대학교 석사학위논문.

4 Jacobs, J.(1961). The Death and Life of Great American Cities, New York: Random House.

5 신의기, 박경래, 정영오, 김걸, 박현호, 홍경구(2008). 범죄예방을 위한 환경설계의 제도화 방안, 형사정책연구원 연구총서, 12: 1-2. 서울: 한국형사정책연구원.

6 앞의 책

CPTED의 개념을 이해할 때 항상 혼동되는 부분이 바로 Newman(1972)[7]의 방어공간 개념이다. CPTED와 많은 공통성을 가지지만, Newman의 방어공간이론은 범죄자의 의사결정에 직접적으로 영향을 미치는 것에 대해 초점을 두고 있지는 않다. 그러한 측면에서 CPTED는 시민에 의해 방어적 사고체계를 장려하는 데에 초점을 맞추는 방어공간 개념과는 차이가 있다고 할 수 있다. 즉 환경의 변화를 통하여 범죄에 대한 예방이 가능하다는 관점은 같지만, CPTED는 합법적인 사용자뿐만 아니라 불법적인 사용자의 의사결정 과정과 행동에도 관심을 둔다는 점에서 Newman의 방어공간이론과는 개념적 차이를 보인다.

CPTED 개념은 지속적으로 확장되었다. 특히, 1980년대 이후 점진적으로 발달한 제2세대 CPTED의 개념은 범죄의 물리적 기회를 줄이는 것뿐만 아니라 범죄를 유발하는 동기를 줄이기 위한 이웃 의식을 창출하는 데 초점을 맞추었다. 제2세대 CPTED는 보안전문가가 범죄예방 프로젝트를 향상할 수 있는 지역사회 내의 사회적 자원을 식별하는 데 도움을 줄 수 있다. 제2세대 CPTED는 지역사회의 응집력과 강한 이웃 의식을 강화함으로써 CPTED 원칙을 확장한다. 제2세대 CPTED는 다음 네 가지를 주요 전략으로 채택하고 있다.[8]

- 결속력Cohesion: 공동체 그룹, 이웃 협회, 개인 개발 프로그램(지도자 훈련, 재정 및 조직 능력, 갈등 해결 등)을 활용하여 응집력을 발전시키는 전략이 포함된다.
- 용량 임계값Capacity Threshold: 이 전략은 토지 이용과 도시 특징의 균형을 맞춘다. 합법적인 상업시설, 오락시설, 다양한 주거시설의 건전한 균형이 있는 곳에서는 범죄가 감소한다.
- 공동체 문화Community Culture: 문화, 예술, 스포츠, 그리고 다른 오락 활동들은 이웃 사람들을 공동의 목적으로 한 곳에 모이게 한다.

---

7 Newman, O.(1972). Defensible Space; Crime Prevention Through Urban Design, New York: Macmillan.

8 Saville, G. & Cleveland, G.(2008). Second-generation CPTED: The rise and fall of opportunity theory. In R. Atlas(ed), 21st Century Security and CPTED: Designing for Critical Infrastructure Protection and Crime Prevention, Boca Laton: CRC Press, 79-90.

• 연계성Connectivity: 연결은 기업과 정부의 자금 지원과 정치적 지원을 촉진하기 위해 주변 이웃들을 연결한다.

이처럼 제2세대 CPTED는 제1세대 CPTED가 제시한 물리적 장치들에 제도적 장치가 결합된 것으로 볼 수 있다. 즉 관련 기관 간의 협력을 도모하고, 이러한 노력을 통해 주민들의 사회적 결속력과 자발적인 참여를 촉구하는 것이다.

2000년대 이후 제2세대 CPTED를 더욱 발전시켜 나타난 것이 바로 제3세대 CPTED인데, 제3세대 CPTED는 사회적 결속과 연계성, 지역 공동체의 역량을 최대한 활용하여 지속 가능한 기법을 제시하는 전략으로 등장하였다. 아직 제3세대 CPTED의 개념 및 주요 전략에 대한 논의가 진행 중이지만, 이전 세대 CPTED의 물리적 · 제도적 장치의 강제성이 넘을 수 없는 한계를 지역 중심의 소규모 공동체의 확산을 통한 의식 강화로 극복할 수 있다는 것이 공통적인 주장이다.[9] 아래 〈그림 4-1〉은 세대별 CPTED의 분류로써, 주민자율성의 정도와 개념의 발전시기 및 특성을 함축한 것이다.

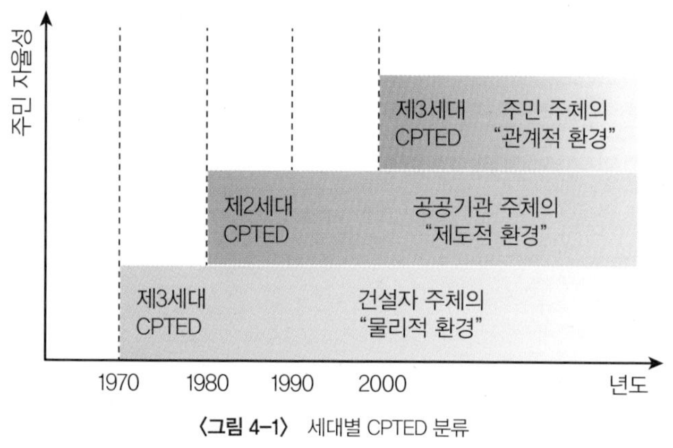

〈그림 4-1〉 세대별 CPTED 분류

출처: 박진희 외, 2014.

그러나 이러한 세대별 CPTED는 모두 범죄의 기본 구성요소인 범죄자, 피해자, 장소 간의 상관성 분석을 통해 잠재적인 범죄 발생 피해를 예방하고자 한

9 박진희, 황용섭, 박성룡(2014). 주거환경 취약구역에서의 제3세대 범죄예방환경설계(CPTED) 전략, 기초조형학연구, 15(5):251-261.

다. 특히, 주변 환경의 적절한 건축설계를 통해 물리적 · 심리적으로 범죄자를 억제하는 환경을 만들어 범행 기회를 감소시키고, 이를 통해 주민들의 범죄 두려움을 낮춤으로써 전반적인 삶의 질을 향상하는 기법이라는 공통성을 가진다.

현재 미국뿐만 아니라 한국, 영국, 독일 등의 유럽과 호주, 캐나다 등에서도 CPTED에 대한 효과성 검증을 통해 다양한 성공 사례들이 학계를 통해 발표되어 도시계획, 건축설계, 보안관리 등 다양한 공공 및 민간 분야에서 관심을 끌게 되었다. 많은 사례 연구를 통해 CPTED가 범죄 발생 및 범죄 두려움 감소에 긍정적인 영향을 미치고 있으며, 주거지역, 쇼핑센터, 교육기관, 편의점, 관공서, 대중교통 등의 다양한 장소에서 실제 범죄 감소가 이루어지고 있는 것이 과학적으로 검증되었다.[10]

결론적으로, CPTED는 물리적 보안에서 말하는 통제요소들의 활용을 통해 예방적 환경을 조성하여 범죄동기와 범죄기회를 감소시키는 활동이라 할 수 있으며, 범죄로부터 안전한 환경 조성을 유도하는 것을 목적으로 한다. CPTED에서 활용하는 물리적 보안의 통제요소에는 건축구조적, 전자시스템적, 운영인력적 측면을 모두 포함하지만, 이 중 건축구조적인 통제요소의 활용이 가장 중심이 된다고 할 수 있다. 물리보안의 관점에서 살펴보았을 때, 물리보안은 여러 세대의 CPTED 중 물리적 환경을 설계 · 개선하는 하드웨어 중심의 접근 방법인 제1세대 CPTED와 연관성이 가장 크다고 할 수 있으며, 이것이 이 책에서는 제1세대 CPTED를 중심으로 기술하는 이유이다.

2 CPTED 전략의 구성요소

CPTED 전략의 구성요소는 학자마다 내용이 조금씩 다르다. 그러나 많은 논의를 통해, 현재는 다섯 가지 실천전략을 CPTED의 기반으로 두고 있는데, 다섯 가지 실천전략 중 자연적 감시, 자연적 접근통제, 영역성 강화를 주요 전략으로

10 한국셉테드학회 편찬위원회(2015). 셉테드의 원리와 운영관리. 서울: 박영사.

두고, 활동성 지원, 유지관리를 부가적인 전략으로 두고 있다.[11] 그러나 이 전략들은 엄밀히 구분되는 독립적 영역이 아니라 서로 중첩적이며 상호 영향을 주는 관계에 있다.

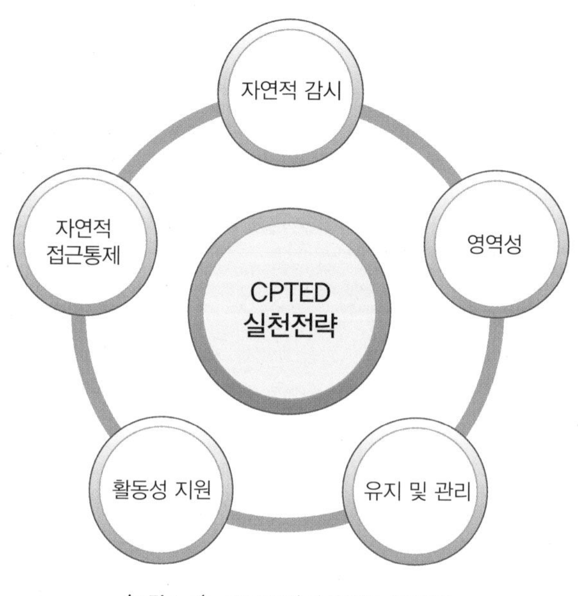

〈그림 4-2〉 CPTED의 다섯 가지 실천전략

1) 자연적 감시

자연적 감시Natural Surveillance는 범죄행위를 자연스럽게 감시할 수 있도록 건축물과 시설물 등의 가시성Visibility을 확보하기 위해 건축설계 및 환경 정리를 하는 것이다.[12] 감시가 있으면 범죄행위를 하기 어려우므로 이러한 환경을 구성하는 것이 자연적 감시의 원리이다. 자연적 감시를 성공적으로 수행하기 위한 전략에는 건물의 설계, 조경, 조명 등이 있다. 첫째, 건물 설계는 설계 및 건축단계에서부터 실시하여 건물 내·외부가 모두 가시성을 확보할 수 있도록 적용한다.

11 앞의 책.

12 이형복, 임윤택, 최봉문, 김낙수(2012). 학교시설에서 CPTED 적용방안 및 원칙 따른 시뮬레이션, 한국콘텐츠학회논문지, 12(6): 424-437.

둘째, 조명은 건물 설계보다 유연성을 갖는 전략으로 가시성의 극대화를 위한 조명 설치를 통해 범죄 두려움을 감소시킬 수 있다. 셋째, 조경은 범죄의 대상이 될 수 있는 건물 또는 침입로의 가시성을 확보할 수 있도록 식재되어야 한다. 이외에도 담장의 높이 조절, 투명한 재질의 담장 설치 등도 자연적 감시 전략에 입각한 원리라고 할 수 있다.

〈개방형 개구부〉

〈담장 허물기〉

〈야간의 활동을 위한 조명〉

〈그림 4-3〉 자연적 감시 모범사례

출처: 서울특별시, 2013.

▶▶ 공식적 감시와 비공식적 감시

공식적 감시Formal Surveillance는 감시의 의무가 있는 인력(예: 보안요원 및 경찰관)을 배치하거나, 감시카메라와 같은 어떤 형태의 기술을 도입함으로써 잠재적 범죄자에 대한 억제 위협을 발생시키는 것을 목표로 한다. 이에 비하여, 비공식적 감시Informal Surveillance는 감시의 의무가 없는 일반 사람들에 의해 발견될 수 있다는 잠재적 범죄자의 인식을 높임으로써 범죄의 기회를 제한한다. 비공식적 감시는 가시성을 극대화하고 긍정적인 사회적 상호 작용과 통제를 촉진하는 방식으로 물리적 특징과 활동을 사용한다. 이러한 비공식적 감시를 자연적 감시Natural Surveillance라고도 한다.[13]

13 Lindblom, A. & Kajalo, S.(2011). The use and effectiveness of formal and informal surveillance in reducing shoplifting: A survey in Sweden, Norway and Finland. The International Review of Retail, Distribution and Consumer Research, 21(2): 111–128.

2) 자연적 접근통제

자연적 접근통제Natural Access Control는 건물이나 다른 공간에 대해 허가받지 않은 사람들의 접근을 차단하고 제한하기 위해 문, 펜스, 관목 등의 실제적 장벽이나 상징적인 장벽을 채택하여, 거주민과 외부인들을 정해진 공간으로 유도하여 이동하게 하는 것을 말한다. 자연적 접근통제를 통해 범죄 대상이 될 수 있는 목표물에 범죄자들이 접근할 기회를 사전에 차단하고, 범죄행위 시도에 대한 노출을 증가시킬 수 있다.[14] 자연적 접근통제를 강화하기 위해서는 공간구획을 통한 자연적 통제와 더불어 보안요원의 배치를 통한 인적 보안대책과 출입통제시스템, 무인경비시스템 등과 같은 전자적 보안대책이 병행되어야 한다.

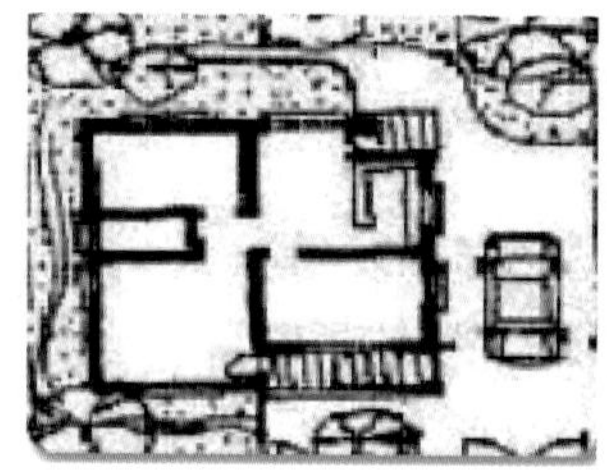
〈출입구 수의 최소화〉

〈침입통제 시설 설치〉

〈건물 이격공간 접근 통제〉

〈그림 4-4〉 자연적 접근통제 모범사례

출처: 서울특별시, 2013.

3) 영역성 강화

영역은 활동, 기능, 관심 등이 미치는 일정한 범위로 사적 공간, 준사적 공간, 준공적 공간, 공적 공간으로 구분할 수 있다.[15] 그리고 영역성 강화란 어떤 지역에 대해 거주자들이 사용할 수 있는 실질적 또는 가상적인 영역을 만들고 그 영역을 차별적으로 표시하여 외부인의 출입을 쉽게 인지하게 하고, 이를 통해 범죄의 발생을 쉽게 인식할 수 있는 환경을 조성하는 것이다. 이로써 주민들은 외부인을 쉽게 인지할 수 있으므로 범죄로부터 안전감을 느낄 수 있고, 또 잠재적 범죄자는 다른 사람의 영역을 침입하고 있다고 생각하게 만들어 심리적인

14 한국셉테드학회 편찬위원회, 앞의 책.

15 Fennelly, L.(2017). Effective Physical Security, 5th ed, Boston: Butterworth-Heinemann.

압박감을 줄 수도 있다. 영역성 강화를 위한 구체적 방법으로는 펜스, 게이트 등의 물리적 시설물을 통해 우리 공간과 아닌 공간을 확실히 구분하여 영역성을 표시하는 방법과, 공동주택 단지 출입구 등에 이름을 새겨넣는 것과 같이 상징적으로 영역성을 확보하는 방법이 있다.[16]

〈공 · 사적 영역 사이 완충공간〉

〈완충공간 형성을 위한 디자인〉

〈이해하기 쉬운 안내표지판〉

〈그림 4-5〉 영역성 강화 모범사례

출처: 서울특별시, 2013.

▶▶ 공간의 구분[17]

주거단지 내의 연결된 공간은 일반적으로 다음 네 가지 유형으로 구분된다.

- 사적 공간Private Space: 단독 주거의 거주자와 거주자에 의해 초청된 방문자만이 사용하도록 제한된 공간으로써, 잠금장치 등의 물리적 장벽에 의해 통제된다. 제지가 가능한 경우에 승인되지 않은 사용은 항상 제지된다.
- 준사적 공간Semi-private Space: 거주자나 정당한 업무를 위한 방문자만이 사용하도록 제한된 공간으로써, 보통 잠금장치 등의 물리적 장벽이 설치된다. 외부인은 잠재적 침입자로 인식되어 제지당할 수 있다.
- 준공적 공간Semi-public Space: 거주자들도 대중이 사용할 권리가 있다고 암묵적으로 인식하는 공간으로써, 잠기거나 차단된 장벽을 지나지 않고서도 접근할 수 있으며 외부자라 할지라도 거의 제지 받지 않는다.

16 한국셉테드학회 편찬위원회. 앞의 책.
17 Fennelly(2017). op. cit.

• 공적 공간Public Space: 주거지역과 그 주변 지역의 모든 구성원이 완전히 공용으로 받아들이는 공간으로써, 외부인도 거주자와 마찬가지로 사용할 수 있는 동등한 권리를 가지고 있다고 인식한다.

4) 활동성 지원

활동성Activity Support 지원은 '거리의 눈Eyes on the Street'을 통한 감시 효과를 높이기 위해 각종 시설 및 공간을 활발하게 이용하고 많은 사람이 이동하게끔 하여 자연스럽게 주변을 감시하여 범죄자들이 범행을 쉽게 할 수 없게 하는 것이다.[18] 즉 사람들의 공공장소의 활발한 사용을 통해 그들의 눈에 의한 자연적인 감시를 강화하여 범죄 발생을 감소시키는 원리가 활동성 지원이라고 할 수 있다.

활동성 지원을 위해서는 시설의 위치 선정에 신중해야 한다. 예를 들어, 범죄 발생률이 높은 골목길에는 활동성 유도를 위해 주민들이 자주 이용할 수 있는 시설을 배치한다. 또한, 우범지대가 될 수 있는 방치된 공지 등에는 주민 이용시설을 배치하여 주민 의식 강화와 다양한 활동의 활성화가 되어 이웃 간의 커뮤니티 형성과 자연스러운 주변 감시가 이루어질 수 있도록 해야 한다.

〈다양한 활동을 유도하는 공간계획〉

〈가로 활성화를 위한 시설계획〉

〈환경정비와 연계된 보행 공간계획〉

〈그림 4-6〉 활동의 활성화 모범사례

출처: 서울특별시, 2013.

18 한국셉테드학회 편찬위원회, 앞의 책.

5) 유지관리

유지관리Maintenance and Management의 근본적인 원리는 시설 및 공공장소가 설계된 형태 및 목적에 따라 지속해서 이용될 수 있도록 유지 및 관리를 통해 사용자의 일탈 행동이 일어나지 않도록 하는 것이다. 만약 시설 및 공공장소의 유지관리가 제대로 이루어지지 않게 되면 악의의 목적으로 이용될 가능성의 증가와 무질서 및 혼란으로 범죄 발생이 증가할 것이며, 범죄 목적의 장소로 악용될 수 있다. 따라서 관리되지 않는 지역을 축소하기 위해 범죄자를 유혹하는 요소들을 제거하고 잘 관리해야 한다.[19]

이처럼 CPTED의 한 요소인 유지관리는 '깨진 유리창 이론Broken Window Theory'을 바탕으로 범죄의 동기를 차단하는 것을 말하며, 범죄자를 유혹하는 깨진 가로등 및 유리창 교체, 낙서된 담장에 페인트칠, 거리 청소 등을 통해 쾌적한 환경을 조성하여 범죄자가 범행을 실행하기에 부적절하다고 생각할 수 있는 환경적 이미지를 유지하여 외부에 표출하는 것이다.

〈낙서로 훼손된 벽 방지〉

〈가로정비〉

〈내구성 있는 재료 선택〉

〈그림 4-7〉 유지관리 모범사례

출처: 서울특별시, 2013.

깨진 유리창 이론

깨진 유리창 이론Broken Window Theory은 미국의 범죄학자 Wilson & Kelling(1982)[20]에 의해 주장된 사회 무질서에 관한 이론으로 건물의 유리창이 깨진 채로 계속해서 방치되는 것은 사회적인 무질서 발생과 지역 환

19 박기범(2009). 지역사회의 범죄예방을 위한 CPTED의 효과성 고찰. 한국지방자치연구, 11(2): 137.

20 Wilson, J. Q. & Kelling, G. L.(1982). Broken windows: the police and neighborhood safety. Atlantic Monthly, 249(3): 29-38.

경을 황폐화해 지역 주민들의 범죄 두려움이 증대되고 주변 지역까지 슬럼화를 진행시킨다는 것이다. 따라서 처음부터 깨진 유리창을 교체하여 깨끗하게 관리가 잘 되고 있다는 모습을 보여준다면 범죄를 예방할 수 있다는 논리이다.

1990년대 미국에서는 깨진 유리창 이론을 바탕으로 범죄행위에 대한 무관용Zero Tolerance 정책을 시행하였다. 무관용 정책은 무질서를 범죄 발생의 시작점으로 보고, 아무리 경미한 위법 행위를 하더라도 엄격하게 처벌해야 한다는 사법 원칙이다. 따라서, 미국 뉴욕시에서는 구역을 지정하여 사소한 법규 및 조례를 위반했더라도 공격적이고 철저하게 대응하는 순찰 전략을 통해 범죄 발생을 크게 감소시켰다.[21]

3 CPTED 설계기준

CPTED에서는 조경과 조명, 인공적/자연적 구조물 등 물리보안의 통제요소 중 건축구조적 요소가 주로 적용된다. 적절하게 적용된 CPTED 전략을 통해 보안요원의 수를 줄이거나 운영을 효율화할 수있고, 영상감시시스템이 필요한 범위를 축소할 수 있으며, 또한 자연적 접근통제에 의해 구조적 장벽에 대한 필요성을 감소시킬 수도 있다. 즉 CPTED를 통해 범죄예방에 들어가는 비용을 줄이면서 인명과 자산에 대한 보호를 보다 효과적으로 할 수 있다는 것이다.

이러한 CPTED의 적용기법은 매우 다양하나, 우리나라에서는 국토해양부(현 국토교통부)에서 발간한 '건축물의 범죄예방 설계가이드라인(2013. 1. 9 제정)'이 가장 대표적으로 활용되고 있다. 동 가이드라인에서 제시하는 설계기준의 주요 내용은 아래와 같다.

21 Witkin, G.(1998). The Crime Bust. U.S. News and World Report May 25, 28-36.

1) 일반적 설계기준

- 공적인 장소와 사적인 장소 간 공간의 위계를 명확히 계획하여 공간의 성격을 명확하게 인지할 수 있도록 설계하여야 한다.
- 외부와의 경계부나 출입구는 포장이나 색채의 차별화, 바닥 레벨의 변화, 상징물, 조명 등을 설치하여 공간의 전이를 명확하게 인지하고 영역 의식을 발휘할 수 있도록 하여야 한다.
- 위치 정보나 지역의 용도 등을 명확하게 하기 위하여 안내판 설치, 색채 · 재료 · 조명계획으로 이미지 강화 방안을 고려하여야 한다.
- 보행로는 자연적 감시가 확보될 수 있도록 계획되어야 한다.
- 출입구는 통제와 인지가 쉽도록 상징물, 조경, 조명, 안내판 등의 사용을 고려하여야 한다.
- 건축물의 외벽은 범죄자의 침입이 쉬운 시설이 설치되지 않도록 하여야 한다.
- 외부공간의 이용이 활성화될 수 있도록 각종 시설(운동시설, 상점, 휴게시설, 놀이터, 출입구)과 연계를 고려하여야 한다.
- 커뮤니티가 증진되도록 시설의 종류와 배치를 고려하여야 한다.

2) 적용대상별 설계기준

'건축물의 범죄예방 설계가이드라인'은 건축물을 특성과 환경에 따라 구분하여 각각의 설계기준을 구분하여 제시하고 있는데, 주요 내용을 살펴보면 아래와 같다.

(1) 공동주택

- 단지의 출입구는 영역의 위계가 명확하도록 계획하여 자연적인 감시가 쉬운 곳에 설치하며, 출입구의 개수는 감시가 가능한 범위에서 적정하도록 계획한다.
- 담장은 사각지대 또는 고립지대가 생기지 않도록 계획하여 자연적인 감시가 가능하도록 투시형 담장 또는 조경 등을 설치한다.

- 부대시설은 주민 활동을 고려하여 접근과 감시가 쉬운 곳에 설치한다.
- 경비실은 감시가 필요한 각 방향으로 조망할 수 있어야 하며, 시야 확보에 지장이 없는 구조로 계획하며, 고립지역에 대한 방범 모니터링시스템을 경비실 내에 구축한다.
- 지하주차장에는 자연 채광과 시야 확보가 쉽도록 썬큰, 천창 등의 설치를 권장하며, 주차구획의 기둥과 벽면은 가시권을 늘리고 사각지대가 생기지 않도록 배치한다.
- 주차장의 경우, 방문자 차량에 대한 확인이 용이하도록 거주자 주차장과 방문자 주차장을 구별하여 계획하는 것을 고려한다.
- 주동 출입구는 영역성이 강화되도록 색채계획, 조명, 문주 등의 설치를 고려하여 계획하며, 주동 출입문은 자연적인 감시가 가능하도록 계획한다.
- 주동 출입구 외부에서 승강기의 출입구가 보이도록 계획하고, 피난 승강기 이외의 승강기는 내부가 보이는 승강기를 권장한다.
- 세대 현관문(경첩, 문, 잠금장치)은 침입 방어성능을 갖춘 인증제품을 설치하고, 신문 · 우유 투입구 등은 설치하지 않도록 하되 부득이하게 설치한 경우에는 출입문을 열 수 없는 구조로 계획한다.
- 건물 외벽에 설비시설을 설치하는 경우에는 창문 등 개구부와 1.5m 이상의 이격거리를 두어 설치하는 것을 권장한다. 옥외 배관은 사람들의 통행이 많은 보행로, 도로변, 인접 세대에서 조망이 가능한 방향에 설치하는 것을 권장하며, 배관을 타고 오를 수 없는 구조로 한다.

(2) 단독, 다가구, 다세대주택

- 주택 주변의 공적 공간과 사적 공간의 영역 위계가 명확하도록 계획하며, 대문 · 현관 등 출입문은 도로 또는 통행로에서 직접 볼 수 있도록 계획한다.
- 출입문은 경첩, 문, 잠금장치 등이 일정한 침입 방어성능을 갖춘 인증제품을 설치하며, 창문 앞에는 시야를 차단하는 장애물을 계획하지 않는다.
- 주택 외벽에 설비시설을 설치하고자 하는 경우에는 창문 등 개구부와 1.5 m 이상 이격거리를 두어 설치하고, 옥외 배관은 배관을 타고 오를 수 없

는 구조로 한다. 또한, 전기 · 가스 · 수도 등 검침용 기기는 주택 외부에 설치하여 세대 내에서 검침할 수 없는 구조로 계획하며, 주택에 부속된 창고 · 차고는 발코니 · 창문 등에서 2m 이상 이격하여 계획한다.

(3) 편의점

- 건물(점포) 정면은 가로막힘이 없어야 하고, 시야가 확보되도록 배치하여야 한다. 창문이나 출입구는 내 · 외부로의 시선을 감소시키는 필름, 광고물 등을 부착하지 않도록 하며, 카운터는 가급적 외부 시야가 확보되도록 계획한다.
- 출입구 및 카운터 주변에 범인의 신원을 확인할 수 있는 CCTV시스템을 계획하고, CCTV 설치 표지판을 출입구 및 카운터에 설치한다. 또한, 카운터에서 관할 경찰서 등에 통보 가능한 무음 경보시스템 설비의 설치를 권장한다.

(4) 기타(고시원, 오피스텔 등)

- 출입구에는 무인 출입통제시스템을 설치하거나, 경비실을 설치하여 허가받지 않은 출입을 통제하며, 출입구마다 폐쇄회로 텔레비전 시스템을 설치하는 것을 권장한다. 또한, 출입문과 창문은 외부침입 방어성능을 갖춘 인증제품을 설치하되, 주변환경과 조화를 이루는 미적 요소를 갖추어야 한다.
- 다른 용도와 복합으로 건축하는 경우는 다른 용도로부터의 출입을 통제할 수 있도록 전용 출입구 설치를 권장한다.

4 환경범죄학과 상황적 범죄예방

1) 환경범죄학

환경범죄학은 환경이 가진 범죄 유발 요인을 분석하여 범죄기회를 감소시키고자 범죄예방 환경의 설계관리를 제안하는 범죄학파를 지칭한다. 환경범죄학파는 범죄 문제를 시간과 공간으로 이루어진 장소와의 관계를 통해 밝히려고 하였다.

환경범죄학은 미국과 영국을 중심으로 1980년대 후반부터 주목을 받았으며, 1990년대 범죄예방론의 대두를 배경으로 유행하였다. 환경범죄학의 대표 이론이자 기법이라 할 수 있는 CPTED와 상황적 범죄예방Situational Crime Prevention은 각각 미국과 영국에서 발전하였는데, CPTED는 미국의 법무부를 중심으로 연구가 추진되었으며, 상황적 범죄예방은 영국의 내무부를 중심으로 연구가 추진되어 정책으로 구체화되었다.

2) 상황적 범죄예방

상황적 범죄예방은 영국 내무부에서 창안된 개념으로, 상황적 범죄예방의 개념 정립에 가장 크게 기여한 Ronald V. Clarke[22]은 상황적 범죄예방을 특정 범죄를 예방하기 위해 주변 환경을 종합적이고 영구적인 방법으로 관리 · 설계 · 조정하여 범죄의 기회가 감소되었고 그 위험은 증가되었다는 것을 범죄자가 인식하게 하는 것이라 하였다.

상황적 범죄예방이란 사회 및 사회제도의 개선에 의존하지 않고, 단순히 범죄의 기회를 감소시키는 예방적 접근을 말한다. 즉 범죄행위가 발생할 것으로 예상되는 즉각적인 환경과 상황의 특징에 초점을 맞추어 가능한 체계적이고 항구적인 방법으로 범죄 행동에 따른 보상은 낮추고 노력과 위험은 증대시키는 전략들을 의미한다. 그리고 상황적 범죄예방의 핵심적 가정은 범죄의 모든 형태에 기회는 필수적인 요건이며, 범죄예방을 위해 상황에 초점을 두는 것이 효과적으

22 Clarke, R. V.(1983). Situational crime prevention: Its theoretical basis and practical scope, Crime and Justice, 4: 225–256.

로 보고, 다음과 같은 측면에 초점을 두고 있다.[23]

- 상황적 범죄예방은 일상생활에서 범죄자가 범죄를 실행할 기회 감소에 초점을 둔다.
- 범죄 기회가 발생하면 누구나 범죄의 유혹에 넘어간다고 가정하고 법을 준수하도록 상황을 자극한다.
- 범죄통제 노력을 초점으로 범죄자 성향 변화보다는 범죄 발생의 직접적인 배경에 개입하여 기회를 감소시킨다.
- 범죄 발생은 무작위적 발생이 아닌 시간 및 공간에 일정한 유형이 있다고 본다.
- 범죄 문제에 대해 문제 지향적으로 접근하여 특정한 상황의 특정 범죄 유형을 대상으로 예방한다.

상황적 범죄예방 기법으로 Clarke(1983)은 처음에 '노력의 강화', '위험의 증가', '보상의 감소'에 관련된 12가지 상황적 범행기회 감소기법을 제시하였다. 그러나 이후 Clarke & Homel[24]은 이에 '변명의 여지 제거' 항목을 더해 16가지 상황적 범죄예방 기법으로 발전시켰다. 이어 Cornish & Clarke[25]은 '도발의 감소'라는 항목을 이에 다시 추가하여 아래 〈표 4-1〉과 같이 현재의 25가지 기법이 완성되었다.[26]

Cornish & Clarke[27] 5개의 항목 아래 다시 각각 5개의 세부 전략과 그 전략의 구체적인 실행 예를 제시하였다. 〈표 4-1〉에서 보는 바와 같이 상황적 범죄예방은 범죄를 통한 보상을 축소하고 범죄를 성공시키기 위한 잠재적 범죄자의 노력과 체포의 위험을 증대하는 활동에 초점을 맞추고 있는데, 이는 결과적으로 물리적 취약성을 개선하여 전체 위험을 감소시키는 물리보안과도 일맥상통하다

23 Wortley, R. & Smallbone, S.(2006). Situational Prevention of Child Sexual Abuse, Crime Prevention Studies, 19, New York: A Criminal Justice Press Book.

24 Clarke, R. V. & Homel, R.(1997). A revised classification of situational crime prevention techniques, In S. P. Lab(ed). Crime Prevention at the Crossroads, Cincinnati: Anderson, 17–27.

25 Cornish, D. B. & Clarke, R. V.(2003). Opportunities, precipitators and criminal decisions: A reply to Wortley's critique of situational crime prevention, Crime Prevention Studies, 16: 41–96.

26 이주락, 이상학(2020). 지하철 불법촬영 범죄와 상황적 범죄예방, 한국경찰연구, 19(2): 93–114.

27 Cornish & Clarke, op. cit.

고 할 수 있다. 보안관리자가 어떠한 특정 위험 상황에 대한 대책을 마련해야 한다면, 상황적 범죄예방의 25개의 세부 전략을 아이디어 도출의 프레임워크로 활용할 수 있다는 측면에서 상황적 범죄예방은 물리보안 분야에서도 활용성이 매우 높다고 할 수 있다.

〈표 4-1〉 상황적 범죄예방의 25가지 방법

노력의 강화 (Increase Effort)	위험의 증가 (Increase Risks)	보상의 감소 (Reduce Rewards)	도발의 감소 (Reduce Provocation)	변명의 여지 제거 (Remove Excuse)
1. 범행대상 견고화 (Harden Targets) • 운전대 잠금장치 방범창 • 강도예방 방어스크린	6. 보호자 확대 (Extended Guardianship) • 야간 외출 시 그룹으로 다니기 • 전화기 휴대	11. 목표대상 은닉 (Conceal Targets) • 창문 블라인드 사용 • 표식 없는 현금운송차량	16. 좌절/ 스트레스 감소(Reduce Frustration and Stress) • 똑바로 줄 세우기 • 마음을 진정시키는 음악/조명	21. 규칙제정 (Set Rules) • 직원 보안정책 • 성희롱 방지 법규
2. 시설 접근통제 (Control Access to Facilities) • 전자카드 출입 • 수화물 검색	7. 자연적 감시 원조 (Assist Natural Surveillance) • 가로등 개선 • 조경 개선	12. 목표대상 제거 (Remove Targets) • 분리 가능한 카스테레오 • 가정폭력 여성쉼터	17. 분란 회피 (Avoid Disputes) • 상대팀 축구팬을 분리한 관람석 • 정액 택시요금 실시	22. 안내문 게시 (Post Instructions) • 주차금지 표지판 • 사유재산 표지판
3. 출구 검색 (Screen Exit) • 계산대를 출구 근처에 설치 • 물품에 전자태그 설치	8. 익명성 감소 (Reduce Anonymity) • 직원 및 방문객 ID • 학교 교복	13. 소유물 표시 (Identify Property) • 물품표시 • 차량등록 및 부품 마킹	18. 감정적 자극 감소 (Reduce Emotional Arousal) • 성적/폭력적 이미지 통제 • 경기장에서의 예절 요구	23. 양심 호소 (Alert Conscience) • 속도제한 표지판 • "상점절도도 절도입니다" 표지판
4. 범죄자 회피 (Deflect Offenders) • 여성전용화장실 • 술집의 분산	9. 시설관리인 활용 (Utilize Place Managers) • 이층버스 이층에 CCTV 설치 • 내부고발자 제도 활성화	14. 장물시장 교란 (Disrupt Markets) • 전당포 감시감독 • 거래처와의 의사소통	19. 또래집단 압력 중화(Neutralize peer Pressure) • 학교 말썽꾼을 분산시키기 • 'No'라고 말하기	24. 순응 지원 (Assist Compliance) • 공중화장실 설치 • 거리 쓰레기통 설치
5.도구/무기 통제 (Control Tools/ Weapons) • 낙서위한 스프레이 페인트 판매금지 • 금속탐지기 사용	10. 공식적 감시 강화 (Strengthen Formal Surveillance) • 감시카메라 설치 • 보안요원 배치	15. 이익 부정 (Deny Benefits) • 지폐 표식 • 낙서 지우기	20. 모방억제 (Discourage Imitation) • 파손물품의 신속수리 • TV에 폭력물을 제어하는 칩 설치	25. 약물/알코올 통제 (Control Drugs/ Alcohol) • 술집의 음주측정기 비치 • 알코올없는 행사주최

출처: Cornish & Clarke, 2003 재편집.

Ⅱ 테러예방설계(ATD)

1 테러예방설계의 발달 및 원칙

1) 테러예방설계 발달 배경

테러예방설계Anti-Terrorism Design, ATD는 테러 및 테러에 준하는 반사회적인 범죄를 예방하고, 테러가 발생하였을 때 피해를 최소화할 수 있도록 건축물을 설계하는 기법이다.

테러리즘과 테러

테러리즘Terrorism이라는 용어는 프랑스혁명 시대에 로베스피에르Maximillan Robespierre가 처음 사용하였는데, 이 시기에 테러리즘은 혁명적인 행동을 묘사하는 긍정적 의미로 사용되었다. 그러나 테러리즘의 의미는 진화하였고, 현재 다양한 정의가 사용되고 있다. 또한, 테러Terror는 본래 공포스러운 마음 상태를 의미하는 용어이고 테러리즘은 조직화된 사회적 활동을 의미하여 서로 차이가 있으나, 현재는 테러리즘과 혼용하여 거의 동의어로 사용되고 있다.[28]

비록 국제연합United Nations, UN에서는 테러의 정의에 대해 회원국 간 합의를 한 적은 없지만, 미 연방수사국Federal Bureau of Investigation, FBI에서는 테러를 정치적이나 사회적 목표를 진척시키는 데에 있어서 정부나 주민 또는

28 오드리 카셀레이프, 데이비드 메릭/조호대 외 譯(2020). 테러리즘 WTV: 무기, 전술, 미래. 서울: 윤성사.

어느 구성요소를 위협하거나 강압하기 위해, 사람이나 재산상에 힘과 폭력을 불법적으로 사용하는 것이라 정의하고 있다.[29] 그리고 우리나라에서는 '국민보호와 공공안전을 위한 테러방지법(약칭: 테러방지법)' 제2조에서 테러를 국가·지방자치단체 또는 외국 정부의 권한행사를 방해하거나 의무 없는 일을 하게 할 목적 또는 공중을 협박할 목적으로 하는 행위로 정의하고 있다.

테러예방설계는 미국에서 처음 시작하였는데, 1983년 베이루트 소재 미국대사관에 대한 폭탄공격 발생 후 해외에 소재하고 있는 미국의 주요시설에 대한 테러예방을 위해 1985년 미국 국무부에서 '인만 리포트Inman Report'를 발간하여 '테러예방가이드라인'을 최초로 제시하였다. 이후 1995년 오클라호마 'Alfred P. Murrah 연방건물' 대상 폭탄테러 공격과 2001년 9.11 자살 테러 공격 후 수정작업을 통해 가이드라인의 적용 범위를 미국 본토 내의 건물까지 대폭 확장시켰다. 특히, 9.11테러 이후 폭발물 테러에 의한 피해경감을 위해 미국 연방재난관리청Federal Emergency Management Agency, FEMA은 다양한 테러예방설계 기준들을 발간하였는데, 대표적인 것은 건물에 대한 테러 공격의 피해경감 매뉴얼인 FEMA 426과 테러위협에 대비한 주요 시설물의 보안설계 개념을 제공한 FEMA 430이다.[30]

이러한 움직임에 영향을 받아 우리나라에서도 '초고층 건축물 테러예방 설계가이드라인(서울시, 2009)'과 '다중이용시설 테러예방 설계가이드라인(국토해양부, 2010)'을 개발하여 대지경계, 차량 및 보행자동선, 건축물과 실내 공간 등의 항목별로 가이드라인을 제시하고 있다.

---

29 앞의 책.

30 김순석(2011). 테러예방을 위한 환경설계 가이드라인에 관한 연구: 미국의 사례를 중심으로, 한국경찰연구, 10(4): 139-166.

테러 공격 사례[31]

◈ 1995년 오클라호마 'Alfred P. Murrah 연방정부청사' 폭탄테러 공격

1995년 4월 19일 발생한 오클라호마 폭탄테러 사건은 2001년 9.11 테러 이전 미국 영토에서 발생한 테러 중에서 인명 피해가 가장 컸던 폭탄테러 사건이다. 당시 Alfred P. Murrah 연방정부청사 앞에서 2,200kg의 질산암모늄 비료와 경유 등을 싣고 세워져 있던 트럭이 터지면서 9층짜리 건물 전면이 통째로 날아갔으며, 168명의 사망자와 680여 명의 부상자가 발생했다. 또한, 이 폭발로 인해 근처 324채의 건물과 86대의 차량이 파괴되거나 손상을 입었다. 폭탄테러를 일으킨 주범인 Timothy McVeigh와 Terry Nichols는 연방정부가 시민들을 억압한다고 생각하여, 1994년부터 오클라호마 연방정부청사를 목표로 테러를 준비하여 실행하였다. 테러 공격의 결과로, 미국 정부는 연방정부청사의 보안강화를 위한 통합안보위원회Interagency Security Committee를 만들어 보고서를 발간하였는데, 이 보고서에서는 모든 정부 건물을 5개의 보안 등급으로 분류하고 등급별로 최소 보안설계 표준을 설정하였다. 1995년 이전에는 비군사적 목적의 연방 소유 또는 임대 시설에 대한 최소한의 물리적 보안설계 표준이 존재하지 않았다.

◈ 2001년 9.11 테러 공격

2001년 9월 11일에 미국 뉴욕의 세계무역센터 쌍둥이 빌딩과 워싱턴의 국방부 건물인 펜타곤을 대상으로 벌어진 동시다발적 항공기 자살 테러 사건이다. 당시 보스턴에서 로스앤젤레스로 가는 비행기 2대(AA11편, UA175편)를 납치한 후 뉴욕으로 향해 세계무역센터 쌍둥이 빌딩에 그대로 충돌하였다. 또한, 워싱턴에서 로스앤젤레스로 가는 비행기 1대(AA77편)를 납치한 후 다시 워싱턴으로 향해 펜타곤에 충돌하였으며, 또 다른 비행기 1대(UA93편)를 납치하여 워싱턴의 국회의사당을 목표로 하였지만 승객들의 저항으로 피츠버그 동남쪽에 추락하였다. 이 사건으로 인해 세계무역센터에서 2,600여 명, 펜타곤에서 125명, 4대의 비행기 탑승자 256명이 사망하

31 위키백과 홈페이지(https://en.wikipedia.org). 2021.9. 15. 검색.

였으며, 뉴욕의 소방관, 경찰, 항만국 직원 450명이 사망하였다. FBI는 테러의 배후로 이슬람 테러조직인 알카에다를 지휘하는 Osama bin Laden을 지목하였으며, 그는 테러 발생 10년 후 미군 특수부대에 의해 사살되었다. 이 사건으로 인해 George W. Bush 대통령은 '테러와의 전쟁'을 선포하였고, 미국 안보 정책은 포괄적 안보 개념으로 크게 변화하였다. 이에 따라 미국 내 연방, 주 및 지방정부 시설과 국가기반시설 모두가 테러의 주요 대상으로 간주되었다. 즉 2001년 9월 11일 이후 물리적 보안 위협에 대한 취약성의 감소는 훨씬 더 복잡한 일이 되었고, 테러는 모든 물리적 보안 계획에 포함되어야 했다.

2) 주요 해외 기준

테러 피해 경감을 위한 연구는 미국을 중심으로 활발히 진행되었고 특히, 미국의 국무부Departmemt of State, DOS, 연방조달청General Service Administration, GSA, 국방부Department of Defence, DOD 및 연방재난관리청Federal Emergency Management Agency, FEMA에서 다양한 가이드라인을 제시하고 있다.

(1) UFC 3-340-02

2008년 미국 국방부에서 발표된 UFC 3-340-02Structures to Resist the Effects of Accidental Explosions는 건물과 인명의 보호를 위한 설계 방법으로 장벽, 펜스 등에 구조적 통제요소에 대한 구체적 기준을 제시하고 있다.

(2) PBS-P100

PBS-P100The Facilities Standards for the Public Buildings Service을 발간한 미국 연방조달청의 청사관리국Pubilic Building Service은 연방정부가 사용하는 토지와 청사를 총괄 관리하는 기관이다. PBS-P100에서는 새로운 국가시설 건축 시 활용되는 주요 가이드라인을 9가지 세부 항목으로 분류해 제시하고 있으며, 그중 '보안설계Security Design' 항목에서 테러 피해경감을 위한 구조적 가이드라인을 제시하고 있다.

(3) FEMA 위험관리 시리즈

미국 연방재난관리청FEMA에서는 재난 발생으로 인한 피해를 경감하기 위한 다양한 매뉴얼 및 가이드라인을 발간하였다. 그중에 폭발물 테러 경감을 위한 구조설계와 관련 있는 것으로는 2003년 발간한 건물에 대한 테러 공격의 피해경감 방안에 대한 매뉴얼인 FEMA 426Reference Manual to Mitigate Potential Terrorist Attacks Against Buildings과 상업건물의 테러공격에 대한 피해경감을 위한 설계입문서인 FEMA 427Primer for Design of Commercial Buildings Mitigate Terrorist Attacks이 있다. 이후, 2004년에는 테러 공격에 대비하기 위한 안전한 학교 설계입문서인 FEMA 428Primer for Design Safe Schools Projects in Case of Terrorist Attacks을 발간하였고, 2007년에는 잠재적 테러위협에 대비하여 주요 시설물과 입주자를 보호하기 위한 보안설계 개념을 제공하는 FEMA 430(Site and Urban Design for Security)을 발간하였다.

위험진단과 관련해서는 2005년에 테러공격 피해경감을 위한 위험도 평가 매뉴얼인 FEMA 452Risk Assessment: A How-To Guide to Mitigate Potential Terrorist Attacks를 발간하였고, 2009년에는 테러리즘 위험도 평가를 위한 FEMA 455Handbook for Rapid Visual Screening of Buildings to Evaluate Terrorism Risks를 발간하였다. 이러한 매뉴얼과 가이드라인들은 테러 위협과 무기에 대하여 평가하고 건물의 피해를 경감하기 위한 다양한 내용을 다루고 있다.[32]

3) 보안설계 원칙

미국의 연방재난관리청은 FEMA 430[33]을 통해 9.11 테러 사건 등으로부터

32 김순석, 앞의 논문.

33 FEMA 430, op. cit.

얻은 교훈을 바탕으로 보안 설계를 위한 기본 원칙을 아래와 같이 제시하였다. 이러한 원칙이 강제적 사항은 아니지만, 설계의 첫 단계부터 건축물 소유자, 설계팀, 보안전문가 및 이해관계자 모두가 위험진단 결과 및 현장의 특성에 맞춰 원칙을 수정 · 적용하는 것이 바람직하다.

- 보안 규정, 재정, 기획 및 운영 목표 간의 적절한 균형을 찾기 위해 합리적인 위험수준Reasonable Level of Risk을 선택해야 한다.
- 보안대책의 선택 시에는 정보, 운영 등 물리적 설계 등 다양한 전략을 활용하기 위해 다학제적 접근법Multi-disciplinary Approach을 사용하는 것이 권장된다.
- 주요 시설 및 인원에 대한 보안의 필요성과 일반 대중의 활동성 보장 간의 균형을 유지해야 한다.
- 특정한 구역에 보안시설물을 설치함에 있어 일관된 전략을 유지함으로써 도로와 건축물의 심미적 일관성을 달성해야 한다.
- 가능한 시설의 미관과 기능적 특성을 유지 또는 강화하는 방법으로 설계되어야 하며, 주변 도로의 사용을 과도하게 방해하거나 억제하지 않아야 한다.
- 재난 시 보행자와 교통의 이동성 및 긴급구조의 접근성을 보장하는 전략을 채택해야 한다.
- 위협 수준이 변하더라도 일정 기간 적용이 가능한 융통성 있는 임시적 대책을 채택해야 한다.
- 물리보안 프로젝트는 성공을 보장하기 위해 다음과 같은 속성을 가져야 한다.
  - 위험진단을 통해 필요한 보호 수준을 결정해야 하고, 결정된 수준에 따라 위험완화를 위한 수단을 선택해야 한다.
  - 비용편익 분석을 통해 대안을 비교하고 가장 효과적이며 합리적인 수단을 선택한다.
  - 성공적인 프로젝트를 위해서는 보안컨설턴트와 건축/토목/전기/기계/조경/통신 등의 다양한 전문가팀의 협업이 필수적이다.
  - 프로젝트의 이해관계자들을 조기에 식별하고 초기 단계부터 소통한다.

이때, 의사결정 절차는 여러 목표 및 기준이 균형을 이루도록 고안되어야 하며, 협상이 모든 프로젝트 성공의 필수적 부분임을 이해해야 한다.

2 테러예방설계 전략 및 3지대 방호

1) 테러예방설계 전략

테러예방설계는 예상되는 위협의 양상 및 수준에 따라 적절한 통제대책을 제시하고 이에 대한 비용편익 분석이 진행되어야 한다. FEMA 430에 따르면, 테러예방설계에서의 통제대책은 크게 아래와 같이 구분할 수 있다.

- 부지 및 건축물의 배치
- 차량 및 인원의 접근통제
- 건축물 외부와 내부 구조
- 탐지 및 대응시스템

즉 물리보안에서의 테러예방설계는 폭발물 공격 중 발생하는 시설과 인명 피해를 줄이기 위해 주로 건축구조적 요소를 적용하는 것이라 할 수 있다. 미국 국토안보부는 FEMA 426[34]에서 위와 같은 테러예방을 위한 조치들의 적용을 위한 기본 전략을 억제, 탐지, 거부, 가치감소의 네 가지로 구분하여 제시하고 있다.

(1) 억제Deter

선택된 무기나 전술에 의해 보호 대상에 접근하기 어렵거나 극복하기 어렵게 만드는 과정이다. 일반적으로 현장의 외곽에서 눈으로 볼 수 있는 전자보안

34 FEMA(2003). FEMA 426: Reference Manual to Mitigate Potential Terrorist Attacks Against Buildings. Washington D.C.: Federal Emergency Management Agency.

시스템, 펜스, 장애물, 조명 및 보안요원 등에 의해 구현되며, 건물 내에서는 잠금장치에 의한 출입통제와 전자적 모니터링 장비에 의해 구현된다.

(2) 탐지Detect

현장의 외곽이나 건물 접근지점에서 위협을 식별하고 감시하기 위해 관련 정보를 공유하고 보안인력에 의해 대응하는 과정을 말한다. 감시카메라, 침입감지기, 보안요원 등에 의해 구현된다.

(3) 거부Deny

폭발물과 화학, 생물학, 방사능 공격의 영향에 견딜 수 있도록 설계된 시설과 장비를 사용하여 현장, 건물, 보호자산, 인명의 손실을 최소화하거나 지연시키는 과정이다. 예를 들면, 건물의 구조를 보강하여 폭발 시 피해가 최소화되도록 설계하는 경우가 이에 해당한다.

(4) 가치감소Devalue

테러범이 테러공격을 통해 얻을 수 있는 결과를 감소시키는 조치를 하는 것을 말한다. 건물의 저층부에 창문을 배치하지 않고 출입문을 방폭형으로 설계하여 폭발 공격 시에도 피해가 거의 없을 것을 공격자가 인식하도록 하는 것을 예로 들 수 있다.

2) 3지대 방호

미 연방재난관리청FEMA이 발간한 위험관리 시리즈 중 하나인 FEMA 430에서는 테러 공격으로부터 인명과 자산을 보호하기 위한 수단으로 3지대 방호3 Layers of Defense의 개념을 제시하는데, 이는 이 책의 제2장에서 설명한 보안원칙 중 하나인 심층보안의 개념에 바탕을 둔 것으로 볼 수 있다. 3지대 방호의 목적은 적이 통과해야 하는 지역에 극복해야 할 장애물을 연속으로 만들어 탐지, 지연, 대응을 위한 추가적 시간을 제공하는 것으로 FEMA 430은 각 지대를 다음

〈그림 4-8〉과 같이 구분한다.

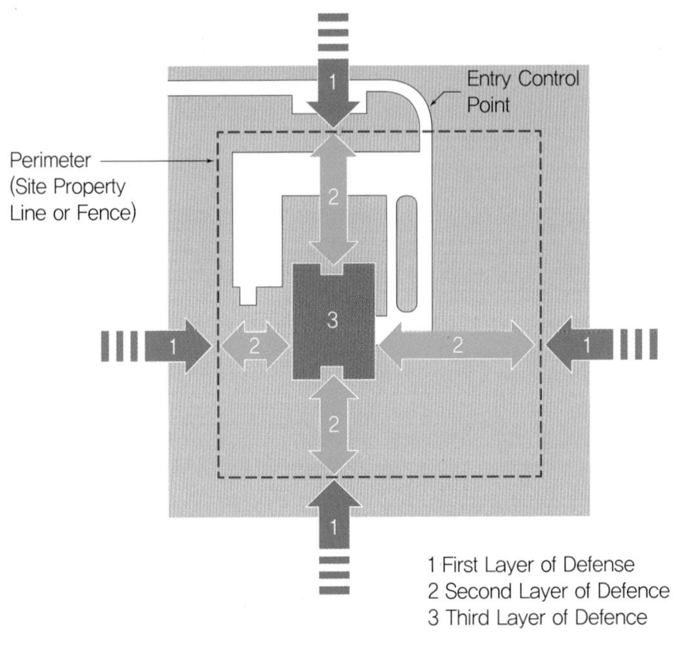

〈그림 4-8〉 3지대 방호

출처: FEMA 430.

먼저, 1지대는 사이트의 경계나 펜스의 외곽지역으로, 1지대 방호는 주변 환경에 관한 모든 것을 포함한다. 이때, 주변 환경은 1지대 방호선 외부에 존재하는 모든 것으로 건축물 유형, 점유 형태, 인접한 활동 등을 포함한다. 이러한 주변 환경의 특성은 1지대 방호의 설계에 영향을 미친다.

2지대는 사이트의 경계 또는 펜스에서 건물 또는 보호 자산 사이 공간으로써, 2지대 방호는 건물 및 주차장 배치, 고속 차량의 접근을 막기 위한 내부 도로 설계, 보안조명 설치 등의 보안 설계의 적용을 받는다. 그러나 2지대 방호의 핵심 전략은 사람이 거주하는 건물에서 테러범을 충분히 격리시키는 이격거리 Stand-off Distance의 활용이다.

3지대는 건물의 외벽 및 건물 내부로서 3지대 방호는 자산 자체의 보호를 의미한다. 3지대 방호는 주로 건물의 특성 및 구조, 실내 공간계획 등의 구조적 요소를 활용하는 것으로, 그 핵심은 건축물의 강화이다. 이는 2지대 방호를 통해 이격거리를 충분히 확보할 수 없는 경우, 건물을 튼튼하게 만들어 폭발에 저항할 수 있도록 하는 것이다.

3 폭발효과와 이격거리

1) 폭발효과

폭탄테러에 의해 폭발이 발생하게 되면 우선 건물의 외부에 충격이 발생하고 이어서 내부에 충격을 주게 되며, 충격의 정도가 강한 경우 건물 전체가 수 초 내에 붕괴할 수도 있다. 이때 부지와 건물 설계는 건물 구조에 대한 폭발의 영향을 최소화할 수 있다.[35] 일단 폭발이 발생하면 건물은 폭발로 인한 영향을 받게 되는데, 다음은 폭발력과 관련된 용어의 정의다.

〈표 4-2〉 폭발 시 발생하는 영향

구분	내 용
방화열 효과 (Incendiary Thermal Effect)	폭발 순간에 섬광 또는 불꽃이 발생하며, 가연성 물질이 포함되어 있지 않으면 크게 위험하지 않다.
충격파 또는 폭풍파 (Shock or Blast Wave)	폭발로 인해 방출되는 에너지파로 앞쪽 가장자리는 원형 패턴으로 확장되어 나간다.
반사압력 (Reflective Pressure)	초기 파동의 방향에서 물체에 의해 방향이 바뀌는 충격파의 에너지로, 반사 압력은 같은 거리의 초기 충격파보다 강한 파괴력을 지닐 수 있다.
초과압력(Overpressure)	폭발 후 폭발지점 밖으로 빠져나가는 폭풍파로 인해 생기는 압력이다.
파편화(Fragmentation)	폭발 주변을 감싸는 물질들로, 폭발로 인해 생성된 압력파에 의해 투사되는 물질을 말한다.

출처: ASIS, 2015 재편집

건물의 구조적 형태는 폭발하는 동안 발생하는 다양한 압력에 대한 건물의 구조적 취약성을 최소화할 수 있다. 압력파가 물체에 도달하면, 물체는 표면과

35 ASIS(2015). Physical Security Principles, Alexandria: ASIS International.

같은 각도로 반사된다. 다음 〈그림 4-9〉는 건물의 형태 및 충격파에 따른 영향의 예를 보여준다.[36]

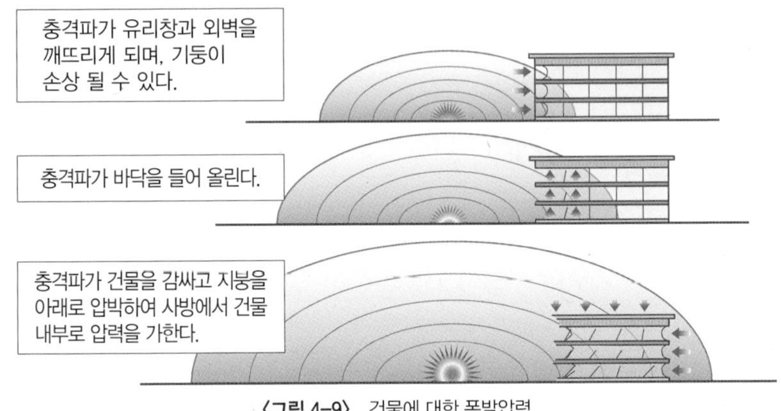

충격파가 유리창과 외벽을 깨뜨리게 되며, 기둥이 손상 될 수 있다.
충격파가 바닥을 들어 올린다.
충격파가 건물을 감싸고 지붕을 아래로 압박하여 사방에서 건물 내부로 압력을 가한다.

〈그림 4-9〉 건물에 대한 폭발압력

출처: 국토해양부, 2010.

폭발로부터 피해를 최소화하기 위해서는 건축물 외부의 형태가 초기 충격파와 건축물에 의한 반사압력을 감소시키는 형태로 설계되어야 한다. 다음 〈그림 4-10〉과 같이 오목한 형태Re-entrant Corner와 상층부 돌출형태Over-hang는 충격파를 가두어 폭발의 영향력을 증폭시키므로, 사다리꼴의 셋백Set-back 형태나 볼록한 곡선 형태로 설계하면 충격과 파편에 의한 피해를 최소화할 수 있다. 이와 더불어 기둥에 보강재를 적용하고 파손되는 경우 주변의 기둥으로 하중이 분산될 수 있도록 하며, 외벽도 강화 콘크리트를 사용하는 경우 건축물의 붕괴를 효과적으로 지연하거나 차단할 수 있다. 또한, 건물 외부의 창문이나 출입문은 방탄 및 방폭 소재를 적용하고 안전프레임Safe-break on Frame을 적용하는 것 등으로 피해를 최소화할 수 있다.[37]

36 국토해양부(2010). 건축물의 테러예방 설계가이드라인. 세종시: 국토해양부.

37 FEMA(2003). FEMA 427: Primer for Design of Commercial Buildings to Mitigate Terrorists Attacks. Washington D.C.: Federal Emergency Management Agency.

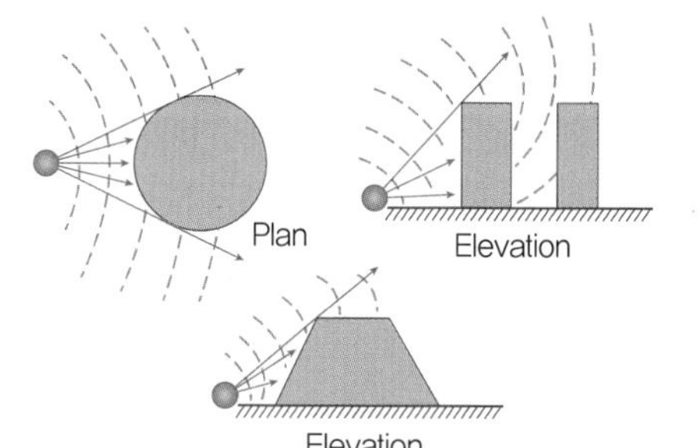

SHAPES THAT DISSIPTE AIR BLST

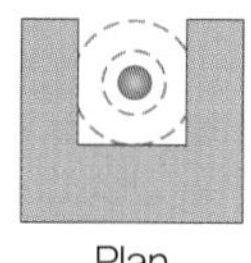

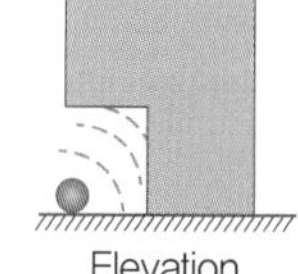

SHAPES THAT DISSIPTE AIR BLST

〈그림 4-10〉 건축물의 형태에 따른 영향

출처: FEMA 427.

2) 이격거리

폭발물로부터 시설을 보호를 위해 다양한 방법을 사용할 수 있지만, 일반적으로 거리를 이격하는 것이 가장 효과적이다. 다른 방법은 대부분 비용이 더 많이 들고, 의도하지 않은 결과를 초래한다. 예를 들어, 방폭벽Blast Wall은 폭발물이 근처에서 폭발할 경우 파편을 발생시켜 인명손실을 초래할 수 있다. 결과적으로 폭발물 효과를 완화하기 위한 가장 비용 효과적인 방법은 건물에서 가능한 멀리 떨어진 곳에서 폭발이 일어나도록 하는 것이다. 아래 〈그림 4-11〉에서와 같이, 자산과 위협 사이의 거리를 이격거리Stand-off Distance라 하는데, 이격거리는 위협의 유형, 건축물의 유형 및 원하는 보호 수준에 따라 결정된다.[38]

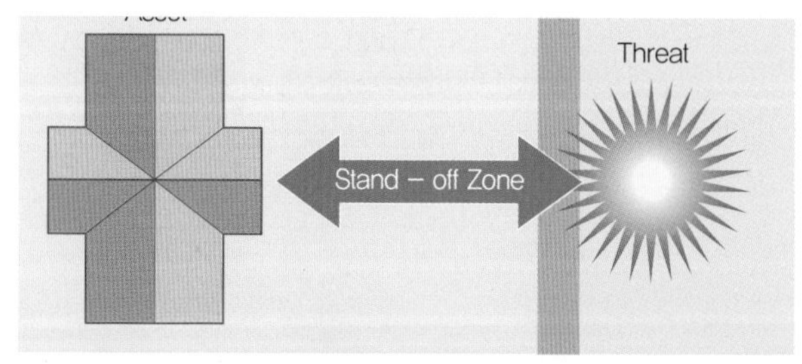

〈그림 4-11〉 이격거리

출처: FEMA 430.

38 FEMA 426. op. cit.

폭발력은 폭발물의 양과 함께 폭발지점과의 이격거리, 각도, 건물 외벽에 의해 반사된 압력 등에 따라 달라지기 때문에 폭발력 예측은 다양한 요소를 포함해서 이루어져야 한다. 그러나 폭발력은 거리에 따라 급격히 감소하므로 보통 이격거리와 폭약량을 통해 폭발력을 예측한다. 일반적으로 건물까지의 거리가 2배 증가하면 TNT 등가하중TNT Equivalent Weight을 기준으로 폭발압력은 3~8배 감소하는 것으로 알려져 있다. 아래 〈그림 4-12〉는 폭발물의 양과 이격거리에 따라 통상적인 건물구조가 제공하는 보호수준을 보여준다. 그림에서 보라색 막대는 건물이 경미한 손상을 입는 정도의 높은 수준의 보호를 나타내는 것이다. 그리고 하늘색 막대는 구조물의 노출된 거주사가 건물 파편과 같은 이차적인 영향으로 경미한 상해를 입는 정도의 중간 수준의 보호를 나타낸다. 한편, 파란색 막대는 폭풍파와 건물 파편으로 인해 거주자가 일시적인 청력 손실 및 상해를 입을 수 있는 정도의 낮은 수준의 보호를 나타내고, 녹색 막대는 보호되지 않는 수준을 나타낸다.[39]

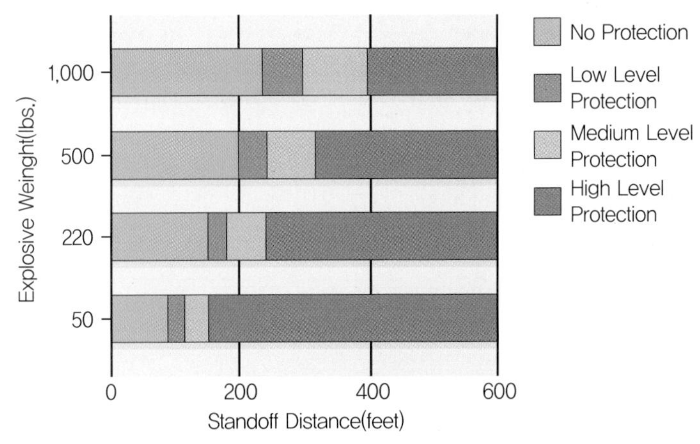

〈그림 4-12〉 폭발물 무게와 이격거리에 따른 보호수준

출처: FEMA 430.

39 FEMA 430. op. cit.

4 테러예방설계 적용기법

테러예방설계의 실제 적용기법은 매우 다양하나 우리나라의 국토해양부(현 국토교통부)에서 2010년 발간된 '건축물의 테러예방 설계가이드라인'에 제시된 주요 적용기준은 아래와 같다. 동 가이드라인의 적용대상은 바닥면적 20,000㎡ 이상인 극장, 백화점 등 다중이용 건축물과 50층 이상인 초고층 건축물이지만, 기타의 건축물에도 필요한 사항을 응용하여 적용할 수 있다.

1) 부지 및 건축물의 배치

- 건축물의 대지를 주변 지역보다 높게 조성하면 대지 경계에서 폭발 시 폭압이 건물에 미치는 영향력을 감소시키며, 계단이나 오르막 경사로 등에 의해 처리할 경우 차량을 감속시키는 장애물 역할을 한다.
- 건축물 배치는 대지의 모든 면, 특히 도로와 접한 면으로부터 이격거리를 충분히 확보하여 폭발물의 피해를 최소화하고, 대지경계선으로부터 건축물 사이의 공간에는 시야를 확보하고 폭발물을 은닉하지 못하도록 클리어존Clear Zone으로 계획한다. 이때, 클리어존에 식재되는 조경수는 수간부 높이가 최소한 2m 이상 되는 교목류를 식재하여 건축물 내부로부터 시야 혹은 기계적 감시장치(CCTV 등)를 통한 감시가 방해받지 않도록 해야 하며, 관목류는 가급적 높이가 낮은 수종으로 식재하여 사람이 숨거나 폭발물 등을 은닉하지 못하도록 하는 것이 바람직하다.

2) 인원 및 차량 접근통제

- 폭발물을 적재한 차량이 돌진하여 건축물 등과 충돌하는 것을 방지하기 위하여 건축물의 대지 주변에는 기초가 충분히 강화된 볼라드나 플랜트 박스를 구축하거나 뿌리가 깊은 조경수를 식재한다.

〈그림 4-13〉 플랜트박스에 의한 돌진차단

출처: FEMA 428).

- 출입차량은 출입통제 및 보안검색 절차를 적용 후 진입하며, 수상한 차량을 회차시킬 수 있는 공간을 확보하는 것이 바람직하다(회전반경은 7.5m, 승용차가 대부분인 진입로는 6m).
- 대지 안으로 진입하는 차량의 진입로 수는 최소한으로 설치하며, 차량 진입로는 곡선이나 오르막으로 설계하여 차량속도가 감속되도록 하여야 한다.
- 주차시설은 가급적 직원과 방문객이 이용하는 주차장을 분리하여 설치하고, 방문객 주차장은 별도의 주차장 또는 옥외 지상주차장으로 계획하는 것이 바람직하다.
- 지하주차장에 주차된 차량의 폭발로 인한 지상층의 피해를 예방하기 위하여 지하주차장은 가급적 지상층과 분리되도록 배치하는 것이 바람직하다. 지하주차장에서 폭발할 경우 연쇄붕괴Progressive Collapse 등 건축물 전반에 위험도를 크게 증가시킬 수 있다. 같은 이유로 지상이라도 필로티 하부 등 구조적으로 취약한 부분에는 차량의 통행 또는 주차를 금지시키는 것이 바람직하다.
- 건축물로 진입하는 출입구 수는 필요 최소한으로 계획하고, 우회 진입되지 않도록 동선을 설계한다. 이때 모든 출입인원에 대한 출입통제 및 보안검색 절차를 적용한다.
- 우편물 집수 및 분류실, 택배 접수 창구, 하역실 등은 위험물질의 무단 반입을 통제하기 위하여 체크포인트 인근에 배치한다.

연쇄붕괴[40]

연쇄붕괴Progressive Collapse는 충격 또는 폭발 등의 비정상 하중에 의하여 발생한 부분적 손상이 전체 구조물의 붕괴로 이어지는 현상을 의미한다. 1968년 런던에서 발생한 Ronan Point Apartment의 붕괴를 시작으로 연쇄 붕괴에 대한 연구가 시작되어, 1995년 오클라호마 'Alfred P. Murrah 연방정부청사' 폭탄테러 공격 이후 연쇄붕괴에 대한 관심이 높아졌다. 미국 등의 여러 국가에서 연쇄붕괴를 방지하기 위한 설계기준을 규정하고 있는데, 가장 대표적인 것으로는 미국 연방조달청General Service Administration이 2003년 발행한 Progressive Collapse Analysis and Design Guidelines for New Federal Office Buildings and Mafor Modernization Projects와 미국 국방부Department of Defence가 2010년 발행한 Design of Buildings to Resist Progressive Collapse(UFC 4-023-03)이다. 이러한 설계기준에서는 정부 및 군사 시설물의 연쇄붕괴를 방지하기 위한 설계방법을 구체적으로 제시하고 있다.

〈그림 4-14〉 Alfred P. Murrah 연방정부청사

출처: FEMA 430.

40 김진구, 박종열, 한샘(2011). 건물의 연쇄붕괴 위험부재 선정, 대한건축학회 논문집: 구조계, 27(2): 55-62.

3) 건물 내 · 외부

- 건축물의 형태 및 구조는 폭발로 인한 피해가 최소화되도록 계획한다. 특히, 저층부, 로비 등에 설치되는 창문유리나 마감자재는 비산파편에 의한 인명피해가 최소화될 수 있는 자재를 사용한다. 비산파편을 발생시키는 저층부 창문 유리는 안전유리, 방폭필름 강화유리 등을사용하는 것이 바람직하다.
- 보안이 요구되는 주요 공간, 인명피해가 우려되는 공간 및 위험물질이 있는 공간은 수직 및 수평으로 분리하여 배치하고, 그 사이에 완충 공간, 혹은 강화된 벽체를 배치하는 것이 바람직하다.
- 건축물 안의 주요 부분에서 단순하고 명료하게 계획된 복수의 피난경로를 확보하는 것이 바람직하다.
- 비상계단 및 비상용승강기 등은 주차장, 하역공간, 우편물 분류실과 같이 폭발 우려가 있는 위험공간과 가급적 이격하여 배치하는 것이 바람직하다.
- 피난계단에 설치하는 출입문은 외부로부터의 침입을 차단하고 유사시 내부에서 외부로 대피할 수 있도록 단방향 자동잠금장치를 설치하는 것이 바람직하다.
- 비상전원을 확보하여 유사시 경보장치, 비상출구 표시등, 비상통신시스템, 배연설비, 비상용승강기 등이 작동되도록 하여야 한다.
- 기계실은 폭발 위험공간과 가급적 이격하여 배치하고 전기실은 외부인의 출입이 어려운 장소에 배치하되 분산시켜 폭발 시 동시 피해가 발생하지 않도록 한다.
- 공기흡입구는 독가스 등 유해가스 등의 유입을 방지하기 위하여 지면으로부터 3m 이상의 높이로 설치하는 것이 바람직하다.

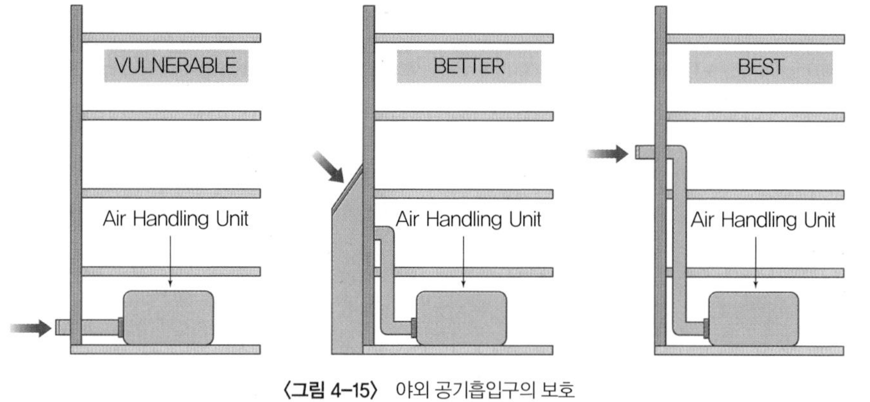

〈그림 4-15〉 야외 공기흡입구의 보호

출처: FEMA 426.

공기조화시스템과 비상전원

공기조화空氣調和 또는 HVACHeating, Ventilation, & Air Conditioning는 난방, 환기, 냉방을 통합하여 쾌적한 실내 환경 조성을 목적으로 한다. 이때, 시설에 공급되는 공기는 일반적으로 재순환 공기와 신선한 공기의 혼합인데, 신선한 공기유입구는 공격자가 화학무기 또는 생물무기를 살포할 수 있는 잠재적 목표가 된다. 그러므로 고위험으로 간주되는 시설은 화학적, 생물학적 물질에 대해 적절한 여과 장치를 갖춘 밀폐된 공기조화시스템을 설치하여야 한다. 또한, 물리보안 설계 단계에서 어떤 장비 또는 시스템이 항상 전원을 유지할 필요가 있는지, 어떤 장애가 허용될 수 있는지를 결정하는 것이 중요한데, 이러한 정보는 무정전전원공급장치Uninterruptible Power Supply, UPS가 필요한지와 그 용량 등을 결정하는 데 필요하다.[41]

4) 탐지 및 대응시스템

- 출입지점에는 따라들어가기를 포함하여 비인가자의 무단진입을 통제할 수 있는 장비와 인력을 배치하여야 하며, 우회 접근이나 무단 침입이 가능

41 ASIS(2012). Protection of Assets, Alexandria: ASIS International.

한 지점에도 통제대책을 강구하여야 한다.

- 검색지점을 선정하고 인원과 휴대품, 차량과 적재품을 보안검색할 수 있는 장비와 인력을 배치하여야 한다(금속탐지기, X선 검색기, 폭발물탐지기 등).
- 주요지점 및 공간에 CCTV를 배치하고 모든 CCTV는 보안요원에 의해 24시간 모니터링 할 수 있도록 관제시스템을 구축한다. 또한, 방범, 보안, 테러, 방재 등 비상 시 신속한 초동조치 및 통합 대응능력을 발휘할 수 있는 통합상황실을 구성하여야 한다.

제 5 장

전자시스템적 통제

I 전자시스템적 통제요소

전자시스템적 통제요소는 물리보안의 중심이 되는 핵심적인 영역이다. 1960년대 말 미국에서 전자공학 분야가 발달되면서 그 응용기술이 많은 분야에 적용되었는데, 물리보안 분야에 있어서는 전자보안시스템Electronic Security System으로 불리며 발달하였다.[1] 한편, 일본 경비업법에서는 이러한 시스템을 기계경비機械警備 시스템이라 하였는데, 1976년 제정된 우리나라의 경비업법이 일본 경비업법을 상당 부분 차용하며 만들어져 국내에서도 같은 용어가 사용되고 있다.[2] 경비업법상 기계경비업은 "경비대상시설에 설치한 기기에 의하여 감지 · 송신된 정보를 그 경비대상시설 외의 장소에 설치한 관제시설의 기기로 수신하여 도난 · 화재 등 위험발생을 방지하는 업무"로 정의되어 있는데,[3] 본질적으로 기계경비라는 용어는 현재의 전자보안시스템을 제대로 표현한다고 보기가 어렵다.

전자시스템적 통제요소는 〈표 5-1〉과 같은 하위시스템으로 구성되어 있으며, 각각의 장치와 시스템들은 상호 연결 및 통합되어 전체 전자보안시스템을 구성한다. 적절한 제원과 기능을 갖춘 장비들을 필요한 장소에 배치하여 상호 연결하여 전자보안시스템을 구성하면, 상황 발생 시 유효성 있는 기능을 발휘하여 위협을 탐지하게 되고, 상황 발생 후에는 기록 및 저장된 정보를 바탕으로 사후 추적을 가능하게 한다.

---

1 Baker, P. & Benny, D. J.(2013). The Complete Guide to Physical Security, Boca Laton: CRC Press.

2 곽대경, 이승철(2008). 한국과 일본 경비업법의 개요 및 시사점에 관한 연구, 한국경찰학회보, 10(3): 79-108.

3 경비업법 제2조 제1항.

〈표 5-1〉 전자보안시스템의 구성요소

구분	전략 및 기법
출입통제시스템 (Access Control System)	인증수단, 인식장치, 잠금장치, 처리장치, 관제S/W, 전송매체
침입경보시스템 (Intrusion Alarm System)	감지센서, 처리장치, 조작장치, 경보장치, 관제S/W, 전송매체
영상감시시스템 (Video Surveillance System)	촬영장치, 저장장치, 제어장치, 표출장치, 관제S/W, 전송매체
보안검색시스템 (Contraband Detection System)	검색장치, 탐지장치, 표출장치, 관제S/W, 전송매체

Ⅱ 출입통제시스템(Access Control System)

'출입통제Access Control'란 특정 장소나 자원에 접근하는 것을 선택적으로 제한하는 것이다.[4] 사이버 보안의 영역에서는 '접근통제'라고 하여 논리적 경로를 통해 정보자산이나 시스템에 접근하는 것을 통제하는 의미로 사용되나, 물리보안에서는 주로 물리적 공간에 출입하는 인원, 차량, 물품을 출입정책 및 절차에 따라 통제하는 것을 의미하며 이를 위해 출입통제시스템을 적용한다. 이러한 출입통제시스템의 사용 목적은 인증된 인원과 차량, 물품의 출입을 허가하고, 인증되지 않았을 때는 차단하여 의도적이거나 잠재적인 위협으로부터 내부자산을 보호하는 것이다. 출입통제시스템은 아래와 같은 요소들로 구성된다.

- 출입카드 등의 인증수단
- 카드리더기, 생체인식기 등의 인식장치
- 전기정 등의 잠금장치
- 컨트롤러 등의 처리장치
- 출입 상태 관제 및 출입권한 관리용 소프트웨어
- 도어 하드웨어(출구버튼, 문 상태스위치, 경보장치, 도어클로저 등)
- 통신네트워크 등의 전송매체

4 Shirey, R.(2000). Internet Security Glossary, Network Working Group RFC 2828.

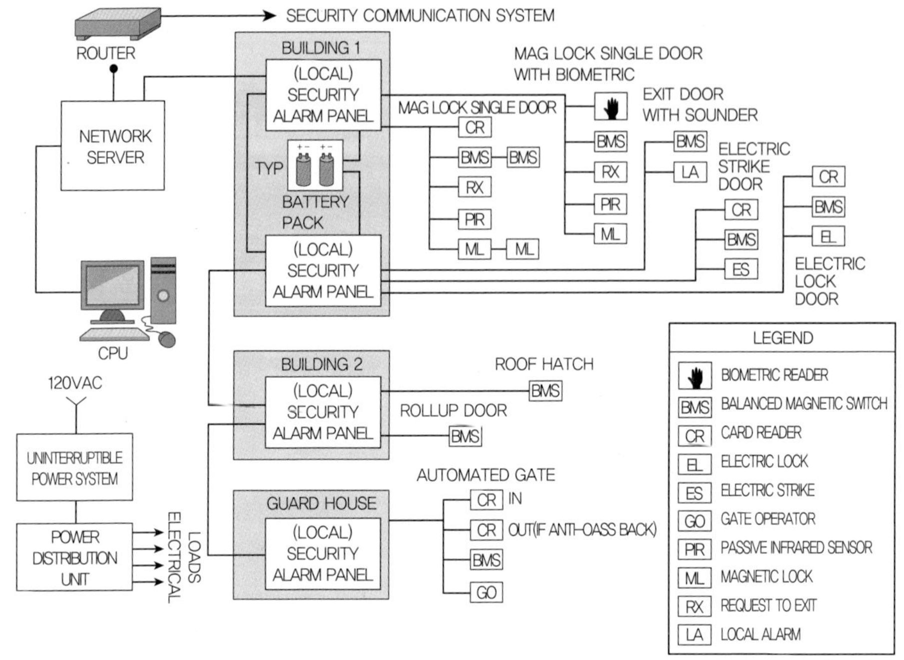

〈그림 5-1〉 출입통제시스템 구조(예)

출처: UFC 4-021-02.

1 인증수단 및 인식장치

출입 인증방법은 크게 세 가지로 구분된다. 첫 번째는 키패드 방식의 도어록과 같이 출입에 필요한 비밀번호 등의 정보를 기억하고 인증하는 방법이다. 두 번째는 출입카드나 열쇠 등의 소유하고 있는 인증수단을 사용하는 방법이고, 세 번째는 지문인식 등과 같이 개인의 신체적 특성을 활용하는 것이다. 이를 외국에서는 각각 'Something you know,' 'Something you have,' 'Something you are'로 표현하기도 한다.[5]

5 Norman, T.(2012). Integrated Security Systems Design: A Complete Reference for Building Enterprise-Wide Digital Security Systems, Boston: Butterworth-Heinemann.

세 가지 인증 방법 중에서 신체적 특성을 활용한 인증방법이 침입자의 관점에서 가장 까다로운 방법이다. 그러므로 높은 보안수준을 요구하는 조직에서는 신체적 특성을 활용한 인증기기를 사용하고, 이에 다른 인증방식도 추가하여 두 가지 이상의 특성을 동시에 요구하는 인증방법을 사용하는 것이 좋다.[6]

출입통제시스템에 연결되는 주요 인식장치는 아래와 같다.

- 입력된 식별번호를 인식하는 장치(키패드)
- 마그네틱, 근접식, 스마트 카드 등을 인식하는 장치(카드리더기)
- 지문, 홍채, 얼굴 등을 인증하는 생체인식장치
- 차량번호를 인식하는 장치(차번인식기)

이러한 인증방식을 출입지점에 적용하여도 다음과 같은 취약성이 발생할 수 있다. 첫 번째는 사회공학적인 방법으로 그럴듯한 말을 꾸며내거나 용모를 바꾸어 보안요원 등을 속이고 협조를 받아 인증 없이 출입하는 것이다. 두 번째는 직접적인 물리적 공격으로 강제적인 힘이나 도구를 사용하여 출입 인증 없이 출입문을 개방하는 방법이다. 세 번째는 기술적인 공격으로 출입증을 위조 및 복제하거나 패스워드를 추측 또는 몰래 알아내는 방법이다. 인증수단 중 소유 기반의 인증수단은 본인이 아니어도 출입카드를 빌리거나 훔칠 수 있다면 인증이 가능하다는 단점이 있다.[7]

사회공학 Social Engineering[8]

사회공학은 인간 상호 간의 신뢰를 바탕으로 사람을 속여 보안 절차를 무력화하는 비기술적 침입 수단을 의미한다. 사회공학적 공격기법은 인간을 조종하여 이익 또는 불이익으로 이어지는 특정 행동을 취하게 하는 기술이며 과학과 심리학, 예술의 조화라고 할 수 있다. 사회공학은 사람의 심리, 습관, 사회적 관계에서 나타나는 사회문화적 취약성에 의존하여 나타나

6 Doss, K. T.(2019). Physical Security Professional Study Guide, 3rd ed, Alexandria: ASIS International.
7 Norman, T.(2017). Electronic Access Control, Boston: Butterworth-Heinemann.
8 Hadnagy, C.(2010). Social Engineering, New York: John Wiley & Sons.

는 특징을 가지며, 인간 심성 본연에서의 취약한 부분을 이용하기 때문에 다양한 방법으로 시도될 수 있다.

사회공학의 공격 사이클Attack Cycle은 정보 수집, 관계 및 라포 형성, 이용, 실행의 순차적인 단계를 거쳐 실행되며, 목적을 달성하기까지 반복될 수 있다. 각 단계에 대한 설명은 아래와 같다.

- 정보 수집 단계는 공격 대상에 대한 정보를 수집하는 단계로 가장 많은 시간을 투자하여 대상에 대해 최대한 다양한 정보를 수집하기 위해 접근한다.
- 관계 및 라포Rapport 형성 단계는 수집한 정보를 바탕으로 대상과의 관계를 구축하여 목적에 더욱 쉽게 다가가기 위한 준비 단계이다.
- 이용 단계는 관계 형성을 통해 쌓아놓은 신뢰를 바탕으로 적극적인 공격 기회의 환경이 만들어지는 단계이다. 이 단계에서 대상은 공격자에 대해 의심하지 않고 출입할 수 있도록 문을 잡아주거나 비밀번호를 누설하는 등 보안 절차를 무력화하는 행위를 하게 된다.
- 실행 단계는 공격자의 목표가 달성되거나 공격 대상이 공격받고 있다는 사실을 인지하지 못한 채 상황이 종료되는 단계이다.

1) 식별번호 방식

출입 인증을 위해 개인을 식별할 수 있는 번호를 사용하는 것으로, 키패드에 보통 4~8자리의 비밀번호를 입력하여 인증한다. 이 방식의 취약성은 비밀번호의 노출이 쉬워 보안성이 낮다는 것이다. 예를 들어, 인가된 개인이 식별번호를 비인가자에게 전달하거나, 침입을 의도하는 자가 은밀하게 관찰하여 식별번호를 알아낼 수 있다. 또한, 인가된 사람들이 쉽게 기억하기 위해 출입문 근처에 식별번호를 적어두는 경우도 종종 발생한다.[9]

9 ASIS(2015). Physical Security Principles, Alexandria: ASIS International.

2) 출입카드 방식

출입카드 방식은 카드에 코딩된 전자적인 정보에 의해 출입을 인증하는 방식이다. 이러한 출입카드 방식은 부착된 자기띠Magnetic Stripe에 출입자 정보를 기록하여 출입리더기에 삽입하는 마그네틱 카드Magnetic Card와 카드에 내장된 집적회로Integrated Circuit를 통해 인증하는 IC카드로 구분된다. 특히, IC카드는 메모리칩에 정보를 저장하는 메모리카드와 처리장치까지 내장되어 암호화가 가능한 스마트카드로 구분된다. 또한, IC카드는 접촉식과 비접촉식으로 구분된다. 접촉식은 카드 표면의 접점을 사용하여 인식장치와 통신하지만, 비접촉식 스마트카드는 무선전파Radio Frequency, RF를 사용하여 인식장치와 통신한다.

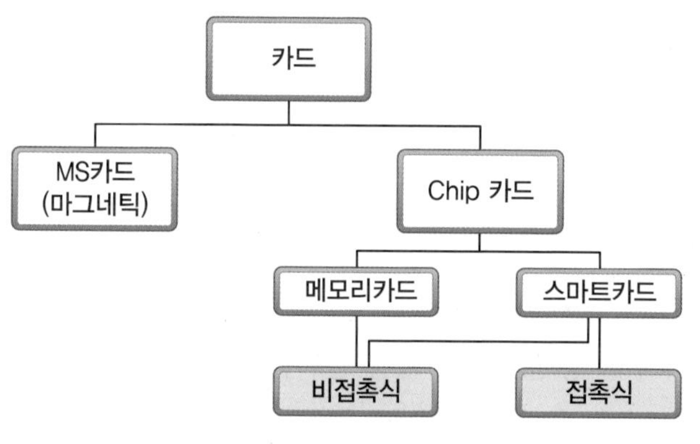

〈그림 5-2〉 출입카드의 종류

출입카드의 또 다른 종류로 출입카드에 부착된 사진과 얼굴을 보안요원이 육안으로 비교하는 방식이 있는데, 이러한 방법은 보안요원의 부주의나 침입자의 위조로 어렵지 않게 무력화될 수 있어 최근에는 잘 적용하지 않는다. 특히, 여러 사람을 동시에 확인해야 할 경우에는 이러한 방식의 취약성이 더욱 증가한다.

(1) 마그네틱 카드

마그네틱 카드는 플라스틱 카드 후면에 정보가 기록된 마그네틱 띠를 부착하고 마그네틱 띠가 카드리더기를 지나면서 정보가 인식되는 방식으로, 비용이 저렴하여 많이 사용된다. 그러나 입력 가능한 정보의 양이 제한되고 데이터 손실의 위험이 있으며, 복제 및 위·변조가 쉽다는 단점이 있으므로 보안시설에서 사용하기에 적합하지 않다.

〈그림 5-3〉 마그네틱 카드

출처: SK쉴더스 제공.

(2) 무선주파수 카드

무선주파수 카드는 메모리칩과 안테나를 내장한 카드로, 카드를 리더기에 근거리로 접근시키면 주파수에 의해 정보가 전달되는 방식이다. 카드와 리더기 사이에 물리적인 접촉이 필요 없어 사용이 편리하고 카드 내부의 칩 파손 위험이 적어 비교적 안정적으로 사용할 수 있다. 최근에는 스마트카드 방식이 많이 사용되는데 메모리칩과 안테나뿐만 아니라 집적회로인 IC칩을 내장하고 있다. 스마트카드의 주된 이점은 많은 정보를 메모리에 담아 출입 인증 외에 다양한 기능으로 활용할 수 있고, 복제나 위조가 매우 어렵다는 것이다. 다만, 스마트카드는 다른 방식의 카드에 비해 비용이 많이 든다는 단점이 있다.

〈그림 5-4〉 무선주파수 카드

출처: SK쉴더스 제공.

RFID Radio Frequency Identification

RFID는 실리콘 반도체칩이 내장된 태그나 카드 등에 저장된 데이터를 무선주파수를 이용하여 리더기에서 자동으로 인식하는 기술을 말한다. RFID는 태그로부터 전파를 이용하여 사물 및 주변 환경 정보를 인식하고 각 사물의 정보를 수집, 저장, 가공, 추적함으로써 사물에 대한 측위, 원격처리, 관리, 사물 간 정보교환 등의 다양한 서비스를 제공할 수 있다. RFID 시스템은 태그가 달린 모든 물체를 언제 어디서나 무선으로 인식 및 추적이 가능하므로 출입통제 및 물류, 유통관리, 재고관리, 제조공정관리 등을 위하여 유용하게 활용할 수 있다.[10]

3) 생체인식 방식

생체인식Biometric Identification은 지문, 얼굴, 홍채, 망막, 정맥, 혈관, 음성, 귀의 모양과 같은 개인의 고유한 신체적 특성을 기반으로 인증하거나 필적, 목소리, 눈깜빡임, 보행, 컴퓨터 키스트로크 등의 행동적 특성으로 인증하기 때문에 출입카드와 달리 분실, 도난, 복제 등의 취약성이 거의 없다고 할 수 있다. 기존에는 주로 지문과 홍채인식 방식이 많이 쓰이다가, 최근에는 영상분석기술의 진보에 따라 안면인식 방식이 확대되고 있다. 이처럼 생체인식을 위해 인간의 다양한 신체적, 행동적 특성이 활용될 수 있다. 그러나 특정한 상황에 적용해야 할 생체인식 정보는 다음과 같은 요소들을 고려하여 선택되어야 한다.[11]

- 보편성: 인증하는데 활용되는 생체정보를 모든 사람이 가지고 있음
- 유일성: 시스템을 이용하는 사람이 구별될 수 있도록 사람마다 사용되는 생체정보가 다름
- 영구성: 시간이 지남에 따라 생체정보가 변하는 정도
- 측정성: 생체정보가 효과적으로 획득되어 측정되는 정도

10 정용택(2012). 물리보안용 센서의 원리와 응용. 서울: 인포더북스.

11 Jain, A.K., Bolle, R. & Pankanti, S.(1998). Biometrics: Personal Identification in Networked Society, Norwell: Kluwer Academic Publications.

- 수용성: 사용자들이 생체인식을 거부감 없이 받아들이는 정도
- 우회성: 생체정보가 인공물 등으로 모방할 수 있는 정도
- 성능성: 사용되는 생체인식 기술의 정확성, 속도, 신뢰성

〈그림 5-5〉 안면인식에 의한 출입

출처: SK쉴더스 제공.

생체인식은 패스워드나 출입카드와 다르게 완전히 일치하거나 불일치한다고 할 수 없다. 생체인식은 인증값이 입력될 때 모양이나 각도 등의 다른 조건들에 의해 변화가 발생한다. 이때 인가된 인원을 거부할 확률을 오거부율False Rejection Ratio, FRR, 비인가자를 승인할 확률을 오수락률False Acceptance Ratio, FAR이라 한다. 생체인식장치는 두 가지 오류율이 낮을수록 좋은 제품이라 할 수 있으나 민감도를 조정하는 경우 오류율이 달라질 수 있다. 오수락률을 높게 설정하는 경우 허가된 모든 사람에 대한 인증은 원활해지나 비인가자에 대한 보안통제 수준은 낮아지고, 반대로 오거부율이 높으면 보안통제 수준은 높아지나 권한이 부여된 사용자까지 출입이 거부될 수 있어 출입자들의 불만이 발생하게 된다. 이처럼 편의성과 보안성의 반비례 현상이 발생하므로 강력한 보안통제 수준을 요구하는 구역인 경우에는 더 높은 오거부율을 선택하는 것이 타당하고, 보안통제 수준이 높지 않으면서 신속한 인증을 요구하는 구역의 경우에는 더 높은 오수락

률을 선택하는 것이 합리적일 것이다. 하지만 일반적으로 아래 〈그림 5-6〉과 같이 오수락률과 오거부율이 가장 낮은 수준인 동일오류율Equal Error Rate, EER로 민감도를 설정하는 것이 권장된다. 한편, 동일오류율EER은 교차오류율Crossover Error Rate, CER이라고도 한다.[12]

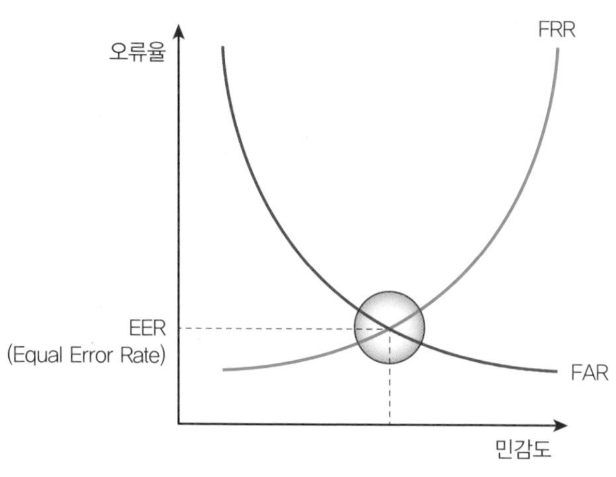

〈그림 5-6〉 오거부율과 오수락률

(1) 지문인식

지문은 사람을 식별하는 중요한 수단으로 출입 인증에도 적용되고 있다. 지문인식이란 인간의 손바닥에 존재하는 땀구멍이 융기한 선인 융선과 그 흐름과 회전으로 인한 중심점, 삼각주, 분기점 같은 특징을 인식하는 방법이다. 지문을 획득하는 방법에는 광학식, 반도체식, 열감지식, 전기장식이 있는데, 광학식은 광원을 획득해서 영상을 획득하는 것으로 구조가 간단하여 가장 많이 사용되고 있는 방법이다. 반도체 방식은 지문의 융선에 대전되는 전하량의 차이로 영상을 획득하는 방법으로, 특성상 타인의 지문을 복제해서 사용하기가 매우 어렵다는 장점이 있다. 열감지식의 경우에는 접촉되는 융선 부위와 접촉되지 않는 골 부분의 온도 차이에 의해 영상을 획득하는 방식이고, 전기장식은 지문을 감지기에 접촉하여 전기장을 형성하고 영상을 취득하는 방식이다. 이렇게 취득된 지문영

12 Doss(2019). op. cit.

상은 두 단계의 인식 알고리즘을 거치게 되는데, 우선 지문영상으로부터 특징을 추출한 뒤에 데이터베이스에 사전 저장된 사용자의 정보와 비교하여 인증한다. 그러나 지문인식은 땀이나 물기가 있는 경우 오류가 발생할 수 있고, 인증을 위한 접촉 시 다른 사람과 간접적 접촉이 이루어진다는 보건위생상의 문제점이 있다.[13]

(2) 홍채인식

홍채는 눈의 동공과 공막 사이에 있는 도넛 형태의 부분으로, 개인마다 고유의 무늬와 색깔을 가지고 있다. 홍채인식 방법에서는 25~30cm 거리에서 영상카메라를 사용하여 홍채 구조를 촬영하므로 얼굴과 인식장치 사이에 물리적 접촉이 필요하지 않아 인식 과정에서 출입자의 거부감이 비교적 적다. 인식 알고리즘 순서는 우선 홍채 영상을 획득하고 특징을 추출한 뒤에, 기존에 입력된 데이터베이스 정보와 비교하여 허용범위 이내일 때 인증하게 된다. 홍채인식방식은 쌍둥이라도 정확한 인식을 할 수 있으므로, 높은 인식정확도를 가지고 있다. 그러나 장치의 소형화가 어려워 다른 인식방식과 비교해서 운영비용이 높다.[14]

(3) 안면인식

안면인식은 영상카메라에 의해 얼굴의 이미지를 인식하는 방식이다. 촬영된 이미지의 특성은 사전에 데이터베이스에 저장된 이미지의 특성과 비교되며, 지정된 허용오차 이내이면 출입을 허가한다. 안면인식은 출입자가 별다른 수고나 신체적 접촉 없이 출입을 인증할 수 있으며, 범죄자를 식별하는 기능을 수행할 수도 있다. 또한, 출입 시 사용자의 얼굴 영상이 저장되기 때문에 사후 추적의 가능성이 커진다. 안면인식은 머리의 각도, 회전, 표정이나 조명의 변화, 안경 착용, 노화에 따른 변화 등으로 인해 오류가 발생할 수 있고, 처리해야 하는 데이터의 양이 많다는 단점이 있다. 또한, 일란성 쌍둥이의 경우에 동일 인물로 인식할 가능성도 있다. 그러나 최근 영상분석 기술의 발달로 이러한 문제점들이

13 Norman(2017). op. cit.

14 ASIS(2015). op. cit.

빠르게 개선되고 있다.[15]

(4) 기타의 신체적 특성 이용 방법

망막인식은 망막 모세혈관의 패턴을 인식하는 방법으로 장치가 커야 하므로 잘 이용되지 않는다. 장형인식은 손바닥의 폭과 손가락의 길이 등을 이용해서 인식하는 방법이다. 그리고 혈관인식은 근적외선을 손등, 손바닥, 손가락에 통과시켜 얻을 수 있는 정맥 패턴을 이용하는 방법이며, 음성인식은 성문을 이용한 것으로 건강 상태에 따라서 인식률이 저하되는 단점이 있다. 그리고 귀인식은 귓바퀴의 모양을 이용하는 방식이다.[16]

(5) 행동적 특성 이용 방법

필적인식은 필기할 때의 속도, 궤적, 필압의 변화 등을 이용하는 방법이고, 키스트로크인식은 컴퓨터 키보드를 치는 속도나 타이밍 등을 이용하는 방법이며, 눈깜빡임인식은 눈을 깜빡일 때 검은자위 영역의 변화량을 측정하는 방법이다. 그리고 보행인식은 걷는 방법 등의 동적인 특성을 이용하는 방법이다.[17]

4) 차량번호인식

차량번호인식License Plate Recognition이란 카메라로부터 추출된 영상으로부터 차량번호를 추출하는 광학문자인식Optical Character Recognition, OCR 기술로서 차량이 출입하는 지점에서 차량번호를 자동으로 판독하는 장치이다. 인식절차는 카메라의 이미지센서로부터 입력된 영상정보로부터 차량번호판 모양을 일차로 추출하고, 해당 이미지에서 텍스트를 이차로 추출한다. 이러한 기술은 번호판의 상태, 우천이나 야간, 조명반사 등의 상황에 따라 오류가 발생할 수 있다.[18]

---

15 Norman, T.(2017). op. cit.

16 ASIS(2015). op. cit.

17 위키백과 홈페이지(https://en.wikipedia.org). 2021. 9. 20. 검색.

18 ASIS(2015). op. cit.

〈그림 5-7〉 차량번호인식기

출처: SK쉴더스 제공.

5) 자동 인증시스템의 요건

출입카드, 생체인식, 차량번호인식 등을 통한 자동 인증시스템은 여러 가지 업무수행과 관련된 테스트를 통과해야 하는데, 가장 주요한 테스트 중 하나가 앞서 설명한 오류율이다. 다만, 현대의 자동 인증시스템은 매우 신뢰할 만하고 오류가 자주 발생하지 않는다. 아래에는 자동 인증시스템이 갖추어야 할 기타의 요건들이다.[19]

- 타당성: 시스템은 대상자의 신원을 확인할 수 있어야 한다. 예를 들어, A를 B가 아닌 A로 인식할 수 있어야 한다.
- 신뢰성: 대상자가 나타날 때마다 정확하게 그 대상은 인지할 수 있어야 한다. 이것은 시스템이 일관성 있게 유효해야 한다는 것을 의미한다.
- 내구성: 시스템이 한 번 설치되면 상당 기간 정상적으로 작동해야 한다.
- 위변조 방지: 많은 시스템이 자동화됨에 따라 위변조Tampering의 가능성도 증가하였다. 시스템은 위조나 허가받지 않은 변경이 어려워야 한다.

19 ASIS(2012). Protection of Assets. Alexandria: ASIS International.

• 사용의 편이성: 일반적으로 시스템은 가급적 간단하고 복잡하지 않아야 한다. 다만, 사용의 편이성은 상대적인 개념으로 어떤 곳에서는 용인될 수 있는 번거로움이나 어려움이 다른 곳에서는 그렇지 않을 수 있다.

2 전기정

전기정Electric Lock은 출입통제 컨트롤러로부터 전송되는 전기적 신호에 따라 작동하는 잠금장치로서 자력을 이용하는 전자기식Electromagnetic 방식과 전기에 의해 기계적인 부분을 작동시키는 전자기계식Electromechanical 방식으로 구분된다. 전기정을 사용하게 되면 원격에서 출입문을 잠그거나 잠금을 해제할 수 있으며, 전기정 내부에 도어개폐 센서가 내재된 경우에는 개폐 상태를 확인할 수 있다. 원격 개폐장치는 단순한 푸시버튼이나 동작 센서일 수도 있고, 카드리더기나 디지털 키패드와 같은 보다 정교한 자동접근통제 장치일 수도 있다.

전기정을 사용하는 많은 전자적 접근통제 시스템이 불연산Boolean Logic을 사용하여 전자장치의 통제력을 높인다. 불연산은 둘 이상의 조건에 의존하는 문제에 대해 보다 복잡한 조건을 생성하는 데 사용되는데, 예를 들어, "만약 A문이 잠기고 B문이 잠기면 C문이 열릴 수 있다"와 같은 조건들의 조합과 관련된다. 불연산은 맨트랩Mantrap과 같은 다른 전자 잠금 메커니즘 설계에도 유용하다.[20]

이러한 전기정은 화재나 정전 등의 비상상황에서는 출입문의 잠금장치가 자동으로 풀려야 하는데, 이것을 페일세이프Fail-safe라고 한다. 반면에 페일시큐어Fail-secure는 전원이 손실되는 등의 비상상황 아래에서도 잠금상태가 유지되도록 하는 것을 말하며, 인원이 상주하지 않는 구역에만 적용되어야 한다. 보안관리자는 이러한 메커니즘을 화재 진출문 등에 적용하기 전에 건물의 규정 및 화재 관련 법규를 확인해야 한다.[21]

20 Ibid.
21 ASIS(2015). op. cit.

페일세이프Fail-safe/open는 전자 잠금 메커니즘의 장애 발생 시 모든 기능을 허용하는 메커니즘으로, 보안성보다는 안전성을 우선시하는 것이다. 화재 시 비상구가 자동으로 열리거나 정전 시 엘리베이터가 자동으로 열리는 것이 예가 될 수 있다. 그리고 페일시큐어Fail-secure/closed는 장애 발생 시 모든 기능을 차단하는 메커니즘으로, 안전성보다는 보안성을 우선시하는 것이다. 정전 시 자산의 도난을 방지하기 위해 금고실이 자동으로 잠기는 것이 그 예가 될 수 있다.[22]

1) 전자기정

전자기정Electromagnetic Lock은 문에 장착된 전자석과 문틀에 장착된 전자기판을 사용하며, 전기가 통하면 자기력에 의해 서로 붙게 된다. 이러한 자기력은 일반적으로 220kg~680kg 정도의 범위이며, 중요한 특징의 하나는 기계정이나 다른 전기정과 달리 움직이는 부품이 없고 유지관리가 쉽다는 것이다. 전자기정은 개폐 상태를 모니터링하는 센서가 내장된 경우도 있으며, 페일세이프 측면에서는 가장 안전한 형태로 볼 수 있다. 일반적으로 잠금장치는 문의 윗부분에 설치되지만, 측면에 부착될 수도 있다. 그리고 보통 문에 하나의 전자기정을 설치하지만, 높은 보안 수준을 위해 복수의 전자기정을 사용하기도 한다.[23]

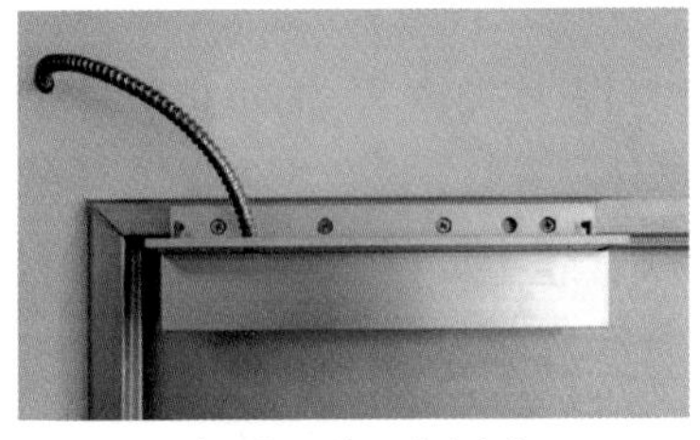

〈그림 5-8〉 전자기정

출처: Ministry of Home Affairs, 2018.

22 Ibid.

23 ASIS(2012). op. cit.

2) 전자기계정

전자기계정Electromechanical Lock은 자석을 사용하지 않으며, 가장 일반적으로 사용되는 것으로는 전기 데드볼트, 전기 스트라이크, 전기 패닉바 등이 있다.

(1) 전기 데드볼트

전기 데드볼트Electric Deadbolt는 전기정 중에서 가장 오래되고 간단한 방식으로 장치 내부의 솔레노이드가 문틀에 장착된 데드볼트를 문에 장착된 스트라이크 플레이트 안팎으로 움직인다. 이러한 메커니즘은 페일세이프가 되어야 하는 출입문에는 부적절한데, 이는 전원이 제거되기 전에 스트라이크 플레이트에 데드볼트가 고정될 가능성이 있기 때문이다. 이러한 현상은 패닉 상황에서 데드볼트가 개방상태로 전환되기 전에 사람들이 탈출을 위해 문에 압력을 가할 때 발생할 수 있다. 일부의 데드볼트는 이러한 유착현상을 방지하기 위하여 끝을 뾰족하게 하는 테퍼드헤드Tapered Head 방식으로 설계한다.[24]

〈그림 5-9〉 전기 데드볼트

출처: 위키미디어 커먼즈, https://commons.wikimedia.org/.

(2) 전기 스트라이크

전기 스트라이크Electric Strike는 문틀에 설치된 스트라이크 플레이트에 전기를 전달하여 문을 닫거나 열 수 있도록 하는 장치이다. 전기 스트라이크는 일방이

24 Ibid.

나 양방 통로의 통제에 모두 사용된다. 단방향 출입통제 시 잠금상태로 고정된 손잡이는 통행이 통제되는 쪽에 설치한다. 전기 스트라이크는 통제 장소의 버튼이나 스위치로 작동하거나 카드리더기나 디지털 키패드 같은 자동 접근통제 장치로 작동한다. 그러나 이러한 장치의 고장 시에도 문의 손잡이가 여전히 작동한다면 기계적인 메커니즘에 의해 문이 열리도록 할 수 있다.[25] 일부 전기 스트라이크는 보안장치로 활용할 수 있지만, 상당수가 강력한 공격에 저항할 수 없으므로 보안장치로 적합하지 않은 경우가 많다.

〈그림 5-10〉 전기 스트라이크

출처: 위키미디어 커먼즈, https://commons.wikimedia.org/.

(3) 전기 패닉바

패닉바Panic Bar는 크래쉬바Crash Bar로도 알려진 기계적 진출 장치로 많은 사람이 있는 구조물의 단방향 진출 통로의 문에 주로 사용된다. 패닉바는 문의 겉면에 부착하기 때문에 설치가 간단하다. 국내에서는 건물의 비상계단이나 영화관의 진출문에서 쉽게 볼 수 있다.

전기 패닉바Electrified Panic Bar는 진출 시 지연방식의 잠금 시스템으로 활용될 수 있는데, 이는 보안과 안전의 타협점으로 개발되었다. 이러한 메커니즘에서는 패닉바가 밀쳐지면 즉시 나가는 것을 허용하는 대신에, 문의 잠금이 풀리고 나

25 Ibid.

서 15~30초가 지나고 난 후에 패닉바가 작동한다. 이를 통해 보안 상황을 판단하고 대응을 위한 시간을 확보하게 된다. 예를 들어, 전기 패닉바를 활용하면 절도범이 문을 통해 도망치는 것을 완전히 막을 만큼 오랫동안 지연시키는 것은 아니지만, 시스템이 경보를 울리고 이것은 중앙관제소로 상황을 보고한다. 이때 중앙관제소는 감시카메라를 사용하여 절도범을 확인하고 필요한 대응조치를 시작할 수 있다. 이러한 지연시스템을 사용할 때는 사용자들에게 지연에 대해 알려주기 위해 특별한 신호나 표지판이 필요하다. 다만, 이러한 시스템은 화재 경보시스템에 연결되어 있어야 하며, 테러, 화재 등 긴급상황으로 규정된 상황에서는 지연이 발생하지 않도록 설정해야 한다.[26]

〈그림 5-11〉 강화된 출입문에 설치된 전기 패닉바

출처: Ministry of Home Affairs, 2018.

26 Ibid.

3 컨트롤러

출입통제 컨트롤러Controller는 설정, 개폐, 통신, 기억, 경보 기능을 수행하는 핵심적인 장치로 출입 인증 요청 시에는 출입 인식장치로부터 정보를 수신하여 사전에 출입통제 서버로부터 수신받아 컨트롤러에 저장된 출입자 정보와 비교 확인 후 출입문에 부착된 전기정에 개폐 신호를 보낸다. 또한, 출입문에 부착된 도어 감지기로부터 출입문의 개폐 상태나 비정상적 개방 신호를 수신하여 출입통제 서버에 송신하여 출입관제 소프트웨어에 경보가 표출되도록 하고, 모든 출입기록을 긴트롤러에 저장함과 동시에 서버에 전송한다.[27] 이러한 기능 수행을 위해 출입통제 컨트롤러는 다음과 같은 구성을 갖추어야 한다.

- 인식장치, 개폐버튼과 연결된 입력포트
- 출입문 상태감지기Door Position Sensor와 연결된 입력포트
- 출입문에 설치된 전기정을 제어할 수 있는 출력포트
- 인식장치에 대한 변조를 감지할 수 있는 입력포트
- 전원(예비전원 포함)
- 출입권한 정보 데이터베이스, 로그 및 이벤트 메모리
- 출입통제용 서버와 연결된 통신포트

〈그림 5-12〉 컨트롤러

출처: SK쉴더스 제공.

27 Norman(2017). op. cit.

4 출입통제 관제장치

출입통제 관제장치는 출입통제서버Access Control Server와 디스플레이용 모니터로 구성된다. 출입통제 서버에 설치되어 사용자 인터페이스를 제공하는 출입통제 소프트웨어는 보안관제센터에서 모니터링될 수 있도록 구성되어 출입통제 컨트롤러와 출입 관련 정보를 송수신한다. 이러한 관제장치는 출입권한을 부여하거나 조정, 삭제하는 등의 관리를 할 수 있고 저장된 출입기록을 조회할 수 있다. 그리고 사전 설정된 정책에 따라 컨트롤러를 통해 출입장치를 제어하는 동시에 비정상적 출입시도, 즉, 출입문 강제개방, 장시간개방, 분실카드에 의한 출입시도 시 경보를 발생시킨다.

출입통제시스템에 대한 표준은 국제전기협회의 'IEC 60839-11-1 출입통제시스템'[28]에 기술되어 있으며, 주요 요구사항을 요약하면 아래와 같다.

- 이벤트에 대한 정보는 유형/위치/일시를 포함해야 하며, 관제요원이 인지할 수 있도록 시각/청각적으로 표시되어야 한다. 또한, 처리와 승인을 요구하여야 하며 모든 로그는 저장되어야 한다.
- 이벤트가 표출되는 정보의 범위는 출입문 개폐상태, 출입의 허용과 거부, 전원고장 및 복구, 리더기와의 통신 중단, 출입문의 강제개방, 장시간 개방, 변조, 기간만료 및 분실카드 인증시도, 안티패스백 위반이다.
- 출입 인원별로 출입 가능 시간 및 장소를 지정할 수 있고, 필요한 경우에는 수동으로 출입문 개폐 상태를 변경할 수 있어야 한다. 다만, 수동개폐 신호가 페일세이프를 금지하지 않아야 한다.

28 International Electrotechnical Commission(2013). Alarm and Electronic Security Systems: Part 11-1: Electronic Access Control Systems: System and Components Requirements(IEC 60839-11-1:2013).

Ⅲ 침입경보시스템(Intrusion Alarm System)

'침입경보'란 특정 장소에 무단으로 침입하는 행위를 탐지하여 경보를 발생시키는 것을 말한다.[29] '침입탐지Intrusion Detection'라는 용어도 종종 사용되기도 하나, 최근에는 기술적 보안의 네트워크 경로를 통한 침입탐지 등과 혼동되어 국내 물리보안 업계에서는 잘 사용하지 않는다. 침입경보시스템은 외곽과 건물 외부에서의 침입행위뿐만 아니라 건물 내부의 보호구역과 주요 자산에 대한 무단접근을 탐지하여 현장과 보안관제센터에 경보를 발생시키고 침입지점 등 현장 상황을 평가할 수 있는 정보를 제공한다. 침입경보시스템은 아래와 같은 요소로 구성된다.

- 침입탐지용 감지기Sensor
- 프로세서Processor
- 로컬 조작장치Keypad, Control Unit
- 로컬 경보장치Notification Device
- 침입경보 설정 및 관제용 소프트웨어
- 통신 전송매체

29 Walker, P.(2013). Electronic Security Systems: Better Ways to Crime Prevention, Boston: Butterworth-Heinemann.

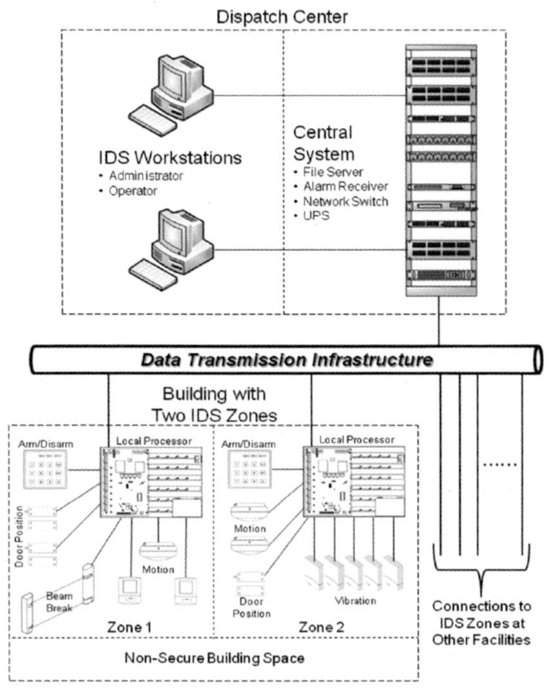

〈그림 5-13〉 침입경보시스템 구조(예)

출처: UFC 4-021-02.

1 침입감지기

감지기Sensor는 물리량이나 화학량의 변화를 전기신호로 변환하는 장치이다. 아래 〈표 5-2〉와 같이 감지기에 적용되는 감지 원리는 빛의 성질, 자기장이나 자력, 물체에 작용하는 힘과 운동, 열에 의한 물질의 상태 변화, 물질의 화학적 변화, 주파수 변화 등이다. 그런데 모든 종류의 감지기는 어떠한 감지 원리를 활용하든 아래 상황 중 어느 하나에서 경보가 울리도록 설계되어야 한다.[30]

- 감시하고 있는 이벤트나 상황 발생

30 ASIS(2012). op. cit.

• 장치 회로의 개방, 합선, 접지Grounding
• 감지기 자체의 고장

〈표 5-2〉 감지기에 적용되는 물리적 효과

구분	원 리
광기전효과 (Photo-voltaic Effect)	광전효과의 일종으로 반도체의 p-n접합이나 반도체와 금속의 접합 면에 빛이 입사했을 때 기전력이 발생하는 현상
초전효과 (Pyroelectric Effect)	결정의 온도변화에 대응하여 결정의 표면에 전하가 유기되는 현상
압전효과 (Piezoelectric Effect)	기계적인 압력을 가하면 전압이 발생하고 전압을 가하면 기계적인 변형이 발생하는 현상
도플러효과 (Doppler Effect)	파동을 발생시키는 파원과 그 파동을 관측하는 관측자 중 하나 이상이 운동하고 있을 때 발생하는 효과
홀효과 (Hall Effect)	전류에 직각 방향으로 자계(磁界)를 가했을 때 전류와 자계에 직각인 방향으로 기전력이 발생하는 현상
열전효과 (Thermoelectric Effect)	1개의 금속선을 통하여, 또는 2개의 금속선의 접촉부를 통하여 전기를 흐르게 했을 때의 열 효과 또는 반대로 열을 흐르게 했을 때 일어나는 전기적 효과
자기저항효과 (Magnetic Resistance Effect)	자계에 따라 반도체나 금속의 전기 저항이 변화하는 현상
마이크로벤딩효과 (Micro-bending Effect)	미세한 휘어짐에 의하여 발생한 손실로 인해 광선이 감소하는 효과

출처: ASIS, 2012 재정리.

감지기의 성능은 보통 다음 세 가지의 특성으로 파악한다.[31]

• 탐지율

탐지율Probability of Detection, PD은 이벤트가 발생할 때 이를 성공적으로 탐지하는 정도를 말한다. 탐지확률은 0~1 사이의 값으로 표시하는데, 완벽한 탐지의 확률은 1이지만 실제 모든 감지기의 탐지확률은 항상 1보다 작다. 탐지확률은 탐지대상, 감지기 설계, 감도 조정, 설치 조건, 기상 조건, 정비 상태 등에 따라 달라진다.

31 ASIS 홈페이지(https://www.asisonline.org). CPP Online Review.

• 가경보율

가경보율Nuisance Alarm Rate, NAR은 일정 동안 발생한 가경보의 수로써, 이상적인 시스템에서 가경보율은 0이 된다.

가경보와 오경보

가경보Nuisance Alarm는 특정 기간에 실제 침입으로 인한 것이 아닌 비정상적인 가짜 경보를 의미한다. 가경보의 발생 원인으로는 식물(나무와 잡초), 야생 동물, 기상 조건(바람, 비, 눈, 안개, 번개), 지면 진동, 전자기 간섭 등이 있다. 이에 비하여 오경보False Alarm는 불량한 설계, 부적절한 유지보수 또는 구성품 고장 등으로 인한 장비 자체의 결함에 의해 잘못 생성된 경보를 말한다.[32]

• 무력화 시도에 대한 취약성

감지기의 종류에 따라 취약성이 다르지만, 결과적으로 충분한 시간, 장비, 노력이 있으면 모든 감지기는 무력화될 수 있다. 이는 모든 물리보안 장치의 공통된 특성이다. 감지기를 무력화시키는 가장 일반적인 방법에는 바이패스Bypass와 스푸핑Spoofing이 있다. 먼저, 모든 침입감지기는 탐지영역이 한정되므로 어떤 감지기든 그 범위를 우회하면 이를 무력화시킬 수 있는데 이를 바이패스라 한다. 예를 들어, 감지기가 설치된 펜스의 상단을 사다리를 이용해 넘어가거나 하단을 굴토掘土하여 통과하는 경우가 이에 해당한다. 그리고 스푸핑은 대상이 경보를 발생시키지 않고 감지기의 정상 탐지영역을 통과할 수 있도록 하는 모든 방법을 말한다. 열을 차단하는 우산으로 몸을 가리고 사람의 체온을 탐지하는 방식으로 작동되는 수동형 적외선감지기의 탐지영역을 통과하는 것이 스푸핑의 한 예이다.

침입감지기는 자체의 특성에 따라 아래와 같이 수동형/능동형, 은닉형/노출

32 Garcia, M. L.(2008). The Design and Evaluation of Physical Protection System, 2nd ed, Boston: Butterworth-Heinemann.

형, 가시선확보형/지형추적형, 체적탐지형/라인탐지형, 실외형/실내형으로 구분할 수 있다.[33]

- 수동형과 능동형

  수동형Passive 감지기는 어떤 물체에서 방출된 에너지를 직접 탐지하거나, 그 물체로 인해 주변의 에너지가 변화하는 것을 탐지한다. 수동형 감지기는 스스로 에너지를 방출하지 않기 때문에 폭발위험을 가지고 있는 물질이 있는 구역이나 주변에 설치하기에 적합하다. 수동형 적외선감지기와 펜스방해감지기 등이 이에 해당한다.

  능동형Active 감지기는 스스로 에너지를 방출하고 탐지범위에서 물체의 출현이나 이동으로 인해 에너지가 변화하면 이를 수신하여 탐지한다. 일반적으로 송신반과 수신반으로 구성되어 있으며 신호가 강하여 정확한 탐지가 가능하다. 능동형 적외선감지기와 마이크로웨이브감지기 등이 이에 해당한다.

- 은닉형과 노출형

  은닉형Covert 감지기는 지면 등에 감추어져 있으므로 침입자로부터 눈에 띄지 않고, 주변 환경 및 외관에 영향을 주지 않는다는 장점이 있다. 지면 매립형 동축케이블 및 광케이블 감지기 등이 이에 해당한다.

  노출형Visible 감지기는 건축물이나 펜스에 부착되어있는 형태로서 침입자들에게 설치 위치가 드러난다. 그러나 노출형 감지기는 설치 및 유지보수가 편리하다는 장점이 있다. 펜스방해감지기와 마이크로웨이브감지기 등이 이에 해당한다.

- 가시선확보형과 지형추적형

  가시선확보형Line-of-sight은 감지기가 잘 작동하기 위해서 송신반과 수신반 사이 가시선 상의 공간에 물체가 없어야 한다. 그러므로 지형이 평평하지 않고 장애물이 있는 곳에는 부적합하다. 능동형/수동형 적외선감지기 및 분리형 마이크로웨이브감지기 등이 이에 해당한다.

33 ASIS(2015). op. cit.

지형추적형Terrain-following은 지형을 따라 탐지영역 내에서 균일한 탐지가 가능하므로, 불규칙한 지형에서도 평평한 지형과 똑같이 탐지할 수 있다. 매립형 광망감지기, 펜스방해감지기 및 외곽 전기장감지기 등이 이에 해당한다.

• 체적탐지형과 라인탐지형

체적탐지형Volumetric은 탐지하는 영역이 일정한 체적을 가지고 공간을 탐지하며 해당 공간에 침입이 탐지되는 경우 경보를 생성한다. 그러므로 침입자는 탐지공간을 알기 어렵다. 수동형 적외선감지기, 단일형 마이크로웨이브감지기 등이 이에 해당한다.

라인탐지형Line은 일정한 경계선에 대한 침입을 탐지하는 감지기로 침입자가 감지기가 부착된 펜스를 건드리거나 힘을 가하면 이를 탐지한다. 라인탐지형의 감지 영역은 침입자가 알아차리기 쉽다. 능동형 적외선감지기, 자석감지기, 펜스방해감지기, 광망감지기 등이 이에 해당한다.

• 실내형과 실외형

실내형Interior 감지기는 주로 건물 내부의 보호구역 안에 설치되며, 침입자가 보호구역으로의 접근 시 발생하는 물리적인 변화를 탐지한다. 자석감지기, 진동 감지기, 마이크로웨이브감지기, 수동형 적외선감지기, 근접전기장감지기 등이 이에 해당한다.

실외형Exterior 감지기는 주로 시설 외곽의 경계선에 위치하며 펜스 등 차단설비를 넘어 무단으로 침입하거나 내부의 클리어존Clear Zone에 접근하였을 때 발생하는 물리적인 변화를 탐지한다. 매립형감지기, 펜스방해감지기, 장력감지기, 외곽 전기장감지기, 능동형 적외선감지기, 분리형 마이크로웨이브감지기, 광망감지기 등이 이에 해당한다.

각각의 감지기는 적용될 수 있는 자체의 특성에 따라 위와 같은 기준으로 구분할 수 있다. 예를 들어, 분리형 마이크로웨이브감지기는 능동형, 노출형, 가시선확보형, 체적탐지형, 실외형 감지기라 할 수 있고, 자석감지기는 수동형, 노출형, 라인탐지형, 실외형 감지기라 할 수 있다. 이 책에서는 감지기를 이러한 여러 특성 중 실내형/실외형의 기준으로 구분하여 설명한다.

1) 실외형 감지기

(1) 매립형 감지기

매립형 감지기Buried Sensor에는 압력 감지기, 자기장 감지기, 동축케이블 감지기와 광케이블 감지기 등이 있다. 압력 감지기Pressure Sensor는 기압 가스로 채워진 호스로 구성되어 있으며 걷거나, 뛰거나, 기어가거나, 달리는 침입자를 탐지할 수 있다. 압력 감지기가 최적의 성능을 발휘하려면 지면과 직접 접촉해야 하며, 지면에서 60~90cm 아래에 설치되는 것이 좋다.[34]

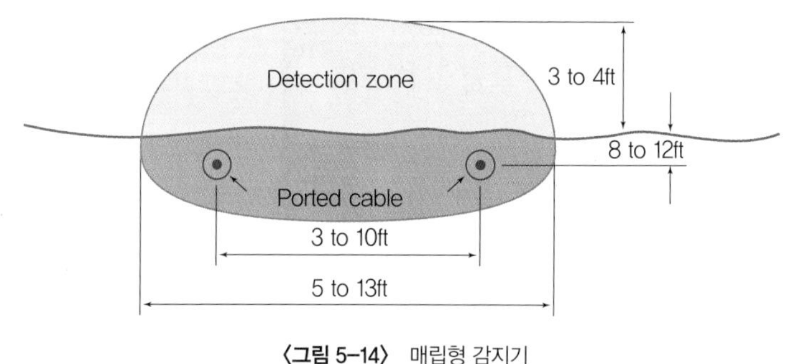

〈그림 5-14〉 매립형 감지기

출처 FM 3-19.30.

자기장 감지기Magnetic Field Sensor는 지면 아래에 매설된 와이어 루프를 통해 자기장의 변화를 탐지한다. 자기장 감지기는 주로 차량 탐지를 목적으로 사용되며, 보행하는 침입자를 탐지하기 위해서는 침입자가 강자성 금속을 착용하거나 운반해야 한다. 자기장 감지기는 번개나 전류의 급격한 변화에 부정적인 영향을 받을 수 있다.

동축케이블 감지기Ported Coaxial Cable는 지하에 묻혀있는 능동형의 감지기로 사람이나 차량의 전도성에 의해 탐지된다. 이 감지기의 탐지범위는 지표면에서 약 0.5~1m이다. 토양의 상태에 따라 전도율 변화가 감지기 성능에 영향을 미치며, 특히 매설지점 위의 나무나 주변에 매립된 전기/통신선, 금속물체 등은 가경보를 발생시킬 수 있다. 그리고 매립형 광케이블 감지기Buried Fiber Optic Cable는 사람이 케이블 위를 걷게 되면 케이블에 압력이 가해지면서 케이블 내 광파의 흐름이 변화

34 Doss(2019). op. cit.

되어 경보를 발생시키는 마이크로벤딩Micro-bending 효과를 이용한다. 따라서 매립형 광케이블 감지기는 압력이 가해질 수 없는 아스팔트나 콘크리트 밑에는 설치할 수 없고, 자갈이나 모래 아래에 설치하는 것이 적절하다. 또한, 나무뿌리에 의해 광감지기가 휘거나 작은 동물로 인한 오작동이 발생할 수도 있다.[35]

(2) 펜스방해 감지기

펜스방해 감지기Fence Disturbance Sensor는 보통 외곽의 능형망 펜스에 설치된다. 이 감지기는 관성스위치를 적용한 방식과 압전효과를 적용한 방식, 광케이블에 의한 방식 등으로 다양한 적용방식이 있다. 펜스방해 감지기는 주로 펜스를 타고 오르는 침입자의 움직임이나 충격을 탐지한다. 가경보의 발생은 바람이나 바람에 의한 비산물, 비나 우박, 주변 차량 등으로 인한 진동으로 발생할 수 있다. 펜스 구조물을 견고하게 설치하면 가경보를 최소화할 수 있다.

펜스방해 감지기를 무력화하기 위한 방법은 펜스 아래를 굴토하여 하단을 통과하는 방법과 사다리를 이용하여 펜스와 접촉하지 않고 펜스 위를 뛰어넘는 방법이 있다. 전자의 경우 펜스 아래에 콘크리트 구조를 매설하여 지연시킬 수 있으나, 후자의 경우에는 이를 탐지하기 어렵다. 후자의 방법을 브리징Bridging이라 한다.[36]

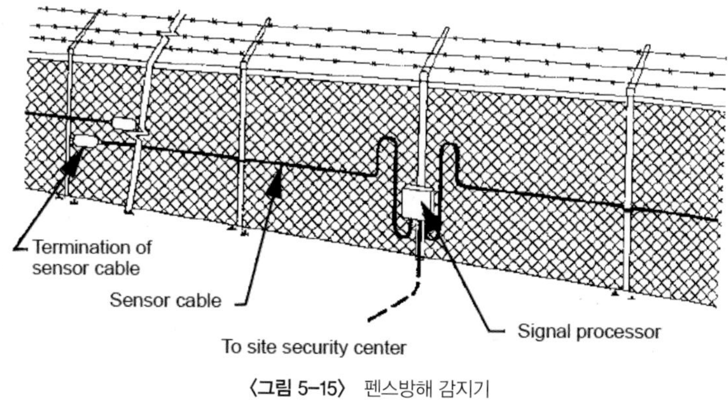

〈그림 5-15〉 펜스방해 감지기

출처 FM 3-19.30.

---

35 Ibid.

36 ASIS(2015). op. cit.

(3) 장력 감지기

장력 감지기Taut Wire Sensor는 감지기 자체가 펜스를 형성하는 형태로 간격 10cm 이하의 평행한 다수의 와이어로 구성되어 있으며, 펜스 기둥에는 장력 감지 소자가 고정되어 있다. 와이어를 절단하거나 침입을 위해 기어오르거나 와이어를 벌리는 행위 등으로 인해 일정 강도 이상의 장력을 와이어에 가하게 되면 장력 감지 소자 내부의 도체 막대기가 기울어져 전기적 접점이 생기며 이에 의해 경보가 발생한다. 장력 감지기의 장점은 미세한 진동에 민감하지 않아 가경보의 발생가능성이 비교적 낮다는 것이다. 그러나 장력 감지기는 펜스방해 감지기와 동일한 방법으로 무력화가 가능하다.[37]

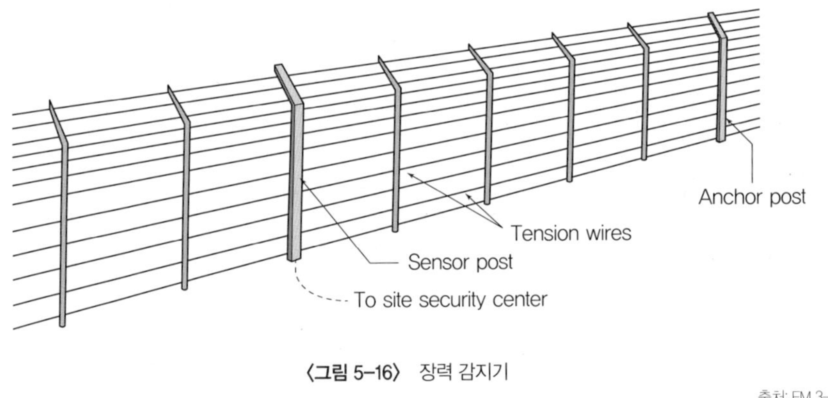

〈그림 5-16〉 장력 감지기

출처: FM 3-19.30).

(4) 외곽 전기장 감지기

외곽 전기장 감지기Perimeter Capacitance Sensor는 서로 근접하여 설치된 2~4개의 감지전선에 고주파 에너지를 가하면 감지전선 사이에 전기장이 형성되는 원리를 이용한다. 사람이나 물체가 접근하면 감지전선 사이에 흐르는 전기장에 변화가 발생하고 신호를 전송한다. 이때 번개, 비, 습도, 펜스 진동, 작은 동물에 의해 가경보가 발생할 수 있다. 그러나 다른 외곽펜스용 감지기와 비교할 때, 탐지범위가 펜스 주변까지 확대되기 때문에 굴토에 의한 하단통과나 사다리를 이

37 ASIS(2012). op. cit.

용한 브리징을 탐지할 가능성이 크다. 이 감지기는 펜스와 분리하여 설치할 수도 있는데, 철조망 부분이 없으면 탐지범위도 넓어지고 가경보도 감소한다.[38]

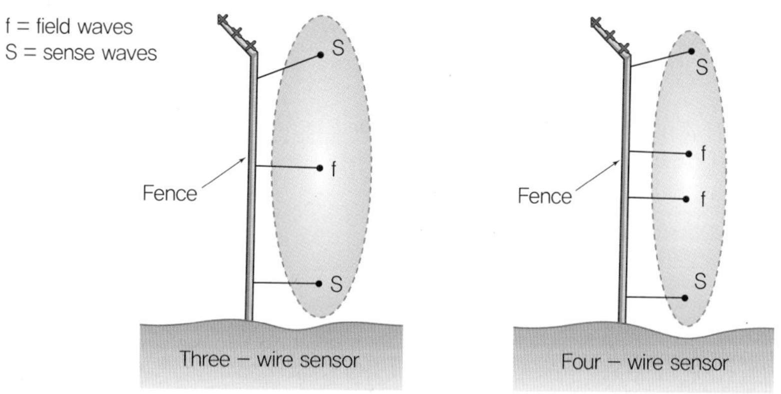

〈그림 5-17〉 외곽전기장 감지기

출처: FM 3-19.30.

(5) 능동형 적외선 감지기

실외에서 사용되는 적외선 감지기Infrared Radiation Sensor는 능동형 감지기로서 적외선 발신기의 발광 다이오드로부터 전송된 광선Beam 형태의 에너지를 수신부에 있는 수집 렌즈에서 받아들이도록 맞춘다. 그리고 송신부와 수신부 사이에 침입자가 지나가면서 눈에는 보이지 않는 적외선 빔을 차단하면 수신부에서 에너지의 감소를 탐지한다. 일반적으로 능동형 적외선 감지기의 탐지범위는 폭과 높이가 5cm 정도로 매우 좁다는 취약성이 있다.

가경보의 주된 원인은 안개, 눈, 먼지, 동식물 등으로 인해 적외선이 차단되는 경우로, 외곽 펜스 상단에 적외선 감지기를 설치하여 운용할 경우, 주기적으로 주변 조경을 정리하지 않으면 가경보에 시달리게 된다. 능동형 적외선 감지기는 송신부과 수신부 사이를 최대 91m(300ft)까지 감지할 수 있다. 그러나 펜스 등 별도의 차단설비가 없는 경우에는 단일 적외선 빔은 침입을 막기 어려우며,

38 Walker, P.(2013). Electronic Security Systems: Better Ways to Crime Prevention, Boston: Butterworth-Heinemann.

침입자의 기술 수준이 높은 경우, 침입자가 감지기의 탐지범위 밑으로 기어가거나 위로 넘어가는 등의 바이패스 방법을 사용하여 무력화시킬 수 있다. 이 경우 다중의 빔을 적용하는데 1.8m 정도의 높이까지 통제하면 보안성을 높일 수 있다.[39]

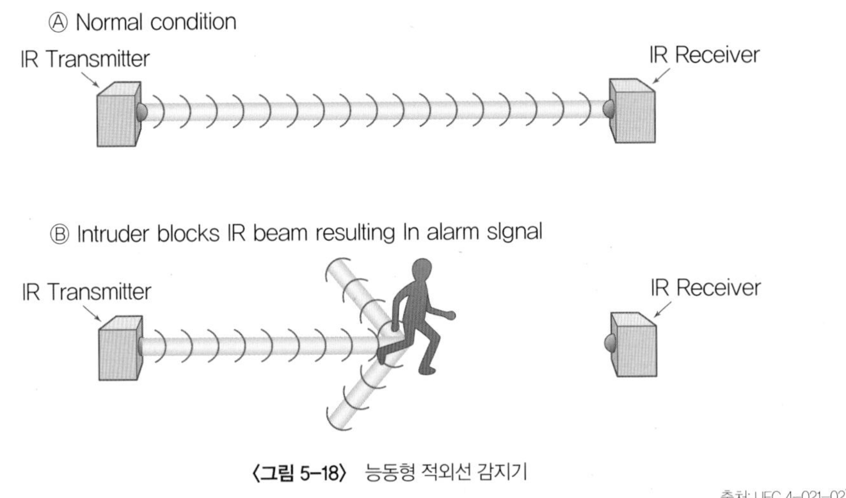

〈그림 5-18〉 능동형 적외선 감지기

출처: UFC 4-021-02).

(6) 분리형 마이크로웨이브 감지기

분리형 마이크로웨이브 감지기Bistatic Microwave Sensor는 능동형 감지기로서 10~24GHz의 마이크로파를 송신하는 송신부와 송신된 에너지를 수신하는 수신부로 구성되어 있다. 탐지원리는 탐지범위 내의 에너지가 침입자에 의해 변화되면 탐지되는 것으로, 탐지범위는 대략 너비가 3.7m, 높이가 2.7m 정도로 다른 감지기에 비해 큰 편이다. 가경보의 주요 원인은 동식물이나 주변에 적설이 생기는 경우 등이다.

마이크로웨이브 감지기는 마이크로파가 물체에 반사될 때 반사체의 상대 속도에 따라 반사파의 진동수가 변하는 현상인 도플러효과Doppler Effect를 이용한다. 마이크로파를 사용하는 감지기는 일반적으로 신뢰성이 높고, 비용이 낮으며, 탐

39 Doss(2019). op. cit.

지 효과가 매우 뛰어나다는 장점이 있지만, 감지기를 설치할 때 반드시 단단한 표면에 설치해야 하므로 설치가 까다롭다는 단점도 있다.[40]

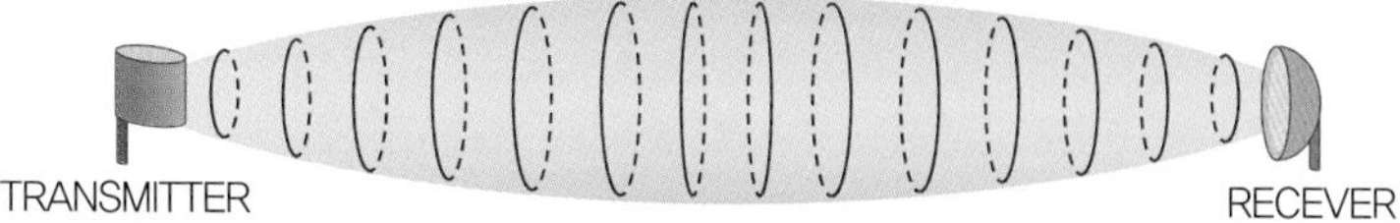

〈그림 5-19〉 분리형 마이크로웨이브 감지기

출처: UFC 4-021-02.

(7) 광망 감지기

광망 감지기Optic Fiber Cable Net Sensor는 광섬유로 그물을 만들어 사용하는 감지기로 펜스 위 등에 설치한다. 광섬유의 심선에 적외선 레이저를 입사하여 광섬유를 통과한 레이저광을 수신하고 있다가 침입자가 담장을 침입할 때 광섬유가 절단되면 경보를 발생한다. 광섬유가 절단되면 반사광을 분석하여 이상 현상 발생 위치를 원격으로 탐지할 수 있다.[41]

(8) 분극 감지기

분극 감지기Electret Cable Sensor는 동축케이블과 유사한 형태를 하고 있는데, 중심 도체와 외측 도체 사이를 저손실 유전체인 절연물로 둘러싸게 하고 영구 분극화시켜 유전체에 전하가 축전되도록 한다. 보호 외장은 내구성이 강한 합성수지로 외측 도체를 둘러싸고 있으며, 케이블 형태로 펜스에 플라스틱 타이로 고정해 사용한다. 분극 케이블은 침입행위 때문에 펜스에 동요가 생기면 경보 신호를 발생한다. 분극 감지기는 설치가 쉬우나, 비나 바람, 동식물에 의한 가경보가 많고 낙뢰에 약하다는 특징이 있다.[42]

40 Ibid.
41 ASIS(2015). op. cit.
42 Walker. op. cit.

2) 실내형 감지기

(1) 자석 감지기

자석 감지기Magnetic Sensor는 보통 문 및 창문에 설치되는데, 자기 리드스위치 부분은 문이나 창문의 고정된 틀에 설치되고, 자석 부분은 문이나 창문의 움직이는 부분에 설치된다. 문이나 창문이 닫히면 스위치 장치와 자석 장치 사이의 간격이 가까워져 자석의 자기장에 의해 리드스위치가 닫힌 위치가 되며, 문이 열리게 되어 자석이 제거되면 리드스위치가 떨어지게 되어 경보가 발생하게 된다. 자석 감지기는 번개나 다른 원인의 급격한 전압 변화로 경보가 울리지 않도록 하기 위해서 스위치를 전기적으로 보호해야 한다.

한편, 자석 감지기는 스위치 부근에 강한 자석을 놓아 스위치를 고정 위치로 유지하면 비교적 손쉽게 무력화할 수 있다. 이러한 단점을 보강한 자석 감지기인 홀효과 스위치Hall Effect Switch는 홀효과에 의해 스위치 장치가 자기장의 세기를 측정하고 측정된 자기장의 변화가 일정 수준을 넘으면 경보를 발생시킨다. 따라서 홀효과 스위치는 침입자가 무력화하기가 훨씬 더 어렵다.[43]

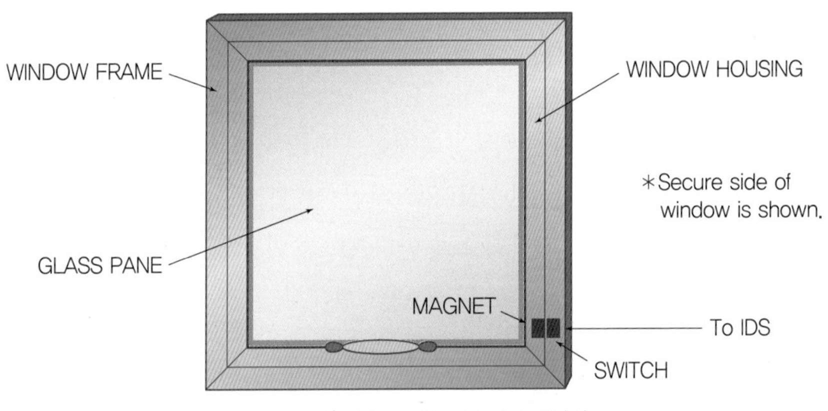

〈그림 5-20〉 자석 감지기를 설치한 창문(예)

출처: UFC 4-021-02.

43 ASIS(2015). op. cit.

(2) 진동 감지기

진동 감지기Vibration Sensor는 고정된 표면에 대한 타격이나 충돌로 인한 진동을 탐지한다. 진동 감지기에는 관성스위치 방식과 압전센서 방식이 있다. 먼저, 관성스위치는 감지를 위해 금속 접점과 밀착된 금속볼을 사용하는데, 진동이 발생하면 볼의 관성으로 접점과 떨어지게 되어 경보가 발생한다. 일반적으로 2–5kHz의 진동 주파수를 탐지한다. 다음은 압전센서로 진동이 발생하면 압전센서가 전기적인 신호를 발생시키는데, 5–50kHz의 진동 주파수를 탐지한다. 유리의 파손을 탐지하는 유리파손 감지기가 압전센서에 해당하는데, 유리파손 감지기는 유리가 깨지면서 발생하는 독특한 음파와 충격파에 반응하며, 가경보를 발생시킬 수 있는 다른 소리 및 진동은 무시한다.[44]

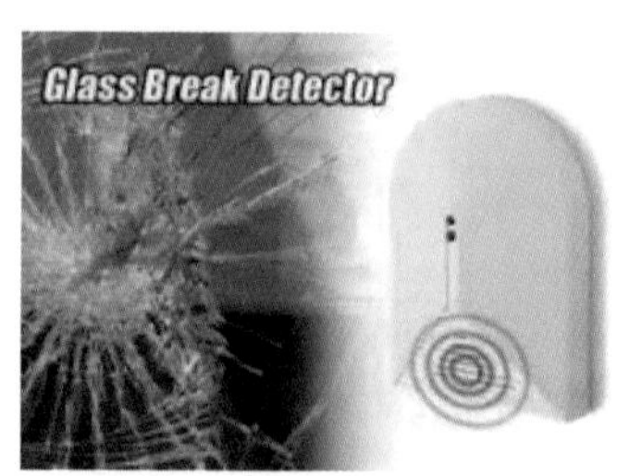

〈그림 5-21〉 진동감지기와 유리파손 감지기

출처: National Police Academy, 2015).

(3) 일체형 마이크로웨이브 감지기

일체형 마이크로웨이브 감지기Monostatic Microwave Sensor는 탐지범위 내에서 움직이는 물체에 의해 발생하는 도플러효과에 의한 주파수 변화를 탐지한다. 이 감지기는 침입자가 감지기를 향하여 가까워지거나 멀어질 때 최적의 탐지성능을 발휘할 수 있어 침입 방향과 이동 방향을 바라보는 형태로 설치해야 한다. 탐지영역의 모양은 길쭉한 형태의 풍선과 같은 형태로 금속에는 반사되지만, 유리나 경량벽은 투과한다. 이러한 특성에 따라 침입자가 탐지구역 내에서 파티션 등의 가림막 뒤에 은폐하고 있는 경우에는 탐지하나, 동시에 탐지구역 바깥의 복도 등에서 이동하는 사람까지 탐지하게 되어 가경보를 발생시키게 된다. 그러므로 인접한 영역의 움직임으로 인한 가경보를 방지하기 위해서는, 탐지범위를

44 ASIS(2012). op. cit.

잘 조절하여야 한다. 이 외에도 가경보의 주요 원인은 탐지구역 내외의 작은 동물의 움직임, 플라스틱 배관의 액체 흐름, 진동, 형광등의 파장 등이 있다.[45]

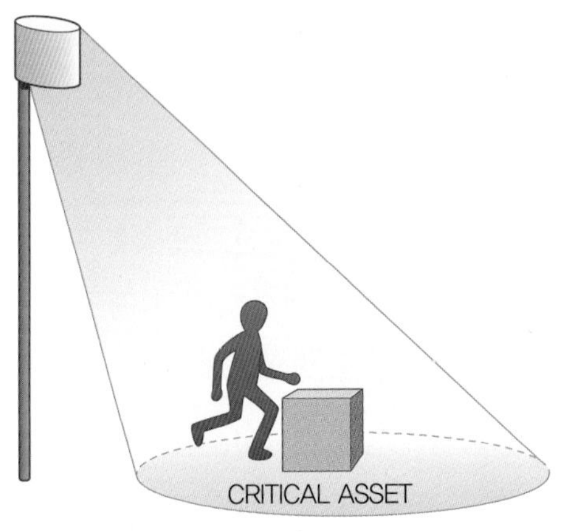

〈그림 5-22〉 일체형 마이크로웨이브 감지기

출처: UFC 4-021-02.

일체형 vs 분리형 마이크로웨이브 감지기

마이크로웨이브 감지기에는 일체형Monostatic과 분리형Bistatic의 두 가지 형태가 있다. 일체형은 송신부와 수신부가 하나의 몸체 내에 있어 송신부에서 전파를 발산하고 배경에 의해 반사된 전파를 다시 수신부에서 감지한다. 이때 반사되어 온 전파의 변화를 보고 침입자를 탐지하는데, 주로 실내용으로 사용된다. 그리고 분리형은 송신부와 수신부를 서로 마주 보게 설치하여 이 사이로 지나가는 침입자를 탐지하는 방식으로 주로 실외용으로 사용된다.[46]

45 ASIS(2015). op. cit.

46 정용택(2019). 침입탐지용 센서 및 알람 시스템 운영. 서울: 홍릉과학출판사.

(4) 수동형 적외선 감지기

수동형 적외선 감지기Passive Infrared Radiation Sensor, PIR는 오늘날 가장 광범위하게 사용되는 침입감지기 중 하나로서 침입자의 인체에서 방출하는 온도변화를 탐지하여 경보 신호를 발생한다. 수동형 적외선감지기는 원적외선 에너지를 전기적인 에너지로 변환하는 초전효과Pyroelectric Effect에 의해 탐지하는 것으로 침입자가 탐지범위를 가로질러 갈 때 최고의 성능을 발휘한다.

수동형 적외선 감지기는 눈에 보이지 않는 광선과 열이나 적외선 에너지의 도드라진 색을 구하므로, 배경 온도에 비해 높거나 낮은 물체를 감지할 수 있다. 그러나 배경 온도와 침입자의 체온이 비슷해지면 탐지성능이 약화된다. 그러므로 온도변화를 탐지하는 능력이 특히 중요한 곳에서는 자동 온도 보상 기능이 필수적이다. 일부 수동형 적외선 감지기는 1℃ 이내의 온도 차이도 식별할 수 있다.[47]

수동형 적외선 감지기의 가경보는 주로 냉 · 난방기에 의한 공기대류, 소동물에 의한 온도변화, 여름철 자연적으로 상승하게 되는 온도변화, 창문을 통과한 적외선이 풍부한 태양광선 등이 원인이다. 그러나 일체형 마이크로웨이브 감지기와 달리 건축자재를 통과하지 않아 보호구역 외부를 탐지하지는 않는다는 특징이 있다.

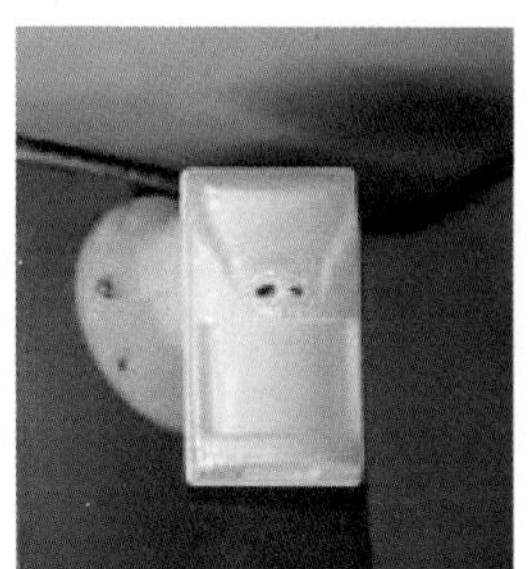

〈그림 5-23〉 수동형 적외선 감지기

출처: SK쉴더스 제공.

47 ASIS(2012). op. cit.

(5) 실내형 듀얼타입 감지기

실내형 듀얼타입 감지기Interior Dual Type Sensor는 높은 탐지확률을 유지하며 가경보 및 오경보를 최소화하기 위해 서로 다른 두 가지 방식의 감지기를 결합하는 것이다. 보통 마이크로웨이브 감지기와 수동형 적외선감지기를 결합한다. 두 가지의 감지기 중 하나의 감지기에만 탐지되어도 경보를 발생시키도록 설정하는 경우(OR 조건 또는 OR Gate라 한다) 탐지 가능성을 높일 수 있고, 두 개의 감지기 모두에서 탐지되었을 때 경보를 발생시키는 경우(AND 조건 또는 AND Gate라 한다)에는 가경보나 오경보를 줄일 수 있지만, 단일 감지기보다는 탐지 확률이 낮아진다. 예를 들어, 검출 확률 95%의 마이크로웨이브 감지기가 95%의 검출 확률의 적외선 감지기와 결합하면 AND 조건에서의 검출 확률은 두 확률의 곱인 90.25%가 된다. 이를 공식으로 표현하면 아래와 같다.[48]

$$0.95(\text{Microwave PD}) \times 0.95(\text{PIR PD}) = 0.9025(\text{Dual Type PD})$$

듀얼타입 감지기는 단일 감지기보다 고양이와 설치류와 같은 작은 동물로부터 발생하는 가경보 신호를 더 잘 식별할 수 있다. 그리고 하나의 탐지기술이 실패할 경우에도 다른 하나가 혼자서 계속 보호 기능을 수행할 수도 있다.

(6) 근접 전기장 감지기

근접 전기장 감지기Proximity Capacitance Sensor는 침입자가 물체 가까이 접근하거나 접촉하게 되면 탐지하는 감지기로 핵심 자산의 가장 근접한 위치에 설치된다. 근접 전기장 감지기는 두 장의 금속판 도체 사이에 유전체가 삽입된 형태로 침입자가 가까이 오거나 건드리면 유전율이 변하게 되어 결과적으로 전기용량의 변화가 일어나며 경보가 발생한다.[49]

전형적인 설치 방법은 감지기 와이어를 금고나 파일 캐비닛과 같은 보호 대상 물체에 연결하는 것이다. 근접 전기장 감지기는 탐지범위를 금고나 파일 캐

48 ASIS(2015), op. cit.

49 정용택, 앞의 책.

비닛 등의 보호 대상 물체에 한정하고 싶을 때 가장 적합한 보호 수단이 될 수 있다. 또한, 침입자가 물체에 접근하기 전에 탐지할 수 있는 감지기와 별도로 중요한 보호 대상에 추가 적용하게 되면 심층보안의 원리를 통해 보안통제 수준을 향상시킬 수 있다.[50]

(7) 초음파 감지기

초음파 감지기Ultrasonic Sensor는 마이크로웨이브 감지기와 같은 원리에 의해 작동한다. 차이점이 있다면 사용되는 파장과 신호가 다르다는 것이다. 초음파 감지기는 고음파를 사용하는 반면, 마이크로웨이브 감지기는 더 높은 전자기 에너지를 사용한다. 초음파 감지기는 도플러효과에 의하여 어떤 움직임이 송신기와 수신기 사이의 신호 주파수에 변화를 주게 되면 마이크로파나 음파가 교란된다. 이때 전송된 것과 같은 패턴이 수신되는 동안에는 안정적인 상태가 유지되지만, 사람 등의 움직임에 의한 파장 패턴에 왜곡이 탐지되면 경보가 울리게 된다.

초음파 감지기는 판별기 정보가 감지기에 접목되어 전파 방해의 크기가 결정되는데, 판별기의 감도를 조정하여 새나 작은 동물의 움직임은 무시하고, 사람의 움직임에는 경보를 울리게 할 수 있다. 초음파 감지기는 주로 야외 환경보다 움직임의 형태에 변형이 크지 않은 실내에 제한적으로 적용된다.

수동형 적외선 감지기와 마찬가지로 초음파 감지기의 범위도 제한적이다. 그러므로 큰 공간에서는 하나 이상의 송신기와 수신기를 사용하여야 한다. 그리고 초음파 감지기는 일체형 마이크로웨이브 감지기와 달리 보호지역 내에서의 움직임에만 반응하기 때문에 외부 소음 등에 의한 영향을 받지 않는다. 다만, 초음파 감지기는 공기의 움직임에 매우 민감하므로 계단이나 복도 등에 설치하는 것을 피해야 하며, 출입이 적은 구역에 설치하는 것이 좋다.[51]

---

50 ASIS(2012). op. cit.

51 Doss(2019). op. cit.

(8) 강도경보 장치

강도경보Hold Up Alarm 장치는 자동으로 탐지하는 방식이 아니라 사람이 수동 조작으로 신호를 전송하는 장치로서, 엄밀히 말하면 감지기라 볼 수는 없다. 강도경보 장치는 사용자가 쉽게 식별할 수 있으면서도 강도 등의 침입자에게는 보이지 않는 곳에 설치해야 한다. 보통 경보를 위해 책상이나 카운터 아래에 배치하며, 손이나 발로 작동한다. 이러한 강도경보는 강도 범죄의 우려가 있는 상점이나 지하주차장 등 사람이 상주하거나 통행이 빈번하여 감지기를 활성화 상태로 설정할 수 없는 장소에 주로 적용한다.[52]

2 프로세서

프로세서Processor는 컨트롤패널, 로컬프로세서, 주제어기, 주장치 등으로 불리기도 하며, 각종 감지기에서 발생하는 탐지신호나 관련 정보를 수신, 분석, 판별하는 장치이다. 일반적으로 감지기에서 탐지된 경보 신호는 프로세서를 거쳐서 로컬에 설치된 경보장치에 경보를 발생시키고 관제센터의 침입경보 소프트웨어에 경보 신호와 관련 정보를 준다. 또한, 침입경보 소프트웨어나 로컬 조작장치로부터의 설정과 해제 등의 신호를 받아 감지기를 제어한다.[53] 이러한 침입경보 장치는 감지기로부터 프로세서를 거쳐 서버나 경보수신기Alarm Receiver, 조작패널과 상호 연결되며, 위겐드Wiegand 통신, 직렬통신인 RS-485나 RS-232, 인터넷 표준프로토콜인 TCP/IP에 의해 데이터 통신을 하게 된다.

52 McTague, D. & Smith, D.(1987). Alarm Book: A Guide to Burglar and Fire Alarms, Boston: Butterworth-Heinemann.

53 신상엽(2011). 기계경비론, 서울: 백산출판사.

로컬조작장치

보호구역의 출입지점이나 내부에 설치되는 침입경보시스템은 정상적인 출입자에 의한 진입 시 경보를 해제할 수 있어야 하며, 내부에 사람이 없거나 업무가 종료될 때는 최종적인 진출 인원에 의해 설정할 수 있어야 한다. 따라서 로컬 출입지점에 키패드 형태의 조작장치 또는 보조제어기가 설치되어야 한다. 그러나 외곽 침입감지기와 같이 관제센터에서 설정과 해제를 직접 통제하는 경우에는 로컬 키패드의 설치는 불필요할 수 있다.[54]

3 침입경보 관제장치

침입이 발생하였을 때 침입경보 체계가 실제로 작동할 수 있도록 하기 위해서는 침입경보시스템이 올바르게 설계되고 정상적으로 작동해야 하는 것과 동시에, 침입경보가 발생하였을 때 담당 보안인력에 의해 경보가 인식되고 상황에 대한 평가가 수행되어야 한다. 이를 통해 대응 인력의 현장 투입 여부가 결정되고 침입자의 불순한 의도를 조기에 차단할 수 있다. 이러한 역할을 수행하는 침입경보 관제시스템은 침입경보서버Intrusion Alarming Server와 디스플레이용 모니터로 구성할 수 있다. 침입경보 관제시스템에서 가장 중요한 요소는 경보와 평가 정보를 관제 인력이 잘 인식할 수 있도록 표시하는 것이다.

침입경보 서버에 설치되는 소프트웨어는 침입경보 모니터링 및 설정/해제/감도 등의 필요한 설정을 위한 사용자 인터페이스를 제공한다. 특히, 침입경보는 발생 시 그래픽 지도Graphic Map를 통해 발생 시간과 위치를 알려주어야 하며, 주변의 감시카메라에 의해 현장 확인이 가능토록 연동되어야 한다. 이외에도 변조나 시스템 고장 시 정보를 제공할 수 있어야 하며 경보 발생 로그를 확인할 수 있어야 하는데, 로그의 기록범위는 설정/해제 시간, 침입경보, 변조, 통신상태

54 앞의 책.

고장, 접근계정 변경 등이 있다.[55]

침입경보시스템에 대한 표준은 국제전기협회의 'IEC 62642 침입경보 및 홀드업시스템'[56]에 기술되어 있으며 주요 요구사항은 아래와 같다.

- 사용자 계정별로 설정, 해제, 기능검증, 로그 확인, 계정 부여 및 삭제, 감지기 고유정보 변경에 대해 권한을 구분하여 설정할 수 있어야 한다.
- 시스템이 설정되거나 해제 상태가 되었다는 것이 사용자가 인지할 수 있도록 표시되어야 하고, 경보 발생 시에는 관제모니터 및 로컬조작부에 감지기의 상태 및 위치, 고장 상태, 변조 상태 경보 종류가 구분되어 시각적 · 청각적으로 표시되어야 한다.
- 이벤트 로그는 일시와 위치가 기록되어야 하며, 그 범위는 설정 및 해제 시 사용자 ID, 설정(부분 설정 포함) 및 해제, 경보 상태 및 구역 식별 정보, 전원 및 통신 전송 고장이다.

4 운용 및 관리[57]

물리보안의 가장 기본적 원칙으로서, 각 사이트는 물리적 환경에 고유한 특성을 가지고 있으므로 한 사이트에 대해 설계된 물리보안시스템을 다른 사이트에 그대로 적용할 수 없다. 그러므로 감지기의 선택과 구성 및 운용 역시 사이트의 물리적 환경을 고려한 사이트별 시스템Site-specific System으로 추진해야 한다. 이와 함께 감지기를 선택할 때 미래 시스템과의 호환성을 고려하면서 성능 목표 및 보호 요건을 충족하는 데 가장 합당한 감지기를 선택해야 한다. 이는 감지기뿐만 아니라 모든 물리보안 장비에 적용되는 기본적인 원칙이라 할 수 있다.

먼저, 실외형 감지기는 전체 경계선을 균일하게 탐지하는 것이 바람직하다.

55 ASIS(2015). op. cit.

56 International Electrotechnical Commission(2010). Alarm Systems: Intrusion and Hold-up Systems: Part 1: System Requirements(IEC 62642-1:2010).

57 ASIS 홈페이지(https://www.asisonline.org). CPP Online Review 재정리.

그러므로 1차 유형의 감지기가 제대로 배치되지 않는 영역에서는 다른 유형의 감지기로 보완하여 균형을 맞춘다. 이때 서로 다른 유형의 감지기가 탐지영역을 중첩하면 전체 탐지량이 더 커짐으로써 성능이 향상된다. 공격자의 입장에서도 더 큰 탐지영역을 우회하거나 두 가지의 서로 다른 기술을 극복해야 하므로 감지기를 무력화시킬 가능성이 낮아진다. 감지기 시스템은 적용 예상 환경 조건에 대해 높은 탐지율과 낮은 가경보율을 갖도록 조합되어야 한다. 이와 함께, 심층보안의 관점에서 복수의 감지 라인을 만드는 것이 사이트 보호에 효과적이다.

실외형 감지기는 야외에 설치되기 때문에 대부분의 현장에서 번개에 노출된다. 번개는 감지기 장비에 사용되는 전자장치를 비활성화 또는 손상할 수 있다. 그러므로 낙뢰 피해를 줄이기 위한 접지接地 등의 예방 조치를 적용한다. 다만, 광섬유 전송 케이블은 번개로부터 영향을 전혀 받지 않는다.

실내형 감지기는 환경 조건으로 인해 소음, 진동, 공기흐름 등의 요인이 감지기 성능을 저하할 수 있고, 침입자가 없는 경우에도 가경보를 발생시킬 수도 있다. 그러므로 보안 목표를 달성하기 위해 적용 환경에서 최적의 성능을 발휘할 수 있는 적절한 감지기 기술을 선택하여 운용할 수 있도록 주의를 기울여야 한다. 이를 위해 침입감지기를 선택하기 전에 감지기, 환경 및 잠재적 침입자 사이의 상호작용을 고려하는 것이 중요하다. 실내용 감지기 성능에 영향을 미치는 두 가지 중요한 물리적 조건은 건물이나 방의 구성과 공간을 차지하는 물체다.

모든 감지기와 관련 구성요소는 정기적인 유지보수가 필요하다. 감지기 구성요소가 최상으로 작동하도록 교정, 감도테스트, 정렬 및 육안테스트, 원격테스트 등을 정기적으로 수행해야 한다. 정비 불량은 탐지율과 가경보율에 영향을 미치고, 시스템에 대한 무력화 시도에 더 취약하게 만들 수 있다. 그러므로 침입경보시스템의 설치, 유지보수, 시험 및 운용과 관련된 절차를 수립하여 시행하는 것이 중요하다. 그리고 유지보수 후에는 반드시 감지기를 테스트해야 하고, 감지기의 감도를 재조정할 필요가 있을 수 있으므로 이를 확인해야 한다.

감지기의 하드웨어와 시스템은 모두 변조Tampering에 의한 무력화를 방지하는 것을 목표로 설계되어야 한다. 변조는 인가받지 않은 수정으로써, 감지기 시스템은 변조 시도 시 이를 방지하거나 변조 시도를 표시할 수 있어야 한다. 이를 위해 감지기의 상태를 감시하는 탬퍼스위치Tamper Switch가 설치되어야 하고,

탬퍼스위치는 감지기와 함께 감지기함 내에 배치해야 한다. 이와 함께 감지기의 지상 전원 및 경보통신선은 금속 도관 내부에 배치하여 보호해야 하고, 특히 경보통신선은 절단, 단락, 우회되었는지를 감지하는 라인감시Line Supervision를 해야 한다. 라인감시는 감지기와 경보관제실 사이의 통신 링크를 감시하는 방법으로, 감지기와 호스트 경보시스템 사이와 감지기의 탬퍼스위치Tamper Switch를 지속적으로 모니터링하는 것은 내부자에 의한 위협으로부터 감지기를 보호하는 데 도움이 된다.

Ⅳ 영상감시시스템(Video Surveillance System)

영상감시Video Surveillance란 촬영장치를 사용하여 특정 장소를 촬영하고 영상과 신호를 전송하여 감시하는 것으로 일반적으로 CCTVClosed Circuit Television로 불리는 경우가 많다.[58] 그러나 현재의 영상감시시스템은 영상이 네트워크를 통해 전송되고 클라우드에 저장되는 등 폐쇄회로 방식이라는 의미를 가진 CCTV시스템으로 표현하기에는 한계가 있다고 할 수 있다.

영상감시시스템의 목적은 통제 지점이나 핵심구역, 취약구역에 대해 이상 유무를 감시하는 것을 기본으로 하고, 위협이 탐지된 경우에는 현장 상황을 평가할 수 있는 영상정보를 제공하여 대응하는 것이다. 이러한 위협의 탐지에는 간단한 영상변화를 탐지하는 모션디텍션Motion Detection으로부터 개별 위협상황을 분석하여 탐지하는 지능형 영상분석까지 적용되며, 침입경보나 화재경보 등을 연동하여 탐지하기도 한다. 또한, 사건 발생 이후에 저장된 영상을 확보하여 원인을 추적하거나 증거물로 사용할 수 있으며, 바람직하지 않은 활동을 사전에 억제하는 역할도 한다. 영상감시시스템은 아래와 같은 구성요소를 포함한다.

- 카메라 등의 영상촬영장치
- 통신네트워크 등의 전송매체
- 영상 저장장치
- 영상 제어장치
- 영상 표출장치
- 영상감시 소프트웨어

58 정용택. 앞의 책.

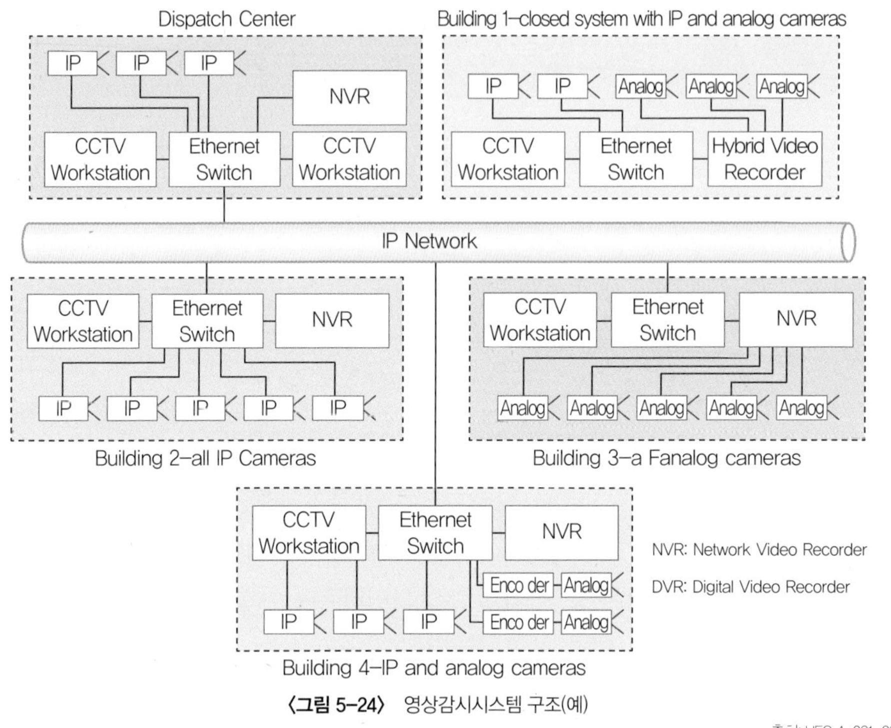

〈그림 5-24〉 영상감시시스템 구조(예)

출처: UFC 4-021-02.

1 촬영장치

촬영장치인 카메라는 촬영대상에 상을 맺는 역할을 하는 렌즈와 촬영된 상을 전기신호로 변환하는 이미지센서Image Sensor가 기본적인 부품이며, 이외에도 카메라를 보호하는 하우징, 방향 전환을 위한 팬틸트 장치, 야간이나 저조도 상황에서 적외선 감시를 위한 적외선 램프 등 다양한 부품으로 구성되어 있다.

1) 카메라의 종류

(1) 아날로그 카메라

아날로그 카메라Analog Camera는 비교적 노후화된 CCTV시스템에 주로 사용되는 카메라이다. 흑백 또는 컬러로 촬영되며, IP카메라보다 해상도와 프레임이 낮으므로 대상의 움직임이 많거나 세부적으로 보아야 하는 환경에는 적합하지 않다. 이미지가 선명하지 않고 흐릿하게 보일 수 있으며, IP카메라처럼 디지털로 확대할 수 없고 암호화할 수 없다는 단점을 가진다. 아날로그 카메라의 최저 조도는 일반적으로 0.005Lux~10Lux 범위인데, 컬러카메라는 조도가 낮은 경우 영상식별이 제한되기 때문에 하이브리드 형태로 주간에는 컬러로, 야간에는 흑백으로 촬영하는 경우가 있다.[59]

(2) IP카메라

디지털 카메라로 알려진 IP카메라Internet Protocol Camera는 네트워크에 의해 연결되며 기본적으로 컴퓨터에 압축 · 저장된다. 아날로그 카메라와 마찬가지로 IP카메라는 영상 촬영을 위해 가시광선을 필요로 한다. IP카메라의 화질은 아날로그 카메라보다 우수하며, 해상도와 가로, 세로 비율을 필요에 따라 설정할 수 있고, 촬영된 영상을 확대 · 축소할 수 있다.

또한, 카메라 자체의 영상분석기능 또는 메인 컴퓨터의 분석기능을 통해 움직임이나 화재 등의 이벤트를 탐지하고, 사람의 숫자를 세며, 특정한 색깔을 추적하고, 무엇인가가 사라질 때를 탐지하는 등 이상 신호에 대한 경보를 울릴 수 있다. 또한, 저장 영상을 암호화할 수 있다는 보안상 이점도 가진다. 특히, IP카메라 중 서버 기반으로 카메라 내에서 컴퓨터 프로그램을 사용하는 것을 스마트 카메라Smart Camera라고 하는데, 스마트 카메라는 이러한 프로그램을 통해 디지털 비디오 모션디텍션, 얼굴인식, 프라이버시 차단, 디지털 팬/틸트/줌과 같은 다양한 기능을 자체적으로 수행할 수 있다.[60]

---

59 Pearson, R.(2011). Electronic Security Systems: A Manager's Guide to Evaluating and Selecting System Solutions, Boston: Butterworth-Heinemann.

60 한국미래기술교육연구원(2011). 차세대 영상감시시스템 및 지능형 통합보안관제시스템 구축전략 사업전망: HD급 IP기반 CCTV 카메라, 영상감시 · 분석(NVR)시스템, 지능형통합관제센터 구축, 서울: 미래기술교육연구원.

IP카메라는 외형과 기능에 따라 다양한 종류가 있으나 크게 고정형 방식인 돔형과 불렛형, 회전형 방식인 스피드돔형으로 구분된다.

〈고정형돔카메라〉

〈회전형스피드돔〉

〈불렛형〉

〈그림 5-25〉 IP카메라의 종류

출처: SK쉴더스 제공.

(3) 적외선 카메라

적외선 카메라Infrared Camera, IR Camera는 사람의 눈으로 볼 수 없는 적외선을 통해 목표를 탐지하는 것으로 물체의 표면 온도에 따라 방출 적외선이 변하는 원리에 의해 작동한다. 적외선 카메라는 가시광선을 활용할 수 없는 경우에 사용되며, 이미지를 만들기 위해 적외선 광원을 필요로 한다. 다만, 24시간 작동되는 적외선 카메라는 옥외나 조명이 없는 실내에서 모두 작동해야 하므로, 주간에는 적외선 차단 필터IR Cut Filter를 적용하다가, 조도가 낮아지거나 밤이 되면 적외선 차단 필터를 제거하여 흑백으로 영상을 제공한다. 일반적으로 최저조도가 1 lx 이하로 떨어지면 카메라의 적외선 광원이 작동한다.[61]

(4) 열화상 카메라

열화상 카메라Thermal Camera는 열 감지 센서와 렌즈를 사용하여 시야에 있는 물체의 온도를 모니터링하고 이를 색으로 나타내는 카메라로서 촬영을 위해 가시광선이나 적외선 광원을 필요로 하지 않는다. 차가운 물체는 파랑 계열의 색으로 표시되고, 뜨거운 물체는 빨강 계열의 색으로 표시되며, 8km 정도의 먼 거리에서도 탐지가 가능하기 때문에 국경과 공항 및 항구와 같은 넓은 구역에서의

61 ASIS(2015). op. cit.

장거리 감시를 위해 주로 활용된다.[62]

〈그림 5-26〉 열화상 카메라

출처: 위키미디어 커먼즈, https://commons.wikimedia.org/.

2) 촬영장치의 구성

(1) 렌즈

카메라에서 렌즈Lens는 배경 영상에서 반사된 광선을 내부 이미지센서로 집광하는 역할을 한다. 잘못된 렌즈 선택으로 인한 낮은 품질의 영상은 어떤 방법으로도 회복이 되지 않으므로, 영상감시시스템에서 카메라의 렌즈는 카메라 종류의 선택과 함께 중요한 요소이다. 카메라에 적절한 렌즈를 결정하는 데는 배율 크기Format Size, 카메라에서 배경 영상까지의 거리Distance to Scene, 초점거리Focal Length 세 가지를 고려해야 한다.

먼저, 최상의 성능을 위해서는 카메라 렌즈 배율 크기가 카메라 이미지센서와 일치해야 한다. 예를 들어 1/2인치 카메라 형식은 1/2인치 렌즈 형식을 사용해야 한다. 더 작은 렌즈 형식은 카메라 이미지센서에 맞지 않으며, 일부분만 밝게 보이는 터널 비전Tunnel Vision 현상을 초래한다. 렌즈의 배율 크기는 카메라 이미지센서의 형식과 같거나 그 이상이어야 한다.

62 Ibid.

렌즈에서 이미지센서까지의 거리를 초점거리라고 하는데, 초점거리에 따라 이미지센서에 맺히는 영상의 크기가 결정된다. 또한, 렌즈가 바라보는 배경 영상까지의 거리와 배경 영상의 크기에 의해 카메라의 시야각Field of View이 결정된다. 이때 카메라에서 배경 영상까지의 거리가 렌즈의 초점거리를 결정하는데, 이는 영상감시시스템의 전반적인 성능에 영향을 미칠 수 있으므로, 이 거리를 정확하게 측정하는 것이 중요하다.[63]

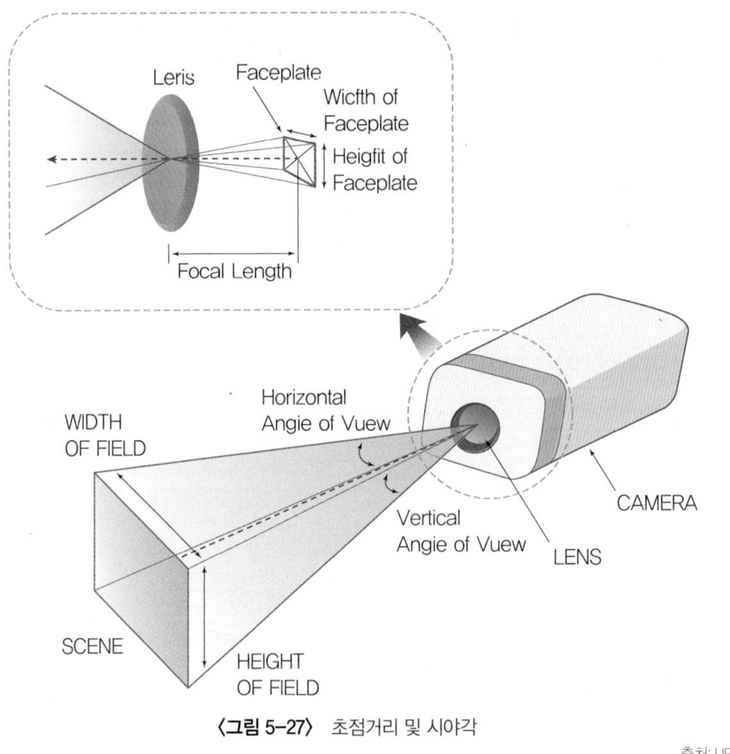

〈그림 5-27〉 초점거리 및 시야각

출처: UFC 4-021-02.

렌즈의 종류에는 광각, 표준, 망원, 가변초점, 줌의 다섯 가지 유형이 있으며, 촬영대상의 범위와 환경에 따라 적절한 렌즈를 선택하여야 한다. 그리고 촬영대상 범위의 변화가 필요할 때는 줌렌즈를 적용해야 하며, 주변 조도가 가변적이면 빛의 양에 따라 원격에서 모터를 이용해 조리개를 조절할 수 있는 자동

63 Doss(2019). op. cit.

조리개 렌즈를 적용하는 것이 좋다.[64]

〈표 5-3〉 렌즈의 종류 및 원리

구분	원리
광각렌즈 (Wide Angle Lens)	넓은 화각에 의해 넓은 장면을 포착하기 때문에 5m 이내의 짧은 거리에 적합하다.
표준렌즈 (Standard Lens)	사람의 눈이 보는 것과 거의 유사한 시야로 약 5~15m의 중간거리에 적합하다.
망원렌즈 (Telephoto Lens)	감시가 필요한 장면이 멀리 떨어진 좁은 영역에 적합하다. 망원렌즈는 망원경과 같이 15m 이상의 원거리에 있는 물체를 볼 수 있지만, 시야각이 매우 좁아진다.
줌렌즈 (Zoom Lens)	광각, 표준 및 망원렌즈가 제공하는 각각의 장면을 하나의 장치로 생성하며, 수동이나 전동식으로 조정된다. 수동 줌렌즈는 설치 시에 렌즈의 시야와 초점을 수동으로 조정해야 하며, 설치 후에는 고정된 상태가 된다. 전동식 줌렌즈는 렌즈 하우징에 모터가 설치되어 있어, 원격에서 조정할 수 있다. 이러한 전동식 렌즈는 줌 광학 장치의 움직임에 따라 초점이 자동으로 조절된다.
가변초점렌즈 (Varifocal Lens)	수동 줌렌즈가 소형화된 버전이라 할 수 있으며 현장에서 시야를 단계별로 조정할 수 있다. 다만, 줌렌즈가 감시하는 광각에서 망원렌즈까지의 전 범위를 포함하지 못하고 화각이 변경될 때마다 조리개와 초점을 다시 맞추어야 한다.

출처: ASIS, 2015.

(2) 이미지센서

촬상소자撮像素子라고도 하는 이미지센서Image Sensor는 카메라의 렌즈에 촬영된 영상을 전기신호로 변환하며 카메라의 해상도를 결정하는 주요 부품이다. 디지털 카메라에서는 필름 대신 이미지센서를 사용하여 영상을 저장한다. 영상감시시스템에는 일반적으로 CCDCharge Coupled Device와 CMOSComplementary Metal Oxide Semiconductor의 두 가지 종류의 이미지센서가 쓰인다. CCD의 장점은 화질이 좋고, 어두운 곳에서 촬영이 가능하나 전력소모가 크고, 충격이나 진동에 약하며, 가격이 비싸다는 단점이 있다. CMOS의 경우에는 전력소모가 적고, 충격과 진동에 강하며 가격이 저렴하다. 다만, 최근에는 기술의 발전에 따라 CCD와 CMOS 간의 성능 차이가 크게 감소하였다. 현재 스마트폰 등에서는 대부분 최신기술인 CMOS를 사용지만, 영상감시용 카메라에는 아직도 CCD가 더 많이 사용되고 있는데,

64 ASIS(2015). op. cit.

이는 저조도 특성이 CCD가 CMOS보다 더 우수하기 때문이다. 이미지센서는 수광부의 대각선 길이를 기준으로 1/4", 1/3", 1/2", 2/3"로 표시하거나 수광부의 화소수에 따라 40만 화소, 200만 화소 등으로 표시한다.[65]

(3) 회전장치

사용자가 카메라를 상하좌우로 움직이려면 팬틸트Pan-tilt 장치가 필요하다. 팬 장치가 카메라를 좌우로 움직이고, 틸트 장치는 상하로 움직인다. 이러한 팬틸트 기능은 하나의 카메라로 여러 카메라가 감시하는 것과 같이 넓은 영역을 감시할 수 있게 해준다. 팬틸트는 일반적으로 줌Zoom 렌즈를 사용하여 팬틸트줌PTZ이라는 카메라 형태로 불리거나 경보신호에 의해 사전 감시 위치를 정하여 자동으로 회전하기도 한다. 그러나 회전 카메라는 특정 지점에 대한 감시를 놓칠 가능성이 있으므로 예상 위협과 주변 환경을 고려하여 선택하여야 한다.[66]

(4) 보호덮개

카메라를 주변 환경이나 사람 등으로부터 보호하기 위해서는 보호덮개Housing가 필요하다. 내부 카메라 보호덮개는 천장에 다양한 종류의 마운트를 설치하여 장착한다. 외부에 설치되는 카메라는 겨울철 온도가 영하로 내려갈 때 줌렌즈나 자동조리개 렌즈가 비정상적으로 작동할 수 있으므로 보호덮개에 보온용 히터가 필요하고, 여름에 온도가 26℃를 넘으면 보호덮개에 냉각용 팬이 설치되어야 한다. 또한, 직사광선을 받는 경우 차단을 위한 선바이저 등의 장치가 필요하다.[67]

3) 촬영장치의 기준

촬영장치의 핵심적인 기준은 최저조도Sensitivity, 해상도Resolution, 특성Feature

65 천진민(2021). 이미지센서 및 카메라 시스템. 서울: 에이스미디어.
66 ASIS(2015). op. cit.
67 Ibid.

으로 구분된다. 민감도는 촬영을 통해 영상이미지를 생성하는데 필요한 가시광선의 최소량을 나타내며, 해상도는 영상이미지의 정밀한 정도이고, 특성은 카메라의 기본 기능 외의 특징적인 기능이라 할 수 있다.

(1) 최저조도

촬영장치가 영상이미지를 생성하기 위해서는 빛이 필요하므로 카메라가 배치되는 지점의 조명이 고려되어야 한다. 조명은 밝거나 흐릴 수 있고 일정하게 유지되거나 시간에 따라 변화될 수 있는데, 최저조도Sensitivity가 낮을수록 어두운 환경에서 뚜렷한 영상을 촬영할 수 있다. 다만, 최저조도가 아무리 낮은 촬영장치라 하여도 빛이 전혀 없는 환경에서는 촬영할 수 없다. 이러한 경우에 별도의 적외선 조명을 제공하는 적외선 카메라를 사용하면 촬영이 가능해지고, 가시광선이나 적외선 없이 특수한 필터와 렌즈를 사용하는 열화상카메라를 사용하면 시야 범위에 있는 물체 온도를 감지하여 색으로 구분하여 표출할 수 있다. 또한, 낮은 F-스톱F-stop 렌즈를 사용하면 더 많은 빛이 카메라로 들어오도록 할 수 있다. F-스톱은 조리개 렌즈를 통과하는 빛의 양을 표시하며, 숫자가 작아질수록 카메라의 광선이 들어오는 구멍의 입구인 조리개Aperture의 열림이 커지게 되어 렌즈가 받아들이는 광량도 커진다.[68]

〈그림 5-28〉 F-스톱에 따른 조리개 및 광량의 변화

출처: 위키미디어 커먼즈, https://commons.wikimedia.org/.

68 Doss(2019). op. cit.

(2) 해상도

해상도Resolution는 피사체의 세밀한 부분이 어느 정도까지 재현 가능한가를 정량적으로 표시하는 척도로서 해상도가 높을수록 깨끗하고 선명한 영상을 볼 수 있다. 영상 품질에 대한 가장 보편적인 측정기준으로 활용된다.

아날로그 카메라는 수평해상도 수치인 TVLTV Line로 표현되는데, TVL이란 표준해상도 차트에서 측정되는 수치로서 NTSCNational Television System Committee 표준과 PALPhase Alternation by Line 표준이 사용된다. 북미권을 중심으로 국내에서 사용되는 NTSC의 표준해상도는 480TVL이고, 480TVL을 디지털 이미지로 전환하면 이미지의 최대크기는 704×480의 화소를 가지게 되는데, 이를 SDStandard Definition 혹은 4CIFCommon Intermediate Format라 한다.

디지털 카메라는 이미지를 구성하는 최소단위의 점인 화소Pixel의 수에 의해 표현되는데, SDStandard Definition와 HDHigh Definition로 구분된다. 이 중 HD급은 화소수가 1280x720픽셀 이상으로 100만 픽셀 이상의 이미지를 제공하여 일반적으로 메가픽셀Mega Pixel이라 불린다. 최근에는 기술의 발전에 따라 3840×2160 픽셀 이상의 UHDUltra High Definition급의 초고해상도가 적용되고 있다.[69]

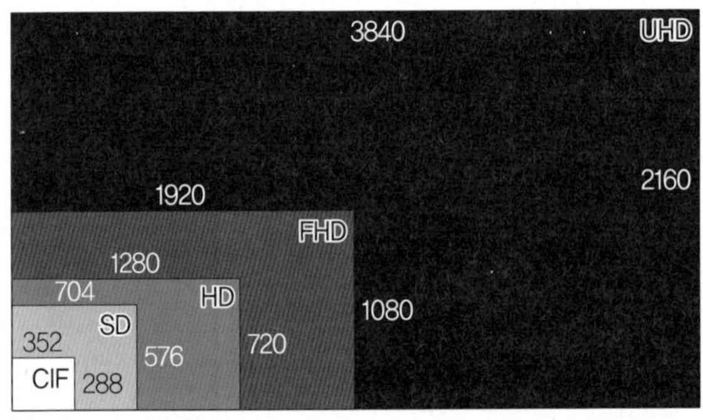

〈그림 5-29〉 디지털 카메라 해상도

또한, 카메라 해상도는 카메라에서 출력되는 신호 안에 포함된 잡음 성분의 비율로 인해 영향을 받을 수 있다. 이를 신호대잡음비(S/N비)Signal to Noise

69 ASIS(2015). op. cit.

Ratio라 하며 단위는 데시벨dB로 표시한다. S/N비가 높을수록 잡음이 없고 깨끗한 화면이 되는데, 예를 들어 신호가 100V이고 잡음이 1V이면 S/N비는 20 log(100/1)=40dB이 된다.[70]

(3) 특성

기본적인 기능 외에 카메라가 가지는 특별한 기능인 특성Feature에는 대표적으로 다음과 같은 것들이 있다.[71]

- 자동이득제어Auto Gain Control, AGC: 영상에 입력되는 빛의 양이 감소하는 경우에 영상신호를 특정 수준으로 유지하는 내부 증폭 장치이다. 따라서 빛의 양이 변하게 되는 옥외 카메라에는 AGC 기능이 필요하다. 다만, AGC를 사용하면 영상 노이즈를 증가시킨다는 단점이 있다.
- 역광보정Backlight Compensation: 밝은 배경 앞에 있는 물체를 보기 위한 것으로서 이를 위한 가장 일반적인 방법은 입력신호가 증가하거나 감소하면 자동조리개 렌즈가 비례하여 닫히거나 열리도록 하는 것이다. 다만, 밝은 영역의 카메라 밝기를 기준으로 조절되어 다른 모든 부분이 어두워지게 되는데 이를 해결하기 위해 최근에는 광역역광보정기능Wide Dynamic Range을 사용하여 어두운 피사체는 밝게 하되 동시에 주변의 밝기는 적절히 조절하여 최적의 영상을 얻을 수 있도록 한다.
- 자동초점Auto Focus: 자동으로 초점을 맞출 수 있는 카메라의 기능으로 동작을 추적하거나 장면이 변경될 때 카메라와 렌즈가 함께 작동하여 이미지의 초점을 맞춘다.
- 아이리스 렌즈Iris Lens: 카메라의 아이리스 개방을 조절하는 기능은 영상의 품질 면에서 중요한 역할을 한다. 아이리스는 이미지센서에 도달하는 조도를 최적으로 유지함으로써, 이미지가 선명하게 나타날 수 있게 한다. 아이리스 제어는 고정식 또는 조절식일 수 있으며, 조절식 아이리스 렌즈는 수동 또는 자동일 수 있다. 이 중 자동 아이리스렌즈Auto Iris Lens는 영상신

70 Kruegle, H.(2011). CCTV Surveillance: Video Practices and Technology. New York: Elsevier.

71 Doss(2019). op. cit.

호의 평균 진폭에 맞춰 조절하는 자동 렌즈로, 조명 조건의 변화에 맞춰 조절할 수 있다. 그리고 수동 아이리스렌즈Manual Iris Lens는 다양한 조명 조건에 상관없이 영상신호를 일정하게 유지할 수 있게 해주지만 일관된 조명 조건이 필요하므로 보통 실내에서 사용된다.

- 프라이버시 차단/이미지 보호Privacy Blocking/Image Protection: 이는 영상 이미지의 일부를 차단할 수 있는 기능을 카메라에 제공한다. 이 기술은 감시카메라의 부적절한 사생활 침해를 방지하기 위한 설정이 필요한 곳에서 유용하다.

2 제어장치

1) 아날로그 방식

아날로그 영상감시시스템은 여러 대의 카메라를 제한된 모니터링 환경에서 볼 수 있도록 하기 위해 아래의 몇 가지 제어장치를 사용한다.

- 영상절환 장치Video Selector: 여러 대의 카메라에서 보낸 영상을 설정된 시간 간격으로 하나의 모니터에서 차례로 영상을 볼 수 있게 하는 장치이다.
- 화면분할 장치Video Splitter: 영상절환 장치와 마찬가지로 한 개의 모니터에 여러 영상을 보여주는 장치다. 그러나 영상절환 장치와 달리 하나의 화면에서 여러 대의 카메라가 보여주는 영상을 동시에 그리고 지속적으로 감시할 수 있게 한다.
- 영상분배기Multiplexer: 영상절환 장치나 화면분할 장치는 여러 대의 카메라 영상을 한 대의 모니터에 보여주는 장치이지만, 영상분배기는 하나의 카메라에서 촬영한 영상을 여러 대의 다른 모니터에서 볼 수 있게 해주는 장치로 서로 다른 장소에서 영상을 감시할 수 있게 한다.[72]

72 Garcia(2008). op. cit.

2) 디지털 방식

디지털 영상감시시스템의 제어장치는 영상변환을 위한 변환기나 영상분배를 위한 스위처 등을 제외하고는 카메라 회전과 확대 등 대부분의 기능이 소프트웨어상에서 구현된다. 또한, 디지털 영상감시시스템은 기존의 아날로그 카메라를 아날로그-디지털 변환기(인코더)를 사용하여 디지털 신호로 변환하여 연결할 수 있고, 고속의 디지털 스위처를 통해 기존의 아날로그 시스템의 영상분배기와 같은 기능을 효과적으로 수행할 수 있다. 디지털 컨트롤러는 서버나 개인용 컴퓨터에 설치된 프로그램으로 사용자 인터페이스상에서 마우스 등에 의해 제어된다.[73]

3 전송장치

카메라에서 촬영된 영상은 관제 및 저장할 장치로 전송되어야 하고, 이를 위해서는 최적의 전송매체를 선택해야 한다. 일반적으로 동축케이블Coaxial Cable은 아날로그 카메라에 적용되지만, 비디오서버 등의 변환기 없이는 IP 기반의 영상감시시스템에서는 작동하지 않는다. 무선방식의 영상 송신기Transmitter와 수신기 Receiver, 유선방식의 이더넷Ethernet은 디지털 영상감시시스템에서 가장 일반적인 전송매체이지만, 원거리 전송을 위해서는 광섬유 케이블Fiber Optic Cable을 사용할 수 있다. 또한, RG-59, RG-7, RG-6, RG-1과 같이 BNC 커넥터를 사용하는 동축케이블이 연결된 아날로그 카메라는 아날로그-디지털 변환기(인코더)를 통해 디지털 신호로 전환할 수 있다. 한편, 디지털 신호의 전송 거리에는 한계가 있어 그 이상의 거리에 신호를 전송하기 위해서는 중계기Repeater가 필요하고, 영상이 외부 네트워크를 통해 원격으로 연결될 때에는 라우터Router가 필요하다.[74]

73 Nilsson, F.(2021). Intelligent Network Video: Understanding Modern Video Surveillance Systems, 2nd ed, Boca Raton: CRC Press.

74 ASIS(2015). op. cit.

디지털 영상감시시스템에 적용되는 트위스트페어Twisted Pair, UTPUnshielded Twisted Pair 케이블 등 RJ45커넥터를 가지는 이더넷용 전송매체는 ISO/IEC-11801 표준[75]에 의해 Cat-3, Cat-5, Cat-5e, Cat- 6, Cat-7 등의 범주가 정의되어 있다. 동축케이블, 광섬유 케이블, 트위스트페어 케이블, UTP 케이블, 마이크로웨이브 및 무선주파수, 적외선 전송, 기존 전화 회선에 의한 전송, 인터넷 또는 인트라넷 등 여러 종류의 전송 방법은 각각의 장단점을 가지고 있으며, 일반적으로 둘 이상의 전송 방법이 혼재되어 있다. 전송되는 정보에 대한 암호화 기술은 해킹이나 비인가자의 불법적인 영상 모니터링으로부터 유선 및 무선 전송을 모두 보호할 수 있지만, 전송속노가 영향을 받을 수 있다. 대부분의 카메라는 별도의 DC 12V의 전압이 공급되어야 하는데, IP카메라는 POEPower Over Ethernet를 통해 영상신호와 전기를 하나의 케이블로 전송할 수 있다.

4 저장장치

좋은 품질의 영상을 저장하기 위해서는 스토리지의 용량, 영상의 품질과 해상도, 압축방법, 초당 프레임 수가 적절해야 한다. 이론적으로 카메라 한 대가 1.4 메가픽셀의 H.264 방식으로 이미지 당 3MB의 용량을 초당 30개의 프레임으로 녹화하는 경우 초당 90MB의 저장 공간이 필요하다. 저장용량을 줄이기 위해서는 초당 프레임 수를 줄이거나 모션디텍션 방식으로 녹화하거나 압축률을 높이는 방법이 있다. 영상저장장치의 기본 유형은 디지털 영상저장장치, 네트워크 영상저장장치, 저장서버 방식이 있다.[76]

75 International Organization for Standardization/International Electrotechnical Commission(2017). Information Technology: Generic Cabling for Customer Premises(ISO/IEC 11801:2017).

76 ASIS(2015). op. cit.

1) 디지털 영상저장장치

디지털 영상저장장치Digital Video Recorder, DVR는 아날로그 영상을 카메라로부터 수신 후 디지털 형식으로 변환하여 하드드라이브, CD, DVD 등의 저장매체에 저장한다. 영상 데이터는 많은 저장 공간을 필요로 하므로 DVR은 특정 비디오 코덱Video Codec을 사용하여 이미지를 압축하는데, 종류에 따라 저장 영상을 재생할 때 영상 품질이 저하될 수 있다. 비디오 코덱은 디지털 영상을 압축 및 압축해제하는 기능의 장치 및 소프트웨어를 의미한다.

디지털 영상저장장치는 그 사양에 따라 카메라 설치 대수에 제한이 있고, 전송에 동축케이블을 사용함으로써 설치 거리에 제한이 있으며, 카메라와 직접 연결하는 고유 배선이 필요하고, 녹화 시간에 한계가 크며, 영상 품질이 좋지 않은 등의 효율 대비 고비용이라는 단점이 있다.[77]

2) 네트워크 영상저장장치

네트워크 영상저장장치Network Video Recorder, NVR는 디지털과 아날로그 신호 모두를 수신하도록 설계되었다. 그러나 현재는 주로 IP카메라로부터 디지털 영상을 수신하며, DVR보다 훨씬 우수하게 네트워크를 통해 고해상도의 영상을 제어하고 저장할 수 있다. 대개 수백 대의 카메라를 가진 시스템에 적합하며, 대부분의 NVR은 우수한 검색 기술을 가지고 있지만, 접근통제나 경보시스템과 같은 외부 애플리케이션에 사용할 수 있는 인터페이스나 기능의 양에 제한이 있는 경우가 많다.

네트워크 영상저장장치는 이론적으로 연결 가능한 IP카메라 대수에 제한이 없고, 이미 구축된 LAN 인프라 사용이 가능하며, 대용량의 데이터 관리와 원격으로 광역 모니터링이 가능하다는 장점이 있다. 이와 함께 복수 관리자가 동시에 제어 가능하며, 복수의 관리계층에서 감시 가능하다는 등의 많은 장점이 있어 디지털 영상저장장치와 비교하여 효율 대비 저비용으로 볼 수 있다.[78]

---

77 이진범, 앞의 책.

78 앞의 책.

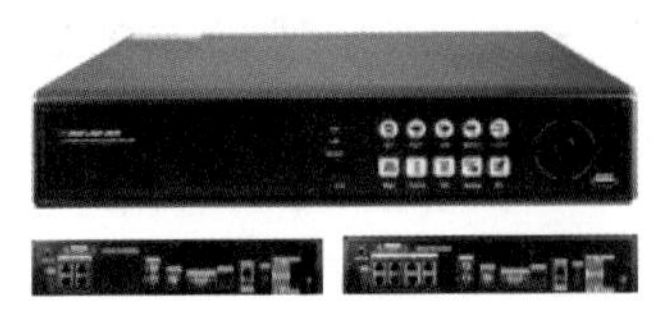
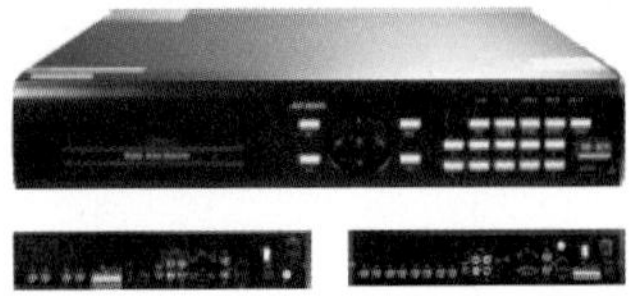

〈그림 5-30〉 DVR과 NVR

출처: SK쉴더스 제공.

3) 영상저장 서버/클라우드

영상제어 및 분석기능을 포함하고 있는 전용 프로그램으로 전송된 디지털 신호를 압축하여 서버Server나 클라우드Cloud에 저장할 수 있다. 이러한 방식은 정교한 저장과 검색, 다양한 녹화기능 설정과 프레임 수의 제어, 팬틸트줌PTZ 기능을 수행할 수 있게 해준다. 또한, 서버나 클라우드 등을 활용하여 영상을 원격으로 스토리지에 저장하고, 저장 영상을 수많은 모바일 및 PC에서 활용하도록 할 수 있다.[79]

5 영상감시 관제장치

영상감시 관제장치는 모니터링 기능을 제공하는 서버와 디스플레이 화면으로 구성된다. 서버에 탑재된 영상감시시스템을 관리하는 영상관리 소프트웨어Video Management Software, VMS는 감시카메라를 연결하고 저장하며, 현재 촬영되거나 저장된 영상을 볼 수 있게 하는 인터페이스를 제공한다. 표출되는 영상 이미지는 감시 목적에 따라 등급을 구분한다.

다음 〈표 5-4〉와 같이, 우리나라의 국가표준인 KS C IEC 62676-4[80]에서는 모니터 스크린에 표출되는 사람의 크기 비율을 HD급 화소수인 1080×720을

79 Nilsson(2021). op. cit.

80 KS C IEC62676-4: 보안 애플리케이션용 영상감시시스템: 제4부: 적용 지침.

기준으로 하며, 영국보안산업협회British Security Industry Association에서는 미터당 픽셀Pixel의 수를 기준으로 한다.[81]

〈표 5-4〉 표출되는 영상이미지의 등급

구분	이미지 수준	KS표준 (피사체 대 화면 비율, %)		영국기준 (pixels/meter)
		1080p	720p	
감시(Monitor)	피사체가 사람인지 차량인지 구분할 수 있음	5%	5%	12.5
탐지(Detect)	사람, 동물, 물체의 종류를 구분할 수 있음	10%	10%	25
관찰(Observe)	사람이 입은 의류 종류와 색상을 알아볼 수 있음	10%	15%	62.5
인식(Recognise)	얼굴을 알고 있는 개인을 식별할 수 있음	20%	30%	125
식별(Identify)	알려지지 않은 개인이나 차량번호를 식별할 수 있음	40%	60%	250
조사(Inspect)	개인의 세부적인 특징을 파악할 수 있음	150%	250%	1,000

*1080p는 HD급 해상도의 가로축 화소수, 720p는 세로축 화소수이다.

출처: KS C IEC62676-4; 영국보안산업협회 홈페이지, https://www.bsia.co.uk/ 재정리.

과거 아날로그 카메라가 적용되던 시기에는 객체 식별, 행동 식별, 장면 식별의 세 가지로 구분하였다. 객체 식별Subject Identification은 영상감시시스템이 의심의 여지 없이 피사체가 누구인지 또는 무엇인지를 결정할 수 있는 것이다. 객체 식별이 가능하기 위해서는 카메라가 정확한 시야각을 제공해야 한다. 아날로그 카메라에서 대상자는 전체 화면폭의 최소 10%를 차지해야 객체 식별이 가능하다. 보통 사람의 폭이 60cm 정도인데, 이는 영상을 녹화할 때 객체 식별을 위해서는 전체 녹화 장면의 폭이 6m 이하가 되어야 한다는 것을 의미한다. 또 이는 0.9m 거리에서 100달러 지폐를 볼 수 있는 정도이다. 다음으로 행동 식별Action Identification은 사람이나 물건의 종류와 그들의 어떤 활동을 하는지를 탐지하는 능력을 말한다. 예를 들어, 누구인지까지는 정확히 알 수 없지만, 사람이 사무실에 들어가서 물건을 가져갔다는 것을 확인하는 정도를 말한다. 마지막으로 장면 식별Scene Identification은 누구인지 어떠한 일이 발생하는지는 정확히 알 수 없지만, 넓은 범위에서 무언인가 발생하고 있다는 상황과 해당 행위가 발생한

81 영국보안산업협회(BSIA) 홈페이지(https://www.bsia.co.uk/) 2021. 7. 25. 검색.

지역을 식별할 수 있는 정도를 말한다.[82]

효과적인 영상관리 소프트웨어는 위협을 탐지하기에 적절해야 한다. 이를 위해 침입감지기 등이 경보를 탐지하였을 때 화면에 특정 카메라가 연동되도록 하거나, 감시카메라 자체의 모션디텍션 기능이나 영상분석 기능을 활용하여 특정 이벤트 발생 시에 관제요원이 인식할 수 있도록 팝업과 경보음을 발생하도록 할 수 있어야 한다. 이렇게 하면 경보가 발생할 때까지 관제요원이 다른 작업에 집중할 수 있어 업무효율이 향상된다. 실제로 영상관제요원이 위협 이벤트를 놓치지 않고 집중력을 유지할 수 있는 시간은 매우 짧은 것으로 알려져 있다.[83]

때에 따라서는 알람 발생 현장에 설치된 경보장치나 조명 등을 연동할 수 있고, 필요한 경보를 전파하기 위해 관리자의 휴대전화에 메세지를 보낼 수도 있다. 더 나아가서는 관리자의 휴대전화에 직접 해당 영상에 접근할 수 있는 권한을 주거나 영상을 전송할 수 있다. 이러한 기능은 침입경보 등의 위협 이벤트 발생 시 상황평가를 위해 사용되기 때문에 해당 경보의 탐지 지점과 카메라의 위치를 관리자가 직관적으로 인식할 수 있도록 시스템이 구성되어야 한다.[84]

영상감시시스템에 대한 표준은 국제전기협회의 'IEC62676 보안용 영상감시 시스템'[85]에 기술되어 있으며 주요 요구사항은 아래와 같다.

- 일반 데이터와 이벤트 데이터를 명확히 구분하고, 실시간 영상과 재생 영상, 이벤트 영상은 명확히 구별되어 표시되어야 하며, 이벤트 경보의 범위는 영상분석, 모션디텍션, 통신중단, 전원중단으로 시각적이고 청각적인 형태로 표출되어야 한다.
- 시스템 로그는 무단으로 편집되거나 삭제되지 않아야 하며, 경보, 변조, 영상손실 및 손실복구, 통신/전력고장, 시스템 시작/중지, 영상 추출, 계정 접속/변경, 영상검색/재생, 설정변경, 시간변경이 기록되어야 한다.
- 영상저장 및 표출 시 카메라해상도, 녹화해상도와 초당프레임수, 비디오입

82 ASIS(2015). op. cit.

83 전지혜, 안태기, 박광영, 박구만(2011). 지능형 영상 분석 소프트웨어를 탑재한 종합 감시 시스템 현장 구축에 관한 사례 연구, 한국인터넷방송통신학회논문지, 11(6): 255-260.

84 ASIS(2015). op. cit.

85 International Electrotechnical Commission(2018). Video Surveillance Systems for Use in Security Applications(IEC 62676).

력 채널/스트림, 저장용량 확인이 가능해야 한다. 또한, 카메라를 지정하여 영상저장기간을 정하고 초과하는 영상은 자동으로 삭제할 수 있어야 한다.

- 증거수집 및 확인을 위하여 영상의 재생 및 추출이 가능해야 하고, 영상 추출 시 프레임 단위의 영상품질에 변화가 없어야 하며, 기본적인 저장장치에 있는 원본 기록을 변경하지 않아야 한다.

모션디텍션과 지능형 영상분석[86]

영상감시체계를 구성하는 목적은 현재 일어나고 있는 상황이나 과거에 일어난 상황에 대한 시각적 정보를 얻기 위함이다. 그러나 이 중에서도 현재 일어나고 위협을 탐지하는 것은 전자보안시스템을 구성하는 목적이자 영상감시시스템에서 가장 중요한 부분이라 할 수 있다. 이를 위해 최근 모션디텍션 기능과 지능형 영상분석 기능이 활발히 사용되고 있다.

모션디텍션Motion Detection 기능은 촬영범위 내에서 영상 이미지의 변화가 발생할 때 탐지하여 경보를 발생시키는 방법으로, 아날로그 카메라와 디지털 카메라에서 서로 다른 방식으로 작동한다. 먼저, 아날로그 카메라는 영상신호를 모니터링하고 촬영 장면의 밝기 변화를 감지하는 것으로 비용은 저렴하지만 가경보가 자주 발생할 수 있다. 디지털 카메라의 경우에는 아날로그 카메라에 비해 촬영 장면을 셀 단위의 여러 영역으로 나누어 범위를 설정하고 해당하는 영역의 셀에서 일어나는 밝기, 대비, 객체 크기 및 이동 등의 변화를 탐지하므로 가경보가 상대적으로 적다. 모션디텍션 기능을 가장 효과적으로 활용하기 위해서는 탐지 요소를 세밀하게 조정하여야 한다. 따라서 설치 지점에서 예상되는 최저조도 하에서 모의 침투테스트를 수행하는 것이 바람직하다.

최근 빠르게 발전하고 있는 지능형 영상분석Intelligent Video Analytics 또는 지능형 영상감시 기능은 위협이나 탐지가 필요한 이벤트를 시스템 자체의 분석기능에 의해 탐지해주고, 더 나아가서는 감시 이외의 목적으로 필요한 정보를 추출할 수도 있다.

86 ASIS(2015). op. cit.

6 영상정보보호

영상감시시스템에 의해 촬영되는 영상 중 개인정보보호법 제2조 제7호의 '영상정보처리기기'에 해당하는 카메라에 의해 촬영되어 저장되는 영상은 개인영상정보에 해당하며, 법적인 규제를 받게 된다. 여기서 영상정보처리기기란 일정한 공간에 지속적으로 설치되어 사람 또는 사물의 영상 등을 촬영하거나 이를 유·무선망을 통하여 전송하는 일체의 장치로서 동시행령 제3조에 따른 폐쇄회로 텔레비전CCTV 및 네트워크 카메라를 의미한다. 또한, '개인영상정보'는 영상정보처리기기에 의하여 촬영·처리되는 영상정보 중 개인의 초상, 행동 등 사생활과 관련된 영상으로서 해당 개인의 동일성 여부를 식별할 수 있는 정보를 의미한다.

이러한 개인영상정보는 개인정보보호법에 의한 의무준수와 보호조치가 적용되어야 한다. 개인정보보호위원회가 마련한 '공공기관 영상정보 처리기기 운영가이드라인[87]'과 '민간분야 영상정보처리기기 운영가이드라인[88]'에 따르면 기본적인 준수사항은 다음과 같다.

- 화장실, 탈의실, 발한실 등 프라이버시 공간 촬영금지
- 안내게시판의 설치(외곽과 주 출입구)
- 녹음기능의 사용이나 설치목적을 벗어난 임의 조작 금지
  (당초 설치목적의 범위에서 방향전환 및 확대 기능의 사용은 가능함)

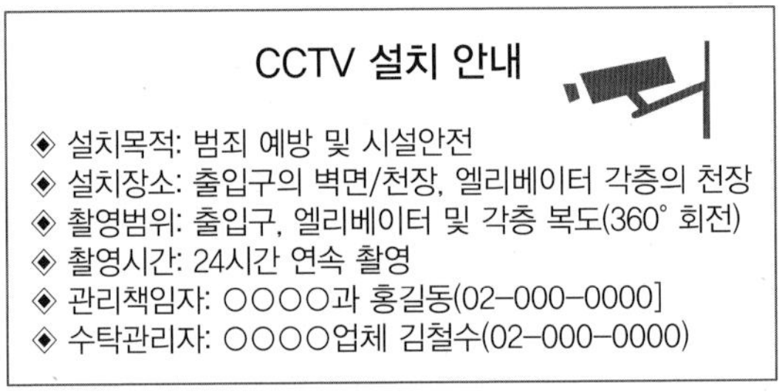

CCTV 설치 안내

◈ 설치목적: 범죄 예방 및 시설안전
◈ 설치장소: 출입구의 벽면/천장, 엘리베이터 각층의 천장
◈ 촬영범위: 출입구, 엘리베이터 및 각층 복도(360° 회전)
◈ 촬영시간: 24시간 연속 촬영
◈ 관리책임자: ○○○○과 홍길동(02-000-0000]
◈ 수탁관리자: ○○○○업체 김철수(02-000-0000)

〈그림 5-31〉 CCTV 안내게시판

출처: 개인정보보호위원회, 2021b.

87 개인정보보호위원회(2021a). 공공기관 영상정보처리기기 운영가이드라인. 서울: 개인정보보호위원회.

88 개인정보보호위원회(2021b). 민간분야 영상정보처리기기 운영가이드라인. 서울: 개인정보보호위원회.

또한, 앞서 설명한 기본적인 사항 이외에도 개인 영상정보의 안전성 확보를 위한 다음과 같은 실무적 조치사항이 준수되어야 한다.

- 영상정보처리기기 운영관리방침과 내부 관리계획의 수립
- 영상정보처리기기 운영관리책임자와 접근권한자의 지정
- 영상정보에 대한 물리적/기술적/관리적 안전성 확보조치
- 영상정보처리기기 운영관리방침에 명시한 영상저장 기간을 초과하는 영상은 5일 이내 파기

이때 운영관리방침에 포함하여야 할 사항은 다음과 같다.

- 영상정보처리기기의 설치 근거 및 설치목적
- 영상정보처리기기의 설치 대수, 설치 위치 및 촬영범위
- 관리책임자, 취급자 등 영상정보에 대한 접근 권한이 있는 사람
- 영상정보의 촬영시간, 보관기간, 보관장소 및 처리방법
- 영상정보 확인 방법 및 장소
- 정보주체의 영상정보 열람 등 요구에 대한 조치
- 영상정보 보호를 위한 기술적 · 관리적 및 물리적 조치
- 그 밖에 영상정보처리기기의 설치 · 운영 및 관리에 필요한 사항

카메라 영상에 촬영된 정보주체가 열람 및 제공을 요구하였을 때와 제3자가 요구하였을 때 법규에 근거하여 허가 및 거절에 대한 기준과 절차가 수립되어야 하고, 해당 문서를 외부에 공개해야 하며, 정보주체 등이 쉽게 접할 수 있도록 홈페이지에 게시하거나 고객안내센터 등에 비치하여야 한다. 이때, 정보주체의 영상정보 열람 등 청구에 대한 거부사유는 다음과 같다.

- 개인영상정보의 보관기간이 경과하여 파기한 경우
- 기타 정보주체의 열람 등 요구를 거부할 만한 정당한 사유가 존재하는 경우(예: 개인영상정보 열람으로 인하여 다른 사람의 사생활이나 정당한 이익을 침해할 우려가 큰 경우)

한편, 개인영상정보 목적 외 이용 및 제3자 제공 제한의 예외는 다음과 같다.

- 정보주체의 별도의 동의를 얻은 경우
- 다른 법률에 특별한 규정이 있는 경우
- 정보주체 또는 그 법정대리인이 의사표시를 할 수 없는 상태에 있거나 주소불명 등으로 사전 동의를 받을 수 없는 경우로서 명백히 정보주체 또는 제3자의 급박한 생명, 신체, 재산의 이익을 위하여 필요하다고 인정되는 경우
- 통계작성 및 학술연구 등의 목적을 위하여 필요한 경우로서 특정 개인을 알아볼 수 없는 형태로 개인영상정보를 제공하는 경우

위 개인정보보호 항목과 별도로 근로자참여 및 협력증진에 관한 법률 제20조 제1항 제14호에 의해 사업장 내에 근로자 감시 설비의 설치는 노사협의회의 협의를 거치도록 하고 있다.

법적 요구사항은 아니지만, 보안 환경에서 더미카메라Dummy/Fake Camera를 사용하는 것은 바람직하지 않다. 더미카메라를 설치하는 것은 사람들에게 관제요원이 위협을 목격하고 구조하리라 생각하는 것과 같은 잘못된 보호 의식을 제공할 수 있으며, 추후 소송의 원인이 될 수 있다.[89] 다만, 개인 주거와 같은 일반환경에서는 더미카메라의 사용이 효과적일 수 있다. 국내에서 수행된 침입절도 대상 선택에 관한 한 연구에서 침입절도범 대부분은 더미카메라나 실제 서비스와 연결되지 않은 무인경비 보안시스템 표지에 영향을 받아 해당 주거를 침입대상으로 선택하지 않았다는 연구결과를 보고하고 있다.[90]

89 ASIS(2015). op. cit.

90 Lee, J.(2006). Burglar Decision Making and Target Selection: An Assessment of Residential Vulnerability to Burglary in the Korean Context, Ph.D. Thesis, University of Portsmouth.

V 보안검색시스템(Contraband Detection System)

보안검색 장비는 인원이나 차량의 출입 시에 반출입이 금지된 장비와 물품을 검색하거나, 특정 공간에 보관 및 사용되고 있는 물품을 탐지하는 장비이다. 주로 개별적인 장비 단위로 배치되어 운영되는 것이 일반적이나, 최근에는 X선 검색기에서 촬영된 이미지를 자동으로 분석하여 경보를 발생하는 형태까지 발전하고 있다. 주요 보안검색 장비에는 아래와 같은 것들이 있다.

- 금속탐지기
- X선 검색기
- 전자감응기
- 폭발물탐지기
- 도청탐지기
- 불법촬영 카메라탐지기

보안검색 시 유의하여야 할 사항은 보안검색 장비를 활용할 때도 장비를 사용하지 않는 육안검색 방법을 간과해서는 안 된다는 것이다. 이는 육안검색을 수행하는 보안인력이 위협 항목과 그 특성을 인식하도록 적절하게 훈련받고 경계심을 유지할 때는 육안검색이 매우 효과적일 수 있기 때문이다. 육안검색 작업에는 위에서 나열된 기술들과 비교했을 때 처리 속도가 느리고 인건비로 인해 비용이 많이 든다는 단점이 있으나, 낮은 하드웨어 투자 비용과 유연성이라는 장점도 있다.

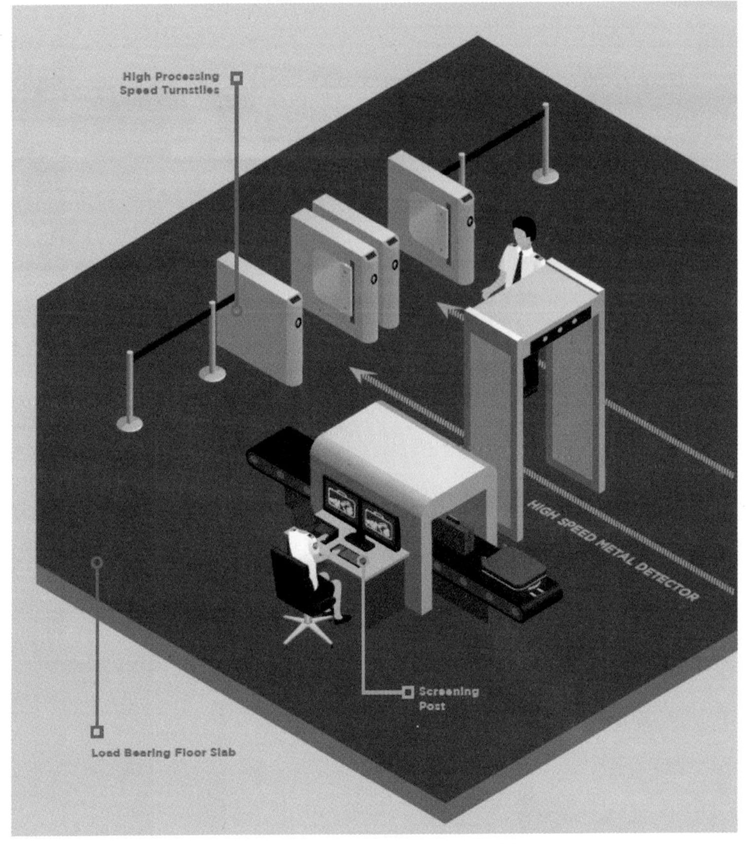

〈그림 5-32〉 보안검색 지점의 구성(예)

출처: Ministry of Home Affairs, 2018.

1 금속탐지기

금속탐지기Metal Detector는 주로 사람이 휴대한 금속을 검출하기 위해 사용되는 장비로 탐지기에서 형성된 유도자기장을 활용하여 검색한다. 전기를 통할 수 있는 금속이 금속탐지기의 자기장 안으로 들어오면 자기장이 파열되고, 이러한 파열이 소리나 다른 표시를 통해 알려지게 된다.[91]

91 산업보안실무위원회(2019). ISE 국가공인 산업보안관리사. 서울: 케듀아이.

금속탐지기에는 걸어 들어가는 문의 형태와 손에 들고 하는 형태의 검색기가 있다. 이 중에서 문형門型 금속탐지기의 경우 일반 주파수보다 높은 주파수를 사용할 때 탐지가 강화되는데, 감도가 지나치게 높으면 불필요한 경보가 급격히 증가한다. 휴대형 금속탐지기는 근거리에 접근시키면 매우 적은 양의 금속을 탐지할 수 있으나, 검색대상자가 검색 프로세스에 적극적으로 협조해야 하며 남성 보안인력에 의한 여성 검색에 한계를 드러낼 수도 있다.

유도자기장은 범위가 금속탐지기 외부까지 도달할 수 있으므로 금속탐지기 배치를 결정할 때 주의가 필요하다. 이는 엘리베이터 등 주변의 움직이는 금속 물체에 의해 경보가 울릴 수 있고, 전력선의 변동이나 빛의 변화에도 영향을 받을 수 있기 때문이다. 금속탐지기는 인접 지역의 움직이지 않는 금속에 대해서는 내성을 갖도록 설계되어, 콘크리트 바닥이나 벽에 들어있는 철근 자재 등은 문제를 발생시키지 않는다. 그러나 강철빔 주변에 설치하는 것은 자기장에 왜곡을 일으켜 오경보가 발생할 수 있으므로 적절하지 않다. 그러므로 가능하다면 금속탐지기 주변에는 불필요한 금속물질을 최소화해야 한다.[92]

한편, 금속탐지기를 효과적으로 사용하기 위해서는 탐지감도를 조정하여 무기와 밀수품 등을 탐지할 수 있도록 하고, 정기적으로 감도를 점검해야 한다. 또한, 장비 운용 인력을 훈련시키고 이들이 무기와 금지품 등을 탐지할 수 있는지 테스트해야 한다. 이때 필요한 탐지기와 인력의 숫자는 다음과 같은 요소들에 의해 결정된다.[93]

- 해당 지역에 들어올 것으로 예상되는 인원수
- 통제되어야 하는 무기와 금지품 등의 종류
- 금속탐지기의 효과적인 통과율
- 탐지기 운용의 물리적 구성
- X선 검색기나 다른 보조 장비 여부

92 Doss(2019), op. cit.

93 ASIS(2012), op. cit.

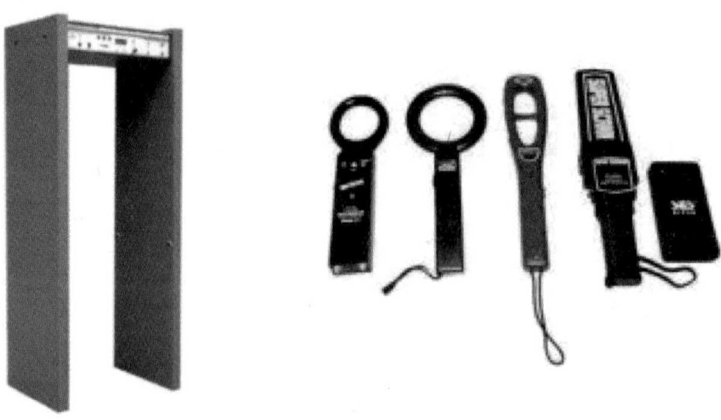

〈그림 5-33〉 문형 금속탐지기와 휴대형 금속탐지기

출처: National Police Academy, 2015.

2 X선 검색기

수화물을 검색하여 반입되거나 반출되는 금지 물품을 찾아내기 위해 사용하는 X선 검색기X-ray Scanner는 주로 물리적 위해를 가할 수 있는 총기나 도검류, 폭발물과 인가되지 않은 정보매체 등을 표출되는 이미지의 모니터링을 통해 찾아내는 장비이다. X선 검색기에 적용되는 방식은 관통식과 산란식으로 구분된다. 이 중 관통식은 다시 단일에너지 X선과 다중에너지 X선으로 구분되는데, 후방산란식 X선 방식을 제외한 나머지는 사람에게 직접 사용해서는 안 된다.

1) 관통식 X선 검색기

관통식 검색 방식은 다음 〈그림 5-34〉와 같이 X선 발생기X-ray Generator에서 발사된 X선 빔이 검색대상 물질을 관통하여 검출기Detector에서 형성된 형상을 모니터를 통해 보여주는 방식이다. 관통식 검색 방식 중 단일에너지 X선 방식은 무기, 도구 및 폭탄의 금속 성분과 같은 금속 품목을 찾는 데 사용된다. 또한, 단일에너지 X선 방식은 단순한 수화물로 이미지가 너무 복잡하지 않은 경우에 적용할 수 있으나, 밀도가 높은 컨테이너나 차량의 내용을 평가하는 데는 다중에너지 X선 검색장치를 사용해야 한다. 다중에너지 X선 검색장치는 특정 사이트에 화물차량을 검색하기 위하여 설치하기도 하는데, 차량을 관통하여 트렁크 내부나 화물이 가득 찬 트럭의 트레일러 내부까지 볼 수 있다.[94]

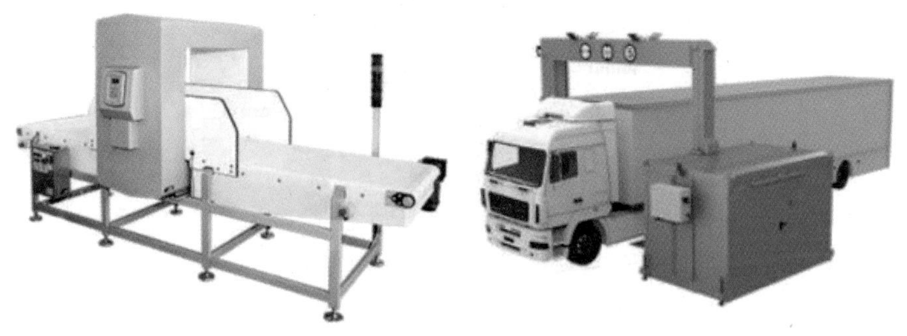

〈그림 5-34〉 X선 검색기

출처: Koslover et al., 2017.

2) 후방산란식 X선 검색기

후방산란Backscatter은 인체 검색에 사용되는 방식으로 일반적인 X선 검색대와 같이 검색대상 물질을 관통하지 않고, 약한 강도의 X선을 사용하여 검색대상 물질에 산란하여 검출기에 형성된 이미지를 보여준다. 따라서 숨겨진 물건을 안전하게 검사할 수 있으며, 옷 안에 숨긴 물건과 신체의 이미지를 제공해 준다. 검색대상자에 노출되는 방사선량은 1회 검색 시 약 10 마이크로렘 이하여야 하는데, 최근에는 X선을 사용하지 않고 밀리미터웨이브Millimeter Wave를 적용하여 방사선 노출 위험을 제거한 기술도 활용되고 있다.[95] 또한, 초기의 후방산란 X선 검색기가 보여주는 신체 이미지로 인해 프라이버시 문제가 제기되었는데, 최근에는 사용자의 스캔된 이미지가 컴퓨터에 저장되거나 프린트될 수 없게 설계되거나, 신체의 특정 부위를 자동으로 가리는 기능이 있어 사생활 침해를 일으킬 수 있는 소지가 많이 감소하였다.

94 ASIS(2015). op. cit.

95 ASIS 홈페이지(https://www.asisonline.org). op. cit.

〈그림 5-35〉 후방산란식 X선 검색기

출처: Koslover et al., 2017.

3) X선 검색 이미지 색상에 의한 식별

X선 검색기에서 검색대상 물품이 이미지의 형태로 표시될 때 나타나는 색상은 대상 물품의 소재에 따라 다르다.[96] 그러므로 이를 활용하여 더욱 편리하고 효과적으로 검색할 수 있는데, 표시되는 색상은 〈표 5-5〉와 같다.

〈표 5-5〉 X선 검색기 색상에 의한 구분

색상	구분	판독기준	내용
오렌지색	유기물질	색상/밀도	• 의류, 비누, 종이 등 유기 소재 표시 • 보통 저밀도의 물질에 해당
청색	무기물질	모양	• 철, 구리 등 금속 소재 표시 • 보통 고밀도의 물질에 해당
녹색	혼합물질	색상/모양	• 유리, 알루미늄 등 유기 + 금속 소재 표시 • 보통 중밀도의 물질에 해당
흑색	탐지 불가 (고밀도) 물질	색상/모양	• 물질 정보 알 수 없을 때 표시 • 명암의 차이로 구분

출처: 산업보안실무위원회, 2019.

96 산업보안실무위원회, 앞의 책.

〈그림 5-36〉 X선 검색기에서 표출된 이미지

출처: 위키피디아 퍼블릭도메인, https://en.wikipedia.org/.

무기와 금지품을 발견해 낼 수 있는 X선 검색기의 효과성은 전적으로 운용자의 능력에 좌우되므로, 이에 대한 훈련과 정기적인 테스트가 필수적이다. 최근에는 인공지능에 의한 이미지 판독 기술을 활용하기도 하는데, 이 기술은 검색 장비의 모니터를 장시간 보고 판별/판독해야 하는 보안요원의 피로도를 해소하여 보안검색시스템의 판별/판독률을 높이는 효과를 제공한다.

3 전자감응기

전자감응기Electronic Article Surveillance: EAS는 중요 물품에 태그Tag를 부착하고 검색대를 통과할 때 경보가 발생하도록 하여 도난이나 무단유출을 감시하는 장비로 크게 무선주파수Radio Frequency, RF와 전자기Electromagnetic, EM 방식으로 구분된다. RF 방식은 RF 태그를 물품에 부착하여 감응기를 통과할 때 RF 태그의 코일에 유도전기가 발생하고, 이때 안테나 사이에 흐르는 전류의 양도 변하게 되는데 이러한 전류의 변화로 경보가 발생하는 방식이다. EM 방식은 자기장을 형성하여 자기장에 반응하는 자성물질을 가진 태그가 부착된 물품이 전자감응기를 통과할 때 경보를 발생시킨다.[97] 이러한 전자감응기는 출력물을 통한 정보유출을 탐지하기 위한 목적으로도 쓰이는데, 이는 특정 구역에 전자감응기에 반응하는 특수용지만 사용 가능한 프린터를 배치하여 해당 프린터를 통해 출력한 출력물을 소지하고 전자감응기를 통과할 때 경보가 발생하도록 하는 방식이다.

〈그림 5-37〉 전자감응기

출처: SK쉴더스 제공.

4 폭발물탐지기

폭발물탐지 기술은 폭발물 자체를 탐지하는 벌크Bulk탐지와 폭발물과 관련된 입자 및 증기 등의 흔적이나 잔류물을 탐지하는 흔적Trace탐지 방식으로 구분된다. 국내에서는 벌크탐지를 '폭발물 탐지'라 하고 흔적탐지를 '폭발물 흔적탐지'라 하며, 이외에 액체 상태의 위험물이나 폭발물을 탐지하는 것을 '액체폭발물 탐지'로 구분하고 있다.[98]

97 ASIS(2015). op. cit.

98 항공안전 보안장비 종류 · 성능 및 운영기준 제2조, 국토해양부고시 제2010-257호.

벌크 폭발물 자체를 탐지하는 기술은 벌크 물질의 특성을 측정함으로써 폭발물의 존재 여부를 검사한다. 측정할 수 있는 특성은 밀도, 질소, 탄소, 산소 함량, 유효 원자번호 등인데, 일상적인 물품에서는 이러한 특성이 나타나지 않는다. 따라서 벌크폭발물은 X선 검색기에서 탐지될 수 있다. 그리고 폭발물의 흔적 증기와 미세 입자는 이온이동도분광법, 화학발광법, 질량분광법 등으로 탐지될 수 있다. 흔적 탐지 기법은 매우 민감하여 나노그램 미만을 탐지할 수 있는데, 물체를 면봉 등으로 문지르거나 내부 용기나 용기 표면에서 수증기를 채취하기도 하며, 사람의 옷을 흔들어 공기입자나 증기샘플을 수집할 수도 있다.[99]

이외에 폭발물 탐지에 보안견의 후각Canine Olfaction을 사용할 수도 있다. 보안견은 숨겨진 폭약과 마약을 찾기 위해 법집행기관과 군 등에서 널리 사용하는 방법으로, 특히 건물 검색 등 이동성이 요구되는 곳에서는 탁월한 효과를 발휘한다. 일반적으로 개의 후각 탐지 능력은 인간의 100배 정도이고, 잘 훈련된 보안견은 어떤 특정 지역을 빠르게 검색하는 능력이 매우 뛰어나다. 또한, 보안견은 실제 폭발물뿐만 아니라 폭발물이 남긴 냄새도 탐지할 수 있다.[100]

1) X선 검색기

다중에너지 X선 검색기는 다이너마이트와 TNT와 같은 유기물 폭발물을 인식한다. 그러나 흑색화약이나 무기물 염소산염과 같은 무기물 폭발물은 X선 검색기에 폭발물로 인식되지 않는다. 컴퓨터단층촬영Computer Tomography, CT은 전통적인 X선 장비로는 발견하기 힘든 플라스틱 폭발물 같은 것도 발견해 낼 수 있다. 컴퓨터단층촬영은 특수한 X선 검색기로 대형 도넛같이 생긴 구조체인 갠트리Gantry를 나선형으로 회전시켜 영상을 획득하고 3차원으로 이미지화하는 방법으로, 재료의 밀도 및 질량 등을 계산할 수 있는 정보를 추출할 수 있다. 일반 X선 검색기에 비해 컴퓨터단층촬영 장치는 무거운 회전 갠트리로 인해 구매 및

99 ASIS(2012). op. cit.

100 Ibid.

유지보수 비용이 상당히 높다.[101]

2) 이온이동도 분광장치

이온이동도 분광장치Ion Mobility Spectrometer는 이온의 이동속도를 측정하여 해당 탐지물에 대한 정보를 얻는 방식이다. 검색대상 물체 주위에 증기를 만들고 약한 베타선을 쪼이면 증기가 전기를 띤 이온이 된다. 여기에 균일한 전기장을 가하면 이온은 질량, 크기, 모양에 따라 각기 다른 이동속도를 가지게 되고, 이를 통해 얻은 분광사진을 분석하면 폭발물에서 나타나는 특이한 신호가 있는지 알아낼 수 있다.[102]

3) 화학발광 검출장치

화학발광 검출장치Chemi-luminescence Detector는 액체 과산화물 기반의 폭발물을 검출하기 위해서 발광센서를 포함하는 광학섬유가 사용된다. 이때 센서가 가지는 광전도성 구조는 과산화수소 기체와 탐지 재료와의 반응으로 인해 발생하는 화학 발광신호를 검출한다.[103]

4) 질량분광기

질량분광기Mass Spectrometer는 물질의 질량을 질량 대 전하의 비율로 측정한다. 질량분광기는 물질의 확인과 분석 시간이 짧으며, 감도가 매우 우수해서 흔적 탐지를 위해 가장 폭넓게 활용되고 있으나, 비교적 크기가 크고 무게가 많이

101 ASIS(2015). op. cit.

102 Ibid.

103 ASIS(2012). op. cit.

나가는 대형 분석 장비에 속한다.[104]

5) 색측정법

색측정법Colorimetry에서는 폭발물의 존재를 나타낼 수 있는 화학적 반응(색상 변화)을 일으키는 스프레이, 시험 종이 및 앰플을 사용한다. 색측정법은 오류율이 높다는 단점이 있다.[105]

▶▶ 화학 및 생물학 작용제 탐지[106]

화학작용제Chemical Agent의 경우, 적이 갑자기 치명적인 농도의 작용제로 공격할 수 있으므로, 보안시스템의 목표는 적을 성공적으로 중단 및 무력화할 수 있도록 조기에 경고하는 것이다. 화학검출기Chemical Trace Detector는 일반적으로 현장의 다양한 지점에서 공기를 샘플링하며 검사하므로, 어느 한 지점에 상시로 설치해서 사용하는 체크포인트검사Checkpoint Screening에는 적합하지 않다. 일부 화학검출기는 검사자의 안전을 위해 어느 정도 거리를 두고 감지하는 광학적Optical 방법을 사용한다.

생물학 작용제Biological Agent 탐지는 화학작용제 탐지와는 다음 두 가지 점에서 차이가 있다. 첫째, 대부분의 생물학적 작용제는 노출되었다 할지라도 사람에게 즉시 치명적이지는 않기 때문에 작용제에 대한 즉각적 대응의 중요성은 상대적으로 적다. 둘째, 탐지 방법으로는 보통 몇 시간 동안 공기를 필터링한 다음 필터를 분석하는 것이 일반적이다. 그러므로 사람들에 대한 노출을 방지하기 위해 생물학 작용제를 적시에 검출하는 것이 사실상 어려워, 탐지를 통해 작용제가 확인되면 그에 노출된 사람들을 치료하는 데 초점을 맞춘다.

---

104 ASIS(2015). op. cit.

105 ASIS(2012). op. cit.

106 ASIS 홈페이지(https://www.asisonline.org). op. cit.

5 도청탐지기

도청과 감청은 타인의 통화를 몰래 엿듣는다는 점에서는 본질적으로 같은 행위지만 합법 여부에 따라 그 용어가 달라진다. 예를 들어, 통신비밀보호법은 범죄수사와 국가안보를 위해 합법적인 방법으로 감청을 할 수 있도록 예외적으로 허가하고 있다.[107] 이를 법률용어로 '통신제한조치'라고 하며, 통상적으로 '도청'과 차별화해 '감청'이라 한다. 그리고 범죄나 기타 이익을 목적으로 법원 등 정부 기관의 허가를 받지 않고 유무선 통화나 남의 대화를 엿들으면 모두 도청이라고 할 수 있으며, 이는 당연히 불법이다.

이처럼 누구든지 통신비밀보호법과 형사소송법 또는 군사법원법의 규정 등에 의하지 아니하고 검열 · 전기통신의 감청 또는 통신사실 확인 자료의 제공, 공개되지 아니한 타인 간의 대화를 녹음하거나 전자장치 또는 기계적 수단을 이용하여 청취할 수 없도록 규정하고 있으나, 현재 우리 사회에서는 불법적인 도청이 종종 발생하고 있다. 도청을 위해 자주 사용되는 방법은 아래와 같으며, 도청탐지기는 유선도청에 대한 것과 무선도청에 대한 것으로 구분된다.

- 무선 송 · 수신 장치를 이용한 도청
- 레이저를 이용한 도청
- 일반 전화기 및 전화선을 이용한 도청
- 전력선을 이용한 도청
- 문이나 창, 벽의 진동을 감지하여 도청
- 소형녹음기를 이용한 녹음

1) 무선도청 탐지기

무선 도청장치를 찾아내기 위해서는 도청에 사용 가능한 광대역의 주파수를 탐지하는 방식이 가장 많이 사용된다. 무선 도청탐지를 위하여 전파스펙트럼 분

107 통신비밀보호법은 제5조와 제7조에 전기통신의 감청 즉 통신제한조치의 요건과 허가 및 승인절차를 규정하고 있고, 제8조에서는 통신제한조치의 긴급처분을 규정하고 있다.

석장비Spectrum Analyzer가 많이 사용되는데, 도청탐지를 보다 효과적으로 하기 위하여 도청기기에 의한 음파 변조 또는 도청기의 출력 변화를 모니터 화면상에 보여 줄 수 있는 장비를 함께 사용하기도 한다. 전파스펙트럼 분석기는 무선 도청탐지를 위해 모든 주파수 대역을 검색할 수 있어야 한다.

이동형 도청탐지기의 경우 전원이 꺼져 있거나 원격 ON-OFF형 및 간헐 발신형 도청기에 대한 탐지는 불가능하다는 문제점이 있다. 그러므로 도청의 위험이 상존하는 곳에서는 24시간 관제할 수 있는 상시형 도청탐지기가 효과적이다.[108]

또한, 무선도청 탐지를 위해 레이더 방식의 탐지장치를 사용하기도 하는데, 이는 도청장치를 구성하고 있는 반도체를 찾아내는 방식이다. 이러한 장비를 비선형 접합탐지기Nonlinear Junction Detector라고 하는데, 국내에서는 반도체 탐지기로도 알려져 있다. 비선형 접합탐지기는 탐지기에서 전자파를 발사하여 대상 물체로부터 방사되는 신호를 인식하여 도청기를 찾아낸다. 이 장비는 도청기나 원격 제어장치에 들어가는 부품인 반도체를 찾을 수 있으므로 도청기가 꺼져 있거나 고장이더라도 쉽게 찾아낼 수 있으며, 휴대전화기, 카메라와 각종 원격조종장치 및 이들이 포함된 폭발물 등도 탐지할 수 있다.[109]

2) 유선도청 탐지기

전화선을 이용한 도청을 탐지하기 위해서는 전화선로의 전압이나 전류, 저항의 변화 등을 감지하는 방법을 사용하게 되는데, 일반적 전기 작업에서 흔히 사용되고 있는 전기테스트기Electrical Tester가 유선도청을 탐지하기 위해서 사용될 수 있다. 현재 전화도청을 탐지하기 위해 사용되는 여러 형태의 장비들은 이러한 전기테스트기의 원리를 응용한 장비들이다.

유선전화 도청탐지를 위해 가장 효과적이고 확실한 방법은 전화와 연결된 선로를 일일이 따라가면서 직접 확인하는 육안검색이다. 그러나 전화단자함, 벽

108 산업보안실무위원회. 앞의 책.

109 앞의 책.

의 콘센트, 천장, 벽 속 등 가능성이 있는 모든 장소를 일일이 검색하는 것은 현실적으로 쉽지 않다는 문제점이 있다. 일반적으로 전화도청이 이루어질 때, 전화의 감도가 떨어진다는 인식이 있으나 전화감도를 증폭하여 보상할 경우 이를 파악하기가 어렵다.[110]

카운터서베일런스[111]

카운터서베일런스Countersurveillance는 비밀 감시를 포함한 모든 종류의 감시Surveillance를 방지하기 위해 시행하는 조치를 말한다. 카운터서베일런스는 물리적 환경에서 도청과 불법촬영에 대응하는 기술적 감시대응조치 Technical Surveillance Counter-Measures, TSCM뿐만 아니라, 컴퓨터나 모바일 장치 등을 통해 도청하거나 부정하게 영상을 수집하는 사이버 범죄에 대한 방지 조치 등도 모두 포함하는 용어이다.

6 불법촬영 카메라 탐지기

최근 스마트폰의 보급률 증가에 따라 고화질 스마트폰 카메라를 이용한 불법촬영과 손목시계형, 보조배터리형 등 변형 카메라를 이용한 불법촬영이 지속적으로 발생하고 있다. 또한, 인터넷을 이용한 불법촬영물의 빠른 유포로 인해 그 피해가 확산하고 있다.

불법촬영은 과거 방송 프로그램에서 몰래카메라로 불리면서, 오락적 의미로 인식되어 불법성을 약화한다는 지적이 있었다. 이로 인해 2017년 9월 26일 국무회의의 디지털 성범죄 피해방지 종합대책에서 '몰카'로 약칭되고 있는 '카메라 등 이용 촬영 범죄'를 범죄의식 강화와 불법성을 드러내기 위해 '불법촬영'이라는 용어를 사용할 것을 발표하였다. 우리나라의 성폭력범죄의 처벌 등에 관한

110 안교승(2019). 엿듣는 도청 엿보는 몰카: 서울에는 비밀이 없다. 서울: 인포더북스.

111 Coombs, W. T.(2007). PSI Handbook of Business Security. Westport: Praeger.

특례법 제14조 '카메라 등 이용 촬영 범죄'는 카메라나 그 밖에 이와 유사한 기능을 갖춘 기계장치를 이용하여 촬영한 촬영물 또는 복제물을 반포 · 판매 · 임대 · 제공 또는 공공연하게 전시 · 상영한 행위 등을 의미한다. 따라서, 불법촬영은 일반적으로 성적인 목적으로 동의를 받지 않고 불법적으로 촬영하는 것을 의미한다. 그러나 이 외에도 동의를 받지 않은 영리 목적의 촬영(스파이샷), 허가를 받지 않은 군사시설 및 국가중요시설, 항공촬영 역시 넓은 의미에서 불법촬영에 해당한다. 이러한 불법촬영 범죄의 예방과 적발을 위해 현재 렌즈 기반 탐지기와 전파 기반 탐지기가 주로 사용되고 있다.

1) 렌즈 기반 탐지기

렌즈 기반 탐지기는 목표물에 적외선을 발사하여 렌즈에 반사되는 빛을 통해 탐지하는 방식으로 불법촬영 기기를 탐지한다. 렌즈 기반 탐지기의 경우 전원이 꺼진 불법촬영 기기에 대한 탐지가 가능하며, 일반적으로 전파 기반 탐지기보다 가격이 저렴하고, 무게가 가벼워 휴대가 편리하다. 하지만 카메라 렌즈가 코팅되어 있으면 탐지를 하지 못하고, 카메라 렌즈가 외부로 노출되어 고정되어 있어야만 탐지할 수 있으며, 탐지하고자 하는 장소의 모든 표면을 일일이 탐지기를 통해 찾아야 한다는 단점이 있다.

2) 전파 기반 탐지기

전파 기반 탐지기는 전자기기에서 발생하는 전자파를 탐지하는 방식으로 불법촬영 기기를 탐지한다. 대부분의 무선 불법촬영 기기는 1.2GHz 또는 2.4GHz의 일정 주파수 대역을 이용하기 때문에, 해당 주파수를 역추적하여 불법촬영 기기를 찾아내는 방식이다. 그러나 기존에 사용하는 일반적인 주파수 대역이 아니라, 임의로 허가받지 않은 주파수 대역을 사용한 불법촬영 기기도 실제 유통되고 있어서 탐지의 실효성을 높이기 위해서는 영상 전송이 가능한 주파수 대역을 모두 탐지해야 한다는 어려움이 있다. 전파 기반 탐지기는 무선 도청탐지기의 저성능 장치에 해당한다.

3) 비선형 접합탐지기

무선도청기를 탐지하기 위해 사용되는 비선형 접합탐지기Nonlinear Junction Detector는 불법촬영 카메라를 탐지하기 위해서도 사용될 수 있다. 비선형 접합탐지기는 불법촬영장비 속의 반도체 부품에 반응하므로 전원의 켜짐이나 고장 여부와 관계없이 불법촬영 기기에 대한 탐지가 가능하다.

Ⅵ 물리보안 통합관제

물리보안시스템을 구성하는 가장 중요한 목적은 실제 발생하는 위협을 실시간으로 탐지하여 효과적으로 대응하기 위한 것으로 이를 위해서는 개별적으로 구성된 물리보안시스템을 통합하여 관제할 수 있는 체계를 갖추어야 한다.

1 관제센터의 구성

물리보안시스템을 관제하는 관제센터는 감시카메라를 통해 현장 상황을 모니터링하고, 출입통제장치의 상태를 확인하거나 제어하며, 침입감지기로부터 전송되는 경보를 탐지하는 것을 기본으로, 물리보안 장치들로부터 전송되는 영상과 신호, 로그 등의 다양한 정보를 저장하고, 검색할 수 있는 장소이다.

관제센터는 때에 따라 방재나 안전, 설비를 관제하는 기능과 통합될 수도 있고, 정보유출 탐지를 위한 정보보안 관제센터와 통합될 수도 있다. 이때 모든 요소가 통합되는 것이 가장 이상적으로 보일 수 있다. 그러나 다른 관점에서 보면 매우 크고 복잡한 시설의 경우에는 감당할 수 없게 통제범위가 커지게 되어 위협에 제대로 대응하지 못하게 될 위험도 존재한다. 그러므로 적절한 수준을 정하여 공간적/기능적으로 상호 연동되도록 하는 것이 가장 바람직하다.

관제센터의 내부 디스플레이는 관제요원에게 적합해야 하는데 모니터의 밝기와 각도 및 센터 내의 온도, 습도, 소음, 조도를 적절하게 하여 피로도를 줄이고 안락함과 제어를 위한 콘솔, 마우스, 조이스틱, 마이크나 유무선 통신장치를 관제요원의 팔이 닿는 범위 내에서 쉽게 사용할 수 있도록 배치해야 한다. 또한, 다수의 인원이 관제하는 경우에는 모니터링과 제어에 있어서 적절한 역할 분담이 사전에 정해져야 한다. 상시 모니터링이 필요한 화면은 관제요원의 시야와 직각을 이루도록 배치하고, 메인화면은 중앙에 두고 보조화면은 관제요원이 머리를 움직이지 않고 눈을 움직여서 볼 수 있는 범위 내에 위치시키는 것이 좋다. 그리고 실시간 관제가 필요 없는 부분은 상하 및 좌우 30도 각도 이내의 시야 범위에 위치시키는 것이 바람직하다. 경보음은 복잡하고 소란스러운 환경에서도 구별할 수 있어야 하며, 시각적으로 경보를 식별할 수 있도록 신호등 색상을 기본으로, 깜빡이는 표시가 팝업 화면 등과 함께 제공되어야 한다. 또한, 관제센터 내부에는 물리보안시스템의 서버 및 네트워크 장비를 보관할 수 있는 서버룸과, 휴식장소, 회의/조사 등의 업무수행 공간이 함께 구성되는 것이 바람직하다.[112]

관제요원이 영상감시 모니터를 집중력을 가지고 볼 수 있는 시간은 한정적이므로 주기적으로 휴식을 취하는 것이 매우 중요하다. 그러므로 관제센터에는 복수의 관제요원이 상주하여 교대로 모니터링하는 것이 좋다. 그리고 관제센터에서는 무단침입, 기물파손, 절도 등의 범죄신고를 위해 경찰과 연락하는 경우가 있으므로, 경찰 수사가 있을 경우에 대비하여 녹화영상을 지정된 기간 보존해야 하고, 발생한 모든 사건에 대한 서면 기록을 보관해야 한다.[113]

〈그림 5-38〉 통합관제센터

출처: SK쉴더스 제공.

112 ASIS(2015). op. cit.

113 Fennelly, L.(2017). Effective Physical Security, 5th ed, Boston: Butterworth-Heinemann.

2 관제시스템의 통합

효과적인 물리보안 관제를 위해서는 출입통제시스템, 침입경보시스템, 영상감시시스템, 보안검색시스템에서 발생하는 경보신호를 실시간으로 모니터링하고 적절한 현장대응을 지시할 수 있어야 한다. 이를 위해 개별 시스템이 각각 모니터링되기도 하고, 일부 시스템이 연동 및 통합되어 모니터링되기도 한다. 최근에는 물리보안정보관리Physical Security Information Management, PSIM 플랫폼을 활용하여 모든 장비와 시스템을 통합하여 분석하는 단계로 진화하고 있다.[114]

1) 시스템별 관제

시스템별로 분리된 상태의 물리보안관제를 수행하는 것으로서, 출입통제시스템은 출입문의 개폐상태와 출입자 현황 등을 확인하고 출입문이 비정상적으로 개방되거나 분실카드 사용 등 비정상적인 출입시도에 대한 경보를 표출한다. 그리고 침입경보시스템은 감지기에서 탐지된 경보를 표출하는데 일반적으로 상당한 수준의 오경보와 가경보를 포함하고 있다. 그러므로 관제요원이 해당 지점의 영상감시카메라로 재확인하거나 현장에 배치된 보안요원을 통해 실제 경보인지 여부를 확인해야 한다.

영상감시시스템의 경우에는 카메라에 모션디텍션 기능을 적용하여 움직임이 발생하였을 때 자동으로 탐지할 수 있다. 모션디텍션 기능의 한계는 일반적인 상황에서 사람이나 물체의 움직임이나 조명의 변화 등을 일괄적으로 탐지하게 되므로, 사람의 통행 등이 빈번하지 않은 실내 공간과 같이 영상 이미지의 변화가 일어나지 않는 제한된 공간에만 적용 가능하다는 점이다. 따라서, 나머지 공간에 설치된 카메라는 보안요원이 직관적인 판단력에 의존해 지속적으로 모니터링을 해야 하는 부담이 있다.

114 이상희, 이상학, 최연준(2020). 물리보안정보관리(PSIM) 플랫폼을 활용한 팬데믹 대응방안. 시큐리티연구, 특별호: 171-184.

2) 시스템 간 연동

침입경보시스템 및 출입통제시스템에서 경보 이벤트가 발생한 경우 해당 지점의 감시카메라가 연동되어 자동으로 표출되도록 하는 방법이 있다. 이때 해당 영상과 경보 이벤트의 종류가 동시에 표출되며 팝업과 알람으로 관제요원이 상황을 즉시 인지할 수 있다. 이러한 방식은 위협을 탐지하여 확인하는 데 소모되는 시간을 줄여줄 수 있으나, 시스템별 기능 범위 내의 이벤트만 확인 가능하다는 한계가 존재한다.

3) 영상분석솔루션

영상분석솔루션은 촬영된 영상이나 이미지를 분석하고 특성을 인식하여 사전에 정의된 위협을 탐지하는 것이다. 이러한 방식을 활용하면 사전에 입력된 분석알고리즘에 의해 탐지나 인식을 하게 되어 특정 위협을 자동으로 탐지할 수 있게 된다. 그러나 분석기능의 한계로 인한 가경보가 발생하게 되므로 관제요원의 추가적인 확인이 필요하다. 지능형 영상분석 기능의 구현은 영상에서 발생하는 여러 상황을 신속 정확하게 탐지하고 경보하는 지능형 영상분석 솔루션에 달려 있다. 그러므로 다양한 영상 데이터베이스를 활용한 분석알고리즘의 개선이 필수적이다. 영상분석은 경보탐지에 대한 신뢰도가 중요하며, 이를 위해 우리나라에서는 한국인터넷진흥원(KISA)이 배회, 침입, 유기, 싸움, 방화, 쓰러짐 등의 상황에 대한 성능시험을 통한 인증을 진행하고 있다.

또한, 영상분석 방식은 중앙집중형과 분산형으로 구분된다. 중앙집중형 시스템에서는 지능형 분석기능이 영상분석 서버에 포함되어 있어 전송된 영상을 중앙에서 분석하는 형태로 많은 CPU와 메모리가 필요하며 서버당 처리 가능한 카메라의 수가 제한적이다. 분산형 시스템에서는 지능형 영상분석 기능이 네트워크 카메라 또는 비디오 인코더에 포함되어 있다. 그러므로 카메라 자체에서 분석이 이루어지기 때문에 영상을 서버에 보낼지를 결정할 수 있어, 네트워크 대역폭과 컴퓨팅 소비량을 감소시킬 수 있다는 장점이 있다.[115]

---

115 Nilsson, op. cit.

4) 통합관제플랫폼

물리보안정보관리Physical Security Information Management, PSIM 플랫폼은 다양한 종류의 하위 물리보안시스템과 장치로부터 이벤트와 로그를 수집하여 상관관계나 임계치 초과 여부, 패턴의 변화를 분석한 후 경보 이벤트를 표출한다. 또한, 경보유형별로 사전 준비된 대응 절차를 표출하여 경보전파 및 긴급대응조치, 보고 등이 가능한 한 빠르게 실행될 수 있도록 한다.[116]

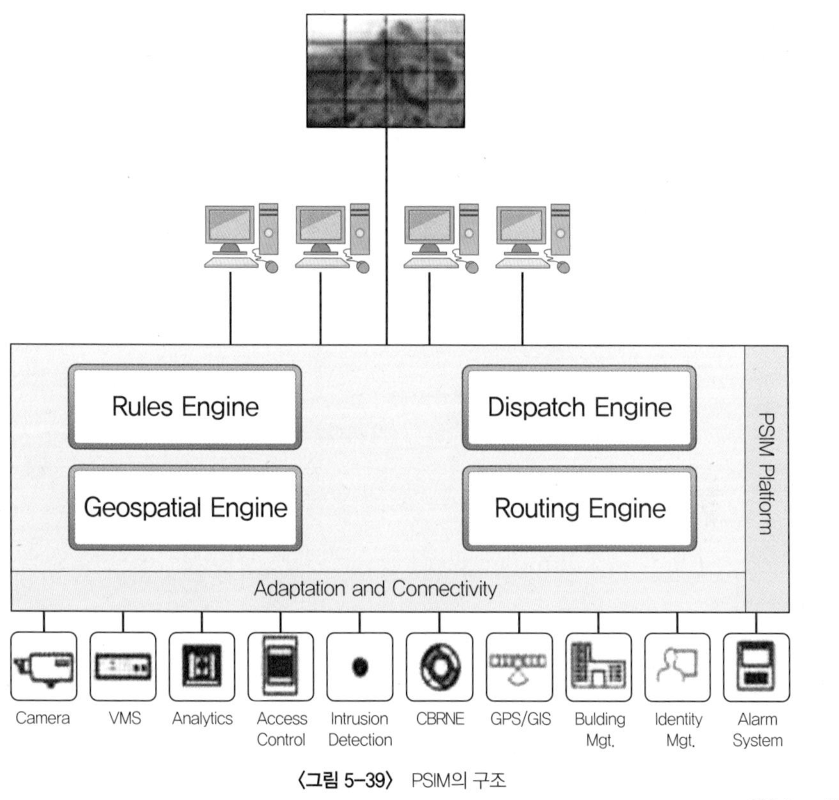

〈그림 5-39〉 PSIM의 구조

출처: Drago, 2015.

PSIM은 관제요원과 상황을 평가해야 하는 관리자에게 위협탐지 정보를 신속하게 보여주고, 대응을 위한 절차와 지침을 제공해 주며, 대응 절차의 일부를 시스템에서 자동으로 처리한다. 그리고 사람에 의해 처리되는 경우에도 누락 없

116 이상희, 이상학, 최연준, 앞의 논문.

이 신속하게 진행되도록 도와준다. 최근에는 필요에 따라 물리보안시스템 외에 산업안전, 소방방재, 건물설비의 범위까지 확대 연결하는 추세다.

(1) PSIM에 요구되는 기능

위협을 효과적으로 탐지하고 대응하기 위해 PSIM에서는 수집, 분석, 확인, 대응, 보고의 다섯 가지 기능이 구현되어야 한다.[117]

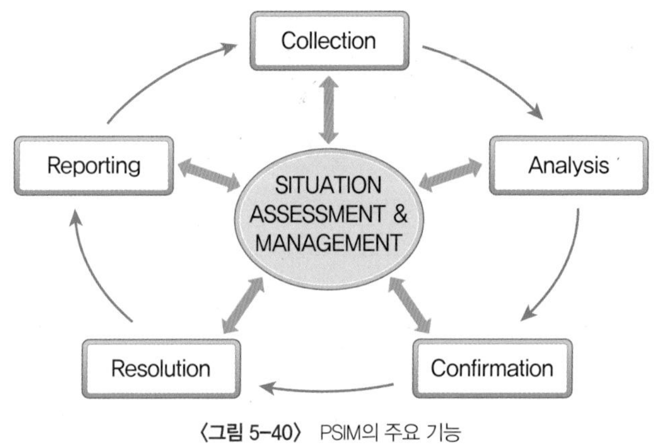

〈그림 5-40〉 PSIM의 주요 기능

출처: Drago, 2015.

- 수집Collection: 다양한 장비 및 시스템에서 데이터를 수집한다.
- 분석Analysis: 데이터, 이벤트 및 경보를 상호 연관시키거나 임계치나 패턴을 설정하여 복합적으로 연관 지어 분석하여 발생상황과 우선순위를 식별한다.
- 확인Confirmation: 상황을 확인할 수 있도록 관련 정보를 운영자가 쉽게 파악할 수 있는 형태로 제공한다.
- 대응Resolution: 조직의 정책에 따라 단계별 지침 및 상황을 해결하는 도구 등 표준운영절차Standard Operation Procedure, SOP를 제공한다.
- 보고Reporting: 위반사항, 통계치 등의 분석 보고서를 제공한다.

117 Drago, A.(2015). Methods and Techniques for Enhancing Physical Security of Critical Infrastructures. Ph.D Thesis, University of Naples.

이와 같은 기능적 요구사항을 충족하기 위해서 PSIM은 다양한 물리보안장치와 하위시스템으로부터 발생하는 데이터를 수집하고, 이를 시스템 공간에 저장되는 동시에 분석 엔진을 활용해 분석한다. 그러므로 다양한 데이터의 수집을 위한 프로토콜 및 장비에 유연한 연동성을 제공해야 하며, 각 장비로부터 수집된 데이터 간의 상관관계를 적절하게 분석할 수 있어야 한다.

(2) PSIM의 활용 범위

PSIM은 물리보안시스템의 경보를 식별하고 분석하는 일련의 프로세스를 자동으로 처리해주는 플랫폼이라 할 수 있다. 그러므로 PSIM에서 수집하여 처리하여야 하는 물리보안시스템의 주요 경보 범위는 아래와 같다.

〈표 5-6〉 물리보안시스템의 경보처리 범위

구 분	경보범위
출입통제	강제 개방, 장시간 개방, 테일게이팅, 패스백, 도난/분실카드 인증, 리더기 개방, 통신/전원중단, 검색이미지 경보(X선 장비/스캐너)
침입경보	외곽 감지기, 내부 감지기, 감지기 개방, 통신/전원중단
영상감시	모션디텍션, 영상분석, 사운드분석, 통신/전원중단, 카메라 무단조작

출처: Drago, 2015 재정리.

〈표 5-6〉의 단일경보는 위험 양상 및 수준에 따라 PSIM에서 여러 가지 형태로 상관분석 될 수 있다. 예를 들어, 서버실의 출입문에 강제개방 신호와 동시에 내부 침입감지기의 경보와 영상감시시스템의 모션디텍션 경보가 발생한 경우, 실제 침입 사건이 발생하였을 가능성이 매우 크므로 즉시 현장을 확인할 수 있도록 관련 영상을 표출하고 근접한 보안요원에게 현장 출동 지침을 모바일로 전송할 수 있다.

PSIM은 여러 정보 간의 상관관계 분석을 통해 조직화 되지 않은 많은 양의 비정형 데이터를 실용적이고 가치 있는 정보로 변환할 수 있는 플랫폼이며, 물리보안뿐만 아니라 다양한 산업에서의 위험에 대해 탐지 · 대응하는데 적용할 수 있다. 제한된 수의 제품을 인터페이스 하는 형태인 기존의 통합방법과는 달리, PSIM 기반의 통합은 데이터 수준에서 모든 시스템을 연동할 수 있으며, 이터넷에 연결 가능한 모든 시스템, 감지기 또는 장치를 관리 및 모니터링할 수 있다. 따라서 PSIM 플랫폼을 통해 정보보안, 소방방재, 산업안전 영역의 데이터 및 신호 연계까지 가능하다.

소방방재, 빌딩설비, 산업안전과 관련된 장비와 시스템에서 발생하는 경보 중 일부를 PSIM에서 추가로 수집하면 위협의 탐지가능성을 높일 수 있다. 예를 들어, 화재감지기로부터 수신된 화재경보와 화재탐지용 지능형 영상분석 카메라의 경보를 상관분석하여 화재경보탐지를 고도화할 수 있다. 또한, 위험물의 이상징후나 가스, 유해화학물질의 누출 탐지 경보를 수신하여 침입경보와 상관분석하여 고의적 위해행위인지를 판단하는 형태로 고도화할 수도 있다. 이를 통해 대피경로 확보를 위한 출입구 개방 및 경보전파 시스템, 측위 정보와도 연동할 수 있다.

또한, 물리적 경로를 통한 정보유출의 탐지를 효과적으로 수행하기 위해 IT 보안 영역에서 탐지되는 유출 징후를 PSIM에서 추가로 수집하여 기존에 수집된 물리보안시스템과 상관분석할 수도 있다. 이렇게 분석된 정보는 위험도를 구분하여 보안검색 지점에 실시간으로 경보를 전송함으로써 유출 고위험자에 대한 보안검색 절차와 기준을 강화하거나 보안관리자에게 정보를 제공하여 사전조사가 이루어지도록 할 수 있다. 그리고 유출 징후가 낮은 인원에 대해 출입 간 보안검색 절차와 기준을 간소화하여 편의성을 향상시킬 수 있다.

보안과 안전의 차이

보안Security과 안전Safety은 바라보는 관점에 따라 다양한 의미로 해석될 수 있다. 이와 관련하여 이창무[118]는 "보안과 안전의 개념상 차이는 인위성 여부에 따라 발생한다. 보안은 사람의 행동으로 피해가 발생하는 상황을 전제로 한다"라고 강조하며, 보안 위협이 인간의 인위적 행위로 발생한다고 하였고, 안전은 우연 또는 과실에 의해 발생하는 사건·사고에 대

118 이창무(2011). 산업보안의 개념적 정의에 관한 고찰. 산업보안연구, 2(1): 73-90.

한 위협을 의미한다고 하였다. 한편, Firesmith[119]는 보안은 악의적 피해Malicious Harm로, 그리고 안전은 우연한 피해Accidental Harm로 구분하였다. 그러나 이 책에서 여러 번 언급한 바와 같이 현재의 보안은 안전의 범위까지 그 영역이 점차 확대되고 있으며, 특히 물리보안은 시스템 인프라와 운영 프로세스에 대해 안전과 통합되어 운영될 때 그 효율이 증대되는 것이 일반적이다.

〈표 5-7〉 보안과 안전의 차이

보안	안전
인위성 있음(고의성)	인위성 없음(우연성)
고의적 위협	우연 또는 과실에 의해 발생하는 사건 · 사고

119 Firesmith, D. G.(2003). Common Concepts Underlying Safety, Security and Survivability Engineering(CMU/SEI-2003-TN-033), Pittsburgh: Carnegie Mellon University.

제 6 장

운영인력적 통제

I 운영인력적 통제요소

운영인력적Human 요소는 물리보안 통제체계의 유효성을 책임지는 필수적이며 핵심적인 수단으로 일상적인 보안 운영으로부터 위협에 대한 탐지 및 대응에 이르기까지 인간의 주관적 판단 능력이 필요한 모든 물리보안 업무에 관여한다. 정보통신기술의 진보에 의한 물리보안시스템의 발전에도 운영인력적 통제요소는 물리보안시스템의 필수적 요소로 남아있으며, 건축구조적 요소 및 전자시스템적 요소와 전략적으로 통합하여 효율성을 극대화해야 한다는 인식이 높아지고 있다. 다만, 운영인력적 요소에는 비용이 많이 들 수 있으므로, 주기적으로 그 활용의 타당성을 평가해야 한다.

이러한 운영인력적 보안 요소는 역할에 따라 크게 보안관리자Security Manager와 보안요원Security Officer으로 구분되는데, 보안관리자는 조직의 경영과 위험에 대한 이해를 바탕으로 물리보안 정책을 수립하고 그러한 정책이 이행될 수 있도록 추진하는 담당자로서 전체적인 보안체계를 유효성 있게 관리하는 역할을 담당한다. 그리고 보안요원은 보안관리자의 지도감독 하에 물리보안 통제체계를 유지하는데 좀 더 직접적인 임무를 수행하는 담당자를 말한다. 미국산업보안협회ASIS에서는 신체적, 정신적으로 인간의 정교함을 뛰어넘는 인공지능Artificial Intelligence, AI의 등장 이전까지는 보안관리자나 보안요원의 필요성을 완전히 없애지는 못할 것이며 특히, 보안관리자를 보안의 제반 통제수단을 최종적으로 통합하는 정점에 있는 것으로 보고 있다.[1]

1 ASIS(2015). Physical Security Principles, Alexandria: ASIS International.

Ⅱ 보안관리자

1 역할

보안관리자란 조직의 경영과 위험에 대한 통찰력을 바탕으로 보안정책을 수립하고 그 정책이 이행될 수 있도록 관리하는 사람으로서, 보안관리자의 역할은 조직과 사업의 특성이나 규모에 따라 차이를 보인다. 국내기업의 보안관리자의 역할은 주로 정보보안 관리영역에 치중하는 데 비해, 글로벌기업의 보안관리자는 물리보안을 포함한 상대적으로 폭넓은 보안관리Security Management 임무를 수행하고 있다. 이 책에서는 글로벌기업의 보안관리자 역할을 중심으로 기술하고자 한다.

1) 물리보안 정책 및 절차관리

보안정책은 예상 위협과 주변 환경, 주요사업과 보호 대상, 보안요구사항 등의 변화에 따라 주기적인 개정을 통해서만 실효성을 유지할 수 있다. 또한, 정책의 변화에 따라 보안운영 지침과 절차를 적절히 개정하여야 한다. 그러므로 보안관리자는 조직의 법무팀과 함께 보안 관련 정책, 지침 및 절차가 아래 사항을 만족시키고 있는지를 주기적으로 검토하여야 한다.[2]

2 Doss, K. T.(2019). Physical Security Professional Study Guide, 3rd ed, Alexandria: ASIS International.

- 합법적으로 보안관리업무가 수행되고 있다.
- 조직 내부의 정책 및 절차를 준수한다.
- 업계 모범사례Best Practice를 따른다.

2) 보안요원 운영관리 및 교육훈련

보안요원에 대한 유효성 있는 운영관리를 위해 필요한 것으로, 첫째는 적합한 보안요원을 채용 후 실질적인 훈련을 통해서 수행역량을 갖추는 것이고, 그 다음으로 평상시와 비상시 모두의 업무수행이 문서화된 표준운영절차Standard Operation Procedures, SOP에 의해 수행되도록 하는 것이다. 그리고 이러한 운영관리 수준은 객관적인 지표에 의해 주기적으로 평가되어야 한다.[3] 표준운영절차는 작업을 수행하는 방법을 단계별로 정리해 놓은 지침들을 모은 것으로써, 작업 과정에서의 소통과 실패를 줄이면서 품질과 효율을 높여 균일한 성과를 달성하는 것을 목적으로 한다.

도급 경비업체의 보안요원 운영

경비업법 제2조에 의해 "경비업"이란 경비업무를 전부 또는 일부를 도급받아 행하는 영업을 말하는 것으로 경비법은 도급을 전제로 이루어진다. 따라서, 하도급업체의 보안요원에 대한 원도급업체 보안관리자의 직접적인 지시는 하도급법상의 부당한 경영간섭에 해당할 수 있다. 따라서, 원도급업체는 사업발주 시 보안요원의 운영과 관련된 요구사항과 계약 내용을 구체적으로 반영하고, 도급업체의 대표관리자를 통해 경비용역의 계약 내용이 이행될 수 있도록 하고 계약된 품질평가 기준에 따라 주기적인 점검을 진행하여 개선하여야 한다. 또한, 긴급한 비상 상황에서는 신속하고 일사불란한 대응체계가 작동할 수 있도록 계약 내용에 비상대응 협조 내용을 포함해야 한다.

3 Hess, K. M./이민식, 김성언, 박현호, 이주락, 황세웅 譯(2013). 민간보안론, 서울: 박영사.

◈ 보안요원 운영 관련 계약반영 시 포함 고려사항

1) 법률적 요구에 적합한 인력 채용

2) 직무교육 계획

3) 보안요원의 업무수행기준 및 절차

4) 주기적 평가기준 및 절차

5) 비상대응 협조내용의 계약서 포함

- 비상상황 발생 시 초기대응에 대한 중앙통제조치 협조
- 사업장 합동훈련에 참여

3) 물리보안 관련 설비 및 시스템 운영관리

물리보안시스템이 정상적으로 작동되도록 관리하는 것은 위협탐지를 위해 가장 중요한 요소이다. 또한, 펜스, 창문, 셔터, 조경, 조명과 같은 건축구조적 보안요소의 관리는 통상적으로 시설관리 부서의 영역이지만 보안부서에 의한 점검도 함께 이루어지는 것이 좋다.

4) 물리적 경로의 핵심정보 유출 방지 활동

정보유출 차단은 IT보안이나 정보보안관리자에 의해 관리되는 것이 원칙이나, 물리적 경로의 유출차단을 위한 역할은 정보보안부서와의 협조체계를 바탕으로 (물리)보안관리자에 의해 수행될 수 있다.

5) 사업장 내 각종 범죄 발생 예방 및 대응

이 역할은 물리보안 고유의 통제영역으로 범죄예방환경설계CPTED 등 물리보안 통제의 제반 요소를 활용하여 사업장 내에서 발생하는 절도, 손괴, 방화, 폭력 등의 범죄를 탐지 및 대응할 수 있도록 관리하는 것이다.

6) 위협에 대한 통합탐지 및 대응체계 유지

실제 위협 발생 시 탐지 및 대응이 이루어질 수 있도록 물리보안시스템과 대응인력의 운영 실태를 확인하고 개선하여야 한다.

7) 재해재난/안전사고 예방활동 지원

재해재난 및 안전사고 예방활동의 역할은 주로 방재 및 안전담당자가 수행하지만, 사전예방 및 상황 발생 시 탐지 및 대응을 위해서는 감시카메라 등의 물리보안시스템, 현장 보안요원 등의 지원기능이 필요하다.

8) 물리보안 관련 법규 및 요구사항 검토이행

물리보안과 관련된 법규가 준수될 수 있도록 하고 내·외부 이해관계자의 보안 관련 요구사항을 검토하여 물리보안의 제반 통제요소에 반영하여야 한다.

9) 보안사고 조사 및 후속조치

보안사고 발생 시에는 관련 증거를 확보하고, 필요시 조사활동을 진행한다. 단, 형사소송법 등 관련 법규에 위반되지 않도록 하며, 경찰과 검찰 등 사법기관의 업무 범위를 침해하지 않아야 한다.

10) 관계기관과의 협력체계 유지

(물리)보안관리자는 물리적 구역을 관할하는 지역의 경찰, 소방, 군(대테러 관련) 및 정보기관 등과 원활한 협조 및 의사소통 체계를 유지하여야 한다.

11) 전염병 검역 업무 지원

전 세계적인 코로나19 팬데믹 발생 이후 시설물 내부에 대한 검역은 어느 조직에나 매우 중요한 활동이 되었다. 그런데 많은 조직에서 열화상카메라 운용과 출입자 체온 확인 등의 전염병 검역업무가 보안인력에 의해 수행되고 있다. 그러므로 조직의 (물리)보안관리자는 전염병 검역업무를 지원하고 조직 내 검역업무 부서 및 외부 관련 기관과의 협조체계를 유지하여 적절히 대응해야 한다.

2 역량

물리보안관리자는 물리보안 영역의 전문가이면서 동시에 보안요원이 편성된 조직을 관리하는 담당자이기도 하다. 그러므로 물리보안의 전문가로서 지식과 경험을 갖추어야 할 전문 분야는 매우 다양하다. 먼저, 물리보안관리자는 보안 전체에 대한 통찰력을 갖추기 위해서 위험진단과 취약성 조사이론에 대한 이해와 더불어 보안관리와 관련된 전반적인 지식을 갖추고 있어야 하며, 보안과 관련된 다양한 법규들에 대해 물리보안과 관련된 조항들이 무엇인지 이해해야 한다.

다음으로 물리보안의 펜스와 장벽, 개폐설비, 조명과 조경 등의 건축구조적 요소에 대한 기본적인 이해를 갖추어야 한다. 또한, 물리보안의 전자시스템적 요소에 있어서는 출입통제장치, 영상감시장치, 침입경보장치, 보안검색장치 등 전자보안시스템의 기능과 구성에 대한 전문성을 갖추어야 하는데, 이를 위해서는 정보통신, 무선인식, 네트워크, 영상장비에 대한 지식이 필요하다. 동시에 보안요원의 운영에 대한 지식과 경험도 갖추어야 한다. 추가적으로, 물리보안 영역과 밀접하게 관련된 IT보안이나 소방, 방재, 안전과 같은 영역에 대해서도 해당 분야 전문가들과 의사소통을 할 수 있어야 한다. 이러한 주요 요구역량을 정리하면 아래와 같다.[4]

4 ASIS(2012). Protection of Assets, Alexandria: ASIS International.

- 시설보호/기술보호/범죄예방을 중심으로 하는 물리보안 영역의 위험진단 역량
- 물리보안의 통제요소인 건축구조 및 환경적 요소, 전자시스템적 요소, 운영인력적 요소에 대한 취약성 조사 및 솔루션 제시 능력
- 조직 및 인력관리 경험/역량
- 물리보안의 전체 공정 프로세스인 [기획 → 설계 → 구축 → 운영]에 이르는 전 과정에 대한 관리 역량
- 고객, 경영층, 이해관계자와의 의사소통 능력

물리보안과 관련된 국제적으로 공신력 있는 전문자격으로는 우선 미국산업보안협회ASIS의 물리보안전문가Physical Security Professional, PSP가 있고, 더 넓은 범위의 보안전문가 자격으로는 같은 협회의 공인보호전문가Certified Protection Professional, CPP가 있다. 그리고 보안인력의 운영과 관련된 자격증은 국제보호요원재단International Foundation for Protection Officers, IFPO의 공인보호요원지도사Certified Protection Officer Instructor, CPOI 등이 있다. 과거 ASIS와 IFPO의 모든 시험은 해외에서 응시해야 했으나, 최근 CBTComputer-based Testing로 변경되어 국내에서도 편리하게 응시할 수 있다.

미국 산업보안협회와ASIS의 자격시험[5]

미국 산업보안협회ASIS International은 미국 버지니아주 알렉산드리아에 본부를 두고 있는 보안전문가를 위한 국제적인 단체이며, 보안 영역의 인증, 표준 및 가이드라인을 발행하고 교육과정을 운영하며 세계 각지에서 "글로벌 보안엑스포Global Security Exchange, GSX"라는 네트워킹 행사를 주최한다. 특히, 보안관리 영역에 있어서는 전 세계에서 가장 권위 있는 단체로 이와 관련된 아래 네 개의 자격증을 발급하고 있다.

- CPPCertified Protection Professional: 보안관리 전 영역에 대한 전문성을 검증하는 자격으로, 시험내용은 글로벌기업의 보안관리체계와 잘 부합한다.

5 ASIS 홈페이지(https://www.asisonline.org). 2020. 9. 17. 검색.

시험응시를 위해서는 7-9년의 보안 경력(군경력 포함)과 3년의 보안책임자 경력이 있어야 한다.

- PSP Physical Security Professional: 물리보안 영역에 대한 진단, 적용, 설계와 물리보안 통제조치의 통합 및 조치에 대한 지식을 검증한다. 물리보안에 전문화된 자격으로 대학 졸업 이상인 경우 4년의 물리보안 분야 경력(군경력 포함)이 요구되며, 고등학교 졸업 이상인 경우 6년 이상의 경력이 필요하다.
- PCI Professional Certified Investigator: 민간조사 분야의 자격으로 사건·사고 관리, 증거수집, 조사보고서 작성 능력을 검증한다. 시험응시를 위헤서는 고등학교 졸업 이상의 학력과 5년의 이상의 조사업무 경력이 필요하다.
- APP Associate Protection Professional: 보안관리 경력이 비교적 짧은 보안실무자들을 대상으로 보안관리의 기본적인 사항과 비즈니스 운영, 위험관리에 대한 지식을 검증하는 자격이다. 시험응시를 위해서는 대학원 졸업자의 경우 1년의 보안 분야 경력(군 복무 경력 포함)이 요구되며, 대학 졸업자인 경우 2년이 요구된다. 보안 분야에서 3년 이상의 경력이 있을 경우에는 별도의 학력 요건을 요구하지 않는다.

〈그림 6-1〉 ASIS 자격증(예)

물리보안 관련 국내 국가공인자격은 산업인력관리공단에서 시행하고 경찰청에서 발급하는 일반경비지도사와 기계경비지도사가 있다. 일반경비지도사는 시설경비업무, 호송경비업무, 신변보호업무, 특수경비업무에 종사하는 보안요원을 지도 · 감독 및 교육하는 업무를 담당하게 되어있으며, 기계경비지도사는 경비대상시설에 설치한 기기에 의하여 감지 · 송신된 정보를 그 경비시설 이외의 장소에 설치한 관제시설의 기기로 수신하여 도난 · 화재 등 위험 발생을 방지하는 기계경비 업무에 종사하는 보안요원을 지도 · 감독 및 교육하는 업무를 담당한다. 역시 국가공인자격으로서 한국산업기술보호협회에서 발급하는 산업보안관리사는 산업현장의 기술보호를 위한 산업보안전문가 자격으로 시설보안과 재해손실보호 등의 물리적 보안을 포함하고 있다.[6] 보안관리자는 본인의 역할에 따라 관련된 전문자격을 보유하고 있는 것이 권장되며, 이를 통해 전문성에 대한 대내외적 신뢰를 확보할 수 있다.

6 한국산업인력공단 홈페이지(https://www.q-net.or.kr). 2020. 9. 17. 검색.

Ⅲ 보안요원

보안요원은 통합적 물리보안 통제체계의 구성요소 중 하나로서 선사보안시스템의 발전에도 불구하고 여전히 필수적이고 중요한 보안통제 요소이다.

1 역할

보안요원은 고용주와 고객을 위해 다양한 서비스를 제공한다. 최근에는 다양한 기술을 활용함으로써 상대적으로 적은 수의 인력이 더 많은 업무를 수행할 수 있으며, 그들이 수행하는 업무 중 일부는 전통적 보안의 테두리 안에 있지 않다. 다만, 어떠한 형태의 보안조직을 구성하든, 보안요원이 수행해야 할 기본 역할은 다음과 같다.

1) 출입통제

보안요원의 주된 기능 중 하나인 출입통제는 지정된 건물이나 구역으로 이동하는 것을 통제하는 것이다. 통제대상은 사람, 차량, 물자, 정보 등이 모두 해당하며, 출입 인원과 차량에 대해 확인하고 출입통제 지점을 우회하거나 인가받지 않고 출입하는 인원을 차단하고 통제에 불응하고 강제 진입하는 경우에는 행위 정도 및 피해 규모에 따라 적절한 수준으로 대응하여야 한다. 출입통제에 관

한 구체적 임무 중 주요 내용은 다음과 같다.[7]

- 시설 내에서는 항상 모든 출입자의 신분을 확인하며, 직원들이 신분증을 패용하고 있는지를 확인한다.
- 방문객에게는 출입증을 부여하고, 제한구역에 출입하지 않도록 통제한다.
- 회사의 자산을 반출하려는 사람에게는 그러한 권한이 있는지와 적절한 허가를 받은 것인지 등을 확인한다.
- 시설에 들어오고 나가는 차량에 대해 검사한다.

2) 보안순찰

보안순찰은 순찰노선과 기동력의 유무에 의하여 구분할 수 있다. 순찰 시 보안요원은 대상 지역을 사전 수립된 계획에 의해 주기적/체계적으로 순찰하되, 난선순찰을 포함하여 경로를 예측할 수 없도록 해야 한다. 순찰 시에는 사람과 자산의 위치 등에 대해서 광범위하게 관찰하면서, 보안프로그램 상에서 취약점 및 위험 발생가능성을 보고하여 보완할 수 있도록 한다. 이를 위해 보안요원은 구역 내에서의 위험요소에 대한 지식과 적합한 행동 규칙 등에 대해서 숙지하고 있어야 한다.[8]

보안순찰의 종류[9]

◈ 노선에 의한 구분

① 정선순찰: 사전에 정해놓은 노선에 따라 규칙적으로 순찰하는 방식이다. 근무자의 위치 추정이 쉬워 감독 및 연락이 편리하지만, 순찰시간과 노선을 공격자가 예측할 수 있다.

② 난선순찰: 근무자가 임의로 노선을 선택하여 순찰하는 방식이다. 근무

7 ASIS(2012). op. cit.
8 IFPO(2003). The Protection Officer Training Manual. New York: Elsevier.
9 최선우(2019). 민간경비론. 인천: 진영사.

자의 위치 추정이 어려워 팀장급의 예방 및 감독적 순찰방식으로 적합하다.

③ 요점순찰: 구역 내의 중요지점을 지정하여 근무자가 반드시 해당 지점을 통과해야 하는 방식으로, 정선순찰과 난선순찰의 절충형이다. 지정된 지점과 지점 사이에서는 난선순찰 방식을 따른다.

④ 구역순찰: 위치 및 중요도 등에 따라 순찰구역을 소구역으로 구분하여 중점적으로 난선순찰하는 방식이다. 구역 내 사건·사고 발생 위험이 큰 곳에서 주로 시행하는 방식이다.

◈ 기동력에 의한 구분

① 도보순찰: 걸어서 순찰하는 방법으로 상세한 관찰이 가능하고 사고 발생 시 신속한 대처가 가능하지만, 속도가 느려 소규모 사이트에 유리하다.

② 차량순찰: 차량을 이용하여 순찰하는 방법으로 넓은 지역을 짧은 시간 내에 순찰할 수 있지만, 상세한 관찰이 어렵다. 차량순찰에는 자동차, 오토바이, 전동스쿠터, 자전거 등이 사용된다.

3) 보안검색

보안검색은 인원이 소지하거나 차량에 적재된 물품을 진 · 출입 시 확인하여 반출이나 반입을 허용하거나 차단하는 것이 목적으로, 이를 위해서는 사전에 명확한 통제기준 및 절차가 수립되어 있어야 한다. 통제대상에 해당하는 품목의 반출입이 허용되는 경우에는 사전에 정해진 절차에 따라 보안요원이 승인해야 하고, 검색지점에서는 반출증 등의 문서가 확인되어야 하며, 해당 내역이 기록 및 유지되어야 한다. 검색 형태는 진 · 출입 양방향 검색과 진입 시 검색, 진출 시 검색의 세 가지가 있다. 내부정보 및 자산의 유출을 차단하기 위해서는 주로 진출 시 검색을 진행하게 되고, 위험물의 반입을 통제하기 위해서는 진입 시 검색, 시설의 중요도가 상당히 높아 두 가지 기능이 모두 필요한 경우에는 양방

향 검색이 적용된다.[10]

4) 현장감시

근무지에 배치된 보안요원은 기본적으로 현장에 대한 감시기능을 수행하게 된다. 현장 감시 중 거동수상자 발견 등 확인이 필요한 경우에는 주위의 시선이 상대방에게 집중되지 않도록 자연스럽게 접근하여 질문하고, 답변 및 방문 목적이 의심스러운 사람에게는 재차 질문을 통해 확인한다.

보안요원은 신원확인 및 대응에 관한 법률적 한계에 대한 인식이 필요하다. 피해가 명백히 예견되거나 범죄혐의가 확실한 경우를 제외하고는 강제로 행동의 자유를 제한하거나 본인의 동의 없이 소지품을 검색하는 것은 불법행위이므로 해서는 안 된다. 개인 신원 및 소지품 확인은 반드시 본인 동의를 받은 후 실행하며, 여성의 경우에는 여성 보안요원에 의해 시행되는 것이 바람직하다.[11]

민간 보안요원의 강제력 행사 범위

형사소송법 제211조(현행범인과 준현행범인)와 제214조(경미사건과 현행범인의 체포)에 의해, 경미사건(50만원 이하의 벌금, 구류 또는 과료에 해당하는 죄)을 제외한 현행범(범죄의 실행 중이거나 실행 직후인 자)이거나 준현행범(범인으로 호창되어 추적되고 있거나 장물이나 범죄에 사용되었다고 인정함에 충분한 기타의 물건을 소지하고 있는 때, 신체 또는 의복류에 현저한 증적이 있을 때, 누구임을 물음에 대하여 도망하려는 때)인 경우에는 민간 보안요원에 의한 체포가 가능하다. 그러나 이러한 경우에도 도주방지 등 최소 범위에서 조치하고 최단 시간 내에 경찰에 인계하여야 한다. 또한, 현행범 체포 시에도 물리력의 행사를 지양하고, 경찰관의 협조하에 조치하는 것을 우선해야 한다.

---

10 IFPO. op. cit.

11 Ibid.

5) 보안관제

관제요원은 발생 가능한 위협을 탐지하기 위해 물리보안시스템에서 제공하는 각종 기능을 적극적으로 모니터링하고 경보 발생 시 정해진 대응절차에 의해 경보보고 및 긴급상황 조치를 위한 대응지시를 수행해야 한다. 이외에도 사전에 중요구역이나 취약구역에 대하여 영상감시를 중점적으로 실시하고, 현장 보안요원의 보고내용에 관해서도 관심을 기울여야 한다.

6) 비상대응

보안요원은 해당 사이트에서 발생하는 비상상황에 대해 대응 역할을 수행해야 한다. 일반적으로 각종 비상상황의 초동조치 단계에서 보안요원이 현장에 위치하게 되며, 사전 수립된 대응절차를 기반으로 상황변화에 따라 적절히 대응해야 한다. 주요 예상 상황은 아래와 같다.[12]

〈표 6-1〉 주요 비상대응 예상 상황

구분	내용
무단침입	인원이나 차량이 정해진 출입통제 절차를 준수하지 않고 통제 및 제한구역으로 무단진입
자산에 대한 절도 및 손괴	내외부 인원이 고의에 의해 자산을 훔치거나 파손
물리적 경로를 통한 정보유출 시도	내외부 인원의 정보저장/전송/촬영장치, 출력물 등에 의한 정보유출 행위
강력범죄 및 사내폭력	사업장 내외부에서의 살인, 강도, 강간, 납치 등의 강력범죄와 직원 간 물리적 폭행이나 성범죄 발생
집단시위	시설 주변에서 특정 집단에 의한 시위 발생
방화 및 화재	고의에 의한 방화나 과실에 의한 실화 발생
응급조치	시설에서 응급환자 발생
폭발물 등 테러 위협	폭발물 협박전화/구체적 징후 포착, 인질극 발생
풍수해	태풍이나 침수로 시설 내부 및 주변에 피해 발생
정전	합선, 누전, 과전류, 절연열화 등에 의한 전기공급 중단
교통사고	사업장 내 교통사고로 인한 차량이나 보행자 피해 발생

출처: ASIS, 2015.

12 ASIS(2015). op. cit.

7) 특별임무

일반적 보안 임무가 아닌 다른 추가적인 임무를 특별임무Special Assignment라고 한다. 많은 시설에서 보안 업무는 24시간 내내 이루어지며, 그로 인해 보안요원이야말로 규정되지 않은 특별임무가 가능한 유일한 직원인 경우가 많다. 예를 들어, 보안요원들은 연락, 운전, 의사소통 역할 등을 하기도 한다. 그러나 보안요원에게 특별임무를 과도하게 부여하면 기본적 보안업무에 차질이 생길 수 있다.[13]

8) 홍보

보안요원은 다른 임무를 수행하면서 홍보의 역할을 할 수도 있다. 보안요원은 조직의 직원이나 방문객을 처음으로 맞이하는 사람으로서, 이들이 방문객을 대하는 태도는 조직의 첫인상에 큰 영향을 미친다. 또한, 보안요원은 보안조직과 기타 조직 간에 관계를 형성하고 유지하는 데 이바지를 한다. 그리고 보안요원은 일반직원을 대상으로 하는 직원들의 신고 태도 등에 영향을 줌으로써 보안위험을 줄일 수도 있다.[14]

2 업무지침

보안요원의 역할 수행은 업무지침에 기초해야 하는데, 업무지침에는 일반 업무지침General Order, 근무지 업무지침Post Order, 특별 업무지침Special Order이 있다. 먼저 일반 업무지침은 보안요원이 지켜야 하는 원칙의 총체로서, 모든 보안요원의 일반적 직무 수행의 기준을 설정한다. 근무 중 흡연과 식사, 개인 전화 사용 금지, 제복 착용 및 조직 소유의 장비 사용 등의 항목이 포함되어 있다. 흔히 사용

13 ASIS(2012). op. cit.

14 Ibid.

되는 일반 업무지침의 예는 다음과 같다.[15]

- 전문적이고 신뢰감을 줄 수 있는 태도를 유지한다.
- 근무 중 흡연, 식사, 개인적 통화는 금지된다.
- 허가된 제복과 장비를 사용해야 한다.
- 근무 중에 발생한 제반 사항에 대한 인수인계를 철저히 해야 한다.
- 근무 중 사람들과 불필요한 친밀감 형성 및 대화를 금지한다.
- 언론과의 접촉이나 인터뷰는 미리 지정된 대변인이나 홍보담당자만이 수행한다.
- 법규위반행위 인지 시 이를 보안관리자에게 신속히 보고해야 한다.
- 소지품 검색 등 통제업무 수행 시 정중해야 한다.
- 허가받은 경우를 제외하고는 근무지를 이탈해서는 안 된다.

일반 업무지침과는 달리 근무지 업무지침은 특정 근무지에만 적용되는 사항으로, 해당 근무지에 배치된 근무자에게 요구되는 일상적인 운영으로부터 비상대응까지의 업무 기준과 절차를 설정한다. 그러므로 근무지 업무지침을 표준운영절차Standard Operation Procedure, SOP로 볼 수 있다. 근무지 업무지침은 보안요원에게 가장 중요한 지시문서로써, 구두지시로 인한 문제가 생기지 않게 하며, 보안요원이 고객이 요구한 임무를 효과적으로 수행할 수 있도록 하는 근거가 된다. 근무지 업무지침은 필요에 따라 추가적 지침으로 하달되어야 한다. 근무지 업무지침의 작성에 있어서는 다음의 원칙을 지키는 것이 바람직하다.[16]

- 한 가지 주제만을 다룬다.
- 가능한 한 간결해야 한다.
- 이해하기 쉽고, 쉬운 용어로 작성한다.
- 빠른 조회가 가능하도록 색인을 표시한다.
- 각 근무지에 모두 비치되어야 한다.

이러한 근무지 업무지침은 근무 장소별로 적절하게 작성되어야 하며, 고정

15 Ibid.

16 Doss(2019). op. cit.

근무지에는 지정된 장소에 보관하여야 한다. 차량순찰 근무 시에는 차량 내부에 보관해야 하며, 도보 순찰자의 경우에는 두꺼운 서류를 휴대하기가 불편하므로, 요약한 간단한 지침을 휴대할 수 있는 크기로 만들어야 한다. 각각의 지침은 정기적으로 재검토하여 지시사항이 현재 상황에 합당하도록 수정하여야 하며, 지침 간 불일치가 없도록 조정하여야 한다.[17]

한편, 특별 업무지침은 이사회나 공공 행사 등과 같은 특별 행사를 다루기 위해 개발된 것으로, 특정한 기간과 범위를 가지고 있다. 성공적 업무수행을 위해서는 보안요원이 모든 지침을 제대로 이해하고 이행하는 것이 핵심적이다. 그리고 보안요원들이 지침을 읽고 이해하도록 하는 것은 보안관리자의 중요한 역할 중 하나인데, 보안관리자가 보안요원이 지침을 이해하였다는 것을 확인하기 위해 사용할 수 있는 방법으로는 다음 세 가지가 있다.[18]

- 보안요원에게 지침에 대해 구체적인 질문을 한다.
- 지침을 적용해야 하는 상황에 놓인 보안요원을 관찰한다.
- 보안요원이 지침에 대한 실무 지식을 설명해야 하는 가상의 상황을 설정하고 설명하도록 요구한다.

3 운영 방식

보안인력을 운영하는 데는 보안요원을 조직에서 직접 고용하는 방식과 보안업체와 도급계약을 하는 방식, 두 가지 방식을 혼합하는 방식이 있다. 보안인력 운영 방식 중 직접 고용하는 자체보안 방식은 직원의 선택, 교육훈련과 감독을 직접 통제할 수 있으며, 회사에 대한 충성도가 높다는 장점이 있으나, 큰 비용이 발생하고, 복리후생 등 인사관리에 대한 부담은 증가한다. 보안업체를 도급하는 계약보안의 경우에는, 직접고용 시 발생하는 단점을 보안업체에 부담하도록 할

17 ASIS(2012). op. cit.

18 ASIS(2012). op. cit.

수 있으며 인력변동에 대해서 유연하게 대응할 수 있으나 운영품질이나 신뢰성이 낮아질 수 있다. 따라서, 세부적이고 구체적인 보안운영의 요구사항 제시를 통해 품질을 명확히 하여 계약하여야 한다.[19]

하이브리드Hybrid 방식은 직접 채용된 보안인력과 도급계약을 병행하는 방식으로 관리자 등 주요 인력은 직접 채용하고, 일반적인 보안요원은 도급하는 방법이다. 이는 보안운영 품질은 높게 유지하면서 비용은 상대적으로 절약할 수 있는 방법이다. 그러나 하이브리드 방식에서 주의할 점이 있는데, 경비업법은 제2조에서 '경비업'을 보안업무의 전부 또는 일부를 도급받아 행하는 영업을 말하는 것으로 정의하고 있어 보안업무 자체를 도급업무로 취급하고 있다. 그러므로 도급을 한 회사의 보안관리자는 도급 보안업체의 업무에 직접 관여해서는 안 된다. 다만, 보안요원의 교육훈련, 운영, 평가에 대한 기준을 도급계약 시 구체적으로 제시하여 계약 내용의 준수 여부를 확인하는 형태로 업무를 수행하여 '하도급거래 공정화에 관한 법률'에 위반되지 않도록 해야 한다.

보안인력 운영 방식 중 어떠한 방식을 사용할지에 관한 결정은 조직의 유형, 규모, 사업목표, 재무상황, 기업문화 등 여러 가지 요소를 고려해야 한다. 따라서 의사결정권자는 각 방식의 장단점을 평가하고 예산 모델을 개발하여 각 대안과 관련된 비용을 철저히 산정해서 결정해야 하며, 이때 보안관리자는 의사결정권자에게 판단 근거를 제시할 수 있어야 한다. 다음 〈표 6-2〉는 보안인력 운영 방식의 장단점을 비교한 것이다.

19 최선우. 앞의 책.

〈표 6-2〉 보안인력 운영 방식 비교

구분	자체보안	계약보안	하이브리드보안
장점	• 신분 보장이 안정적이므로 이직률이 낮은 편이다. • 임금이 높아 자질이 우수한 사람들이 지원한다. • 보안책임자의 직접 관리로 보안요원에 대한 통제를 강화할 수 있다. • 고용주에 대한 충성심이 높고, 고용주의 요구를 신속히 반영할 수 있다. • 조직의 운영 · 인사 · 매출에 관한 지식이 높다. • 자기 계발을 위해 노력한다.	• 보안서비스 제공에 전문성을 갖춘 인력의 제공이 쉽다. • 인사 및 행정관리에서의 비용이 절감된다. • 고용주를 의식하지 않고 보안업무를 소신껏 수행할 수 있다. • 보안 수요 변화와 재계약 시 결원 보충 및 추가 인력 배치가 쉽다. • 질병 또는 해임 등으로 인해 업무 수행상의 문제가 발생했을 때 대처가 쉽고, 근무 공백을 최소화할 수 있다.	• 전문성을 갖춘 관리자를 통해 효과적인 보안관리가 가능하다. • 도급계약으로 보안 수요 변화와 업무 수행상의 문제 발생 시 보안요원 보충 및 대처가 쉽다. • 보안 운영 품질을 향상할 수 있다. • 상대적으로 비용을 절감할 수 있다.
단점	• 인사 및 행정관리가 어렵고 비용이 많이 든다. • 해임이나 감원, 충원 등이 필요한 경우에 인사운영의 탄력성이 떨어진다. • 신규 채용 시 불필요한 시간이 소요되고, 신규 인원의 전문성이 부족하다. • 다른 부서 구성원과 친밀한 관계를 형성할 경우 효과적인 직무수행이 어려울 수 있다.	• 급여가 낮고 직업적 안정성이 떨어져 이직률이 높은 편이다. • 조직과 시설주에 대한 충성심이 낮다. • 회사의 기밀과 중요정보가 외부에 유출될 가능성이 있다.	• 관리자가 도급 보안업체의 업무에 직접 관여할 수 없다. • 도급계약 시의 보안요원 채용, 교육, 운영, 평가에 관한 내용 변경이 계약 체결 이후에는 쉽지 않다.

출처: 최선우, 2019 재정리.

4 채용

보안요원의 자질과 역량은 성공적인 보안운영을 위해서 가장 중요한 요소 중 하나로서 법적인 요구기준을 포함하여 최소 채용기준을 설정하여 직접 채용하거나 도급계약에 반영해야 한다. 특히, 고용주가 보안요원을 직접 채용하지 않고 도급계약을 할 때는, 이러한 기준을 보안업체 입찰 시 제안요청서Request For Proposal, RFP에 포함해야 하며 도급계약서에도 반영해야 한다. 반영하지 않고 계약 후 운영 중에 이를 요구하면 도급법 위반의 소지가 있다.

국내 경비업법 제2조는 경비업의 종류를 시설경비업무, 호송경비업무, 신변보호업무, 기계경비업무, 특수경비업무의 다섯 종류로 구분하며, 경비원(보안요원)은 일반경비원과 특수경비원으로 구분한다. 국가중요시설의 경비를 담당하는 특수경비업에는 특수경비원이 채용되어야 하며, 나머지 경비업무는 일반경비원이 채용되어 배치된다. 이때 가장 중요한 점은 일반경비원과 특수경비원의 채용은 경비업법 제10조에 의해 각각의 채용 결격사유에 해당하지 않아야 한다는 것이다.

〈표 6-3〉 경비업의 종류

구분	정의
시설경비업무	경비를 필요로 하는 시설 및 장소(이하 "경비대상시설"이라 한다)에서의 도난 · 화재 그 밖의 혼잡 등으로 인한 위험발생을 방지하는 업무
호송경비업무	운반 중에 있는 현금 · 유가증권 · 귀금속 · 상품 그 밖의 물건에 대하여 도난 · 화재 등 위험발생을 방지하는 업무
신변보호업무	사람의 생명이나 신체에 대한 위해의 발생을 방지하고 그 신변을 보호하는 업무
기계경비업무	경비대상시설에 설치한 기기에 의하여 감지 · 송신된 정보를 그 경비대상시설 외의 장소에 설치한 관제시설의 기기로 수신하여 도난 · 화재 등 위험발생을 방지하는 업무
특수경비업무	공항(항공기를 포함한다) 등 대통령령이 정하는 국가중요시설(이하 "국가중요시설"이라 한다)의 경비 및 도난 · 화재 그 밖의 위험발생을 방지하는 업무

출처: 경비업법 제2조 제1항

1) 일반경비원 채용 결격사유

보안산업의 성장에 따라 보안요원에 의한 인권침해 및 불법행위 사례 등의 부작용이 많이 증가하였으며, 이에 대응하고자 경비업의 허가, 집단민원현장의 배치허가, 경비원의 결격사유 등에 대한 기준이 지속적으로 강화되어 왔다. 경비업법 제10조 제1항에 명시되어 있는 경비원 결격사유에 해당하는 기준을 정리하면 아래와 같다.

- 미성년자, 만18세 미만인 자, 피성년후견인, 피한정후견인
- 파산선고를 받고 복권되지 아니한 자

- 금고 이상의 실형 선고를 받고 그 집행이 종료되거나 집행이 면제된 날부터 5년이 지나지 아니한 자
- 금고 이상의 형의 집행유예선고를 받고 그 유예기간 중에 있는 자
- 조직폭력 관련 범죄나 강간, 추행 등 성범죄(미수범 포함)에 해당하는 죄를 범하여 벌금형을 선고받은 날부터 10년이 지나지 않거나 금고 이상의 형을 선고받고 그 집행이 종료된 날 또는 집행이 면제된 날부터 10년이 지나지 아니한 자
- 절도나 강도 등 재산범죄(미수범 포함)에 해당하는 죄를 범하여 벌금형을 선고받은 날부터 5년이 지나지 않거나 금고 이상의 형을 선고받고 그 집행이 유예된 날부터 5년이 지나지 아니한 자

2) 특수경비원 채용 결격사유

국가중요시설을 경비하는 특수경비원의 경우에는 일반경비원보다 더 엄격한 요건이 적용된다. 그러므로 특수경비원의 결격사유에는 일반경비원의 결격사유에 몇 가지가 추가된다. 우선 나이 제한으로 일반경비원은 미성년자만 아니면 되지만, 특수경비원은 만 60세가 넘으면 안 되고, 모든 금고 이상의 형의 선고유예를 받거나 그 유예기간에 있는 경우도 역시 결격사유에 해당한다. 특히, 행정안전부령이 정하는 신체조건에 적합하여야 하는데, 팔과 다리가 완전하고 두 눈의 맨눈시력이 각각 0.2 이상 또는 교정시력이 각각 0.8 이상이어야 한다.[20]

3) 보안요원 채용에 권고되는 요구 조건

보안요원 채용에 있어서는 우선적으로 경비업법 등 법적인 요구사항의 준수를 기본으로 하되 사업 특성 및 환경에 따라 적절한 채용 및 선발기준을 정해야 한다. 그리고 추가적인 인성검사를 통하여 자질을 평가하거나, 관련 학위나 자

20 경비업법 제10조 제2항.

격을 보유한 경우와 관련 경력이 있는 경우 이를 우대조건으로 정할 수 있다. 채용 시 권고될 수 있는 요구 조건은 다음과 같다.[21]

(1) 성격

보안요원은 자산을 보호하기 위해 존재하는 사람으로 규정 위반행위를 허용하지 않기 위해 정직함은 필수적이다. 또한, 보안업무의 특성상 위험요소가 항상 존재하므로 비상상황에서 용기를 발휘해야 한다. 동시에 위험에 대한 지속적인 경각심을 가지고 있어야 하며, 상급자가 내린 모든 명령에 복종하고 적절하게 수행하는 태도가 요구된다.

(2) 행동

일반적으로 보안요원은 현장에서 방문자 등이 조직과 처음 접촉하는 사람일 경우가 많다. 그러므로 보안요원의 업무수행 방식은 그들을 접촉한 사람들의 조직에 대한 인식에 큰 영향을 미친다.

보안요원의 행동과 관련된 세 가지 중요한 사항은 예의, 절제, 관심이다. 예의는 타인에 대한 배려의 표현으로 타인과의 마찰을 없애고 개인적인 접촉을 즐겁게 한다. 보안요원은 타인에 대한 배려를 보여줌으로써 타인의 협조를 얻을 수 있는데, 이때 예의 바른 태도는 필수적이다. 또한, 보안요원은 절제할 수 있어야 한다. 보안요원은 욕설과 말다툼을 피하며, 가능하다면 물리력을 사용해야 하는 상황에 이르지 않도록 침착한 태도로 사람들의 존중심을 불러일으킬 수 있어야 한다. 그리고 보안요원은 자기 업무에 관심이 있어야 하는데, 이를 통해 긍정적 태도와 전문성 있는 이미지를 사람들에게 전달할 수 있다.

(3) 외모와 신체조건

깔끔하고 단정한 외모는 긍정적인 인상을 주며 보안요원이 근무하는 조직 전체에 대해서도 좋은 인상을 가져다준다. 보안요원의 단정한 외모는 시설의 출

21 ASIS(2015). op. cit.

입자 및 다른 부서 직원들에게 보안조직에 대해 좋은 이미지를 가지게 한다.

그러나 신체조건에 대한 기준은 차별적인 요소가 될 수 있으므로 가능한 지양하는 것이 바람직하며, 근무지별 보안요원의 정상적인 업무수행을 위해 반드시 필요한 사항에만 최소한으로 제한하여 적용해야 한다. 앞서 설명한 바와 같이, 경비업법에서도 특수경비원의 경우 시력 등 신체조건에 대한 기준을 요구하고 있다.

(4) 업무지식

보안요원의 업무지침과 업무수행 절차는 자주 변경될 수 있다. 보안요원은 임무를 바르게 수행할 수 있도록 시설의 현황에 대해 철저히 파악하고 있어야 하며, 동시에 관련 법규를 이해하고 조직 규정, 보안 및 안전과 관련된 조치사항 등에 대해 숙지하고 있어야 한다.

(5) 윤리의식

보안요원에게는 직업 윤리의식이 필요한데, 관리자의 요구사항을 수행하기 위한 노력, 모범적인 언행, 업무수행 도중 취득한 정보에 대한 누설금지, 법과 규정의 준수 등으로 요약할 수 있다. 이는 정량적으로 확인하기는 쉽지 않지만, 인성검사와 배경조사 등을 실시하거나 면접 등 채용 절차 진행 시 일정한 기준을 적용하여 확인하는 것이 바람직하다.

국제보호요원재단International Foundation for Protection Officer, IFPO에서는 보안요원들이 지켜야 할 사항을 규율한 '윤리헌장Codes of Ethics'으로 다음의 10가지 요소를 공표하며, 이러한 윤리강령을 따르는 보안요원들이 그들의 직업에서 진정한 전문가라고 평가하였다.[22]

- 고용주의 요구사항을 준수한다.
- 행동의 모범을 보인다.
- 중요한 정보를 보호한다.

22 국제보호요원재단 홈페이지(https://www.ifpo.org/), 2021.01.31. 검색.

- 작업장의 안전과 보안을 유지한다.
- 적합한 복장을 착용한다.
- 법률 및 규칙을 준수한다.
- 관련 비상대응 기관과의 연락체계를 유지한다.
- 해당 분야 전문가들과의 협력관계를 유지한다.
- 전문성을 향상하기 위해서 노력한다.
- 높은 청렴성을 유지한다.

5 배치

과거 미국에서 보안요원은 '파수꾼Watchman'이라고 알려졌다. 이후에 경비원Guard이라고 불리다가, 최근에는 보안요원Security Officer이라는 용어가 선호되고 있다.[23] 다양한 원인이 있겠으나, 우리나라에서는 아직 경비라는 용어가 보안과 혼용되어 흔히 사용되고 있다. 그러나 사실 경비는 보안산업의 다양한 영역 가운데 한 부분에 지나지 않는다. 최근의 보안산업에서 보듯이 경비라는 용어로는 포함할 수 없는 다양한 부문의 보안서비스가 존재한다.[24] 그러므로 'Security Officer'를 보안요원으로 해석하는 것이 가장 타당하다고 할 수 있다. 이는 '경비(원)'이라는 용어가 풍기는 구시대적이며 아날로그적인 이미지가 보안산업 및 보안요원의 개념과 기능을 축소 · 왜곡하는 부작용을 낳을 수 있기 때문이다.

보안요원의 배치는 지속적이고 높은 비용이 발생하므로 전자시스템적 요소 등에 의한 비용감소 의견이 지속적으로 발생할 수 있다. 그러나 실제로 많은 첨단 물리보안 시설과 장치가 설치되어 있어도 관제요원이 배치되어 있지 않거나, 관제요원에 의해 위협이 탐지되어도 그러한 위협에 대응할 수 있는 보안인력이 없다면 통제유효성이 상실된다. 따라서 사업장의 형태나 특성에 따라 배치에 대

23 Hertig, C. A.(2001). Protection Officer Training Manual: Ethics and Professionalism, Boston: Butterworth-Heinemann.

24 이창무(2010), '민간경비' 용어의 수정 필요성에 관한 고찰, 한국공안행정학회보, 19(1): 204-226.

한 기준을 수립하여 적용하여야 한다. 일반적으로 아래와 같은 경우에는 보안요원의 배치가 필수적이라 할 수 있다.[25]

- 복잡하고 다양한 기준에 의해 상황을 처리해야 하는 경우
- 사람들과 얼굴을 맞대고 의사소통이 필요한 경우
- 사람에 의해 발생한 물리적 위협에 대응하기 위해 신체적/정신적 활동이 필요한 경우
- 현장 상황에 대한 종합적이고 분석적인 보고서 작성이 필요한 경우

다음으로 보안요원의 배치 규모를 결정하는 데는 아래 두 가지 요인을 중점적으로 고려하여야 한다.[26]

- 배치된 인력 규모로 예상되는 위협이 실제로 발생할 때 탐지 및 대응이 가능한가?
- 인원 및 차량 출입의 피크타임을 기준으로 보안검색 등 출입지체 요인을 고려할 때 원활한 운영이 가능한가?

보안요원의 배치 지점 및 규모가 확정되어 전체 보안요원의 수가 결정되면 개별 근무지의 운영 시간을 상세화하여 필요 인원을 근무교대 및 비번 근무자를 포함하여 도출하여야 한다. 보안요원이 주당 40시간 일을 한다고 가정하면, 하나의 지점에서 일주일에 7일, 하루 24시간 근무를 하려면 한 지점당 4.2명이 필요하다. 그러나 병가, 휴가 등의 결원을 고려하여야 하며, 이로 인해 한 지점 당 최소 4.5명 정도는 되어야 한다. 이외에 지원부서는 보통, 사무직원, 연락원, 훈련담당, 그리고 보조요원 등으로 구성되는데, 지원인력의 수는 보안부서의 규모 및 복잡성 등에 의해 결정된다.[27]

우리나라에서 보안요원의 근무시간은 기본적으로 근로기준법 제50조에 의해 1일 8시간, 주 40시간으로 제한되며 3개월 이내의 단위 기간을 평균하여 1주간의 근로시간이 40시간을 초과하지 않을 경우, 특정한 주의 근로시간을 연장

25 ASIS(2015). op. cit.

26 ASIS(2012). op. cit.

27 ASIS(2015). op. cit.

근로시간을 포함하여 최대 52시간까지 적용할 수 있다. 그러나 근로기준법 제63조(적용의 제외) 제3호 "감시監視 또는 단속적斷續的으로 근로에 종사하는 사람으로서 사용자가 고용노동부 장관의 승인을 받은 사람"의 경우에는 연장 근로 시간을 포함한 최대 근로시간인 주 52시간의 제한 적용을 받지 않는다.

근로기준법 시행규칙 제10조 2항과 3항에서는 '감시 또는 단속적 근로자'에 대해 상태적狀態的으로 정신적 · 육체적 피로가 적은 업무에 종사하는 근로자, 근로가 간헐적 · 단속적으로 이루어져 휴게시간이나 대기시간이 많은 업무에 종사하는 자로 서술하고 있으며, 일반 근로자의 업무와 비교하여 노동의 강도나 밀도가 낮고 신체적 피로나 긴장이 적은 업무에 한하여 법적인 검도 및 고용노동부 확인을 통해 감시 또는 단속적 근로자로 승인된 경우 1일 8시간, 1주 40시간의 근로시간 규제를 받지 않고, 1주 12시간을 초과한 연장근로가 가능하다.

감시적 근로자의 경우에는 1일 근로시간이 12시간 이내의 경우에 해당되어야 하고, 격일제로 24시간 근무하는 경우에는 수면이나 자유로운 휴게시간이 8시간 이상 확보되어야 하며, 다음날 24시간의 휴무가 보장되어야 한다. 따라서 해당 근무지는 2교대 형태의 근무편성이 가능해지게 된다. 이러한 조건에 해당하는 근로자로는 수위, 경비원, 물품감시원, 일부 청원경찰을 들 수 있다.

보안요원의 근무시간은 근로기준법상 적법 여부 외에도 조직의 원활한 운영, 시간대별 수요의 변화에 맞춘 근무 인원 등 세부적인 조건을 고려하여 구체적으로 설계하여야 하며, 경제적 측면, 근무의 효율성 및 근로자의 만족도(선호도), 건강 등 종합적 검토를 통해 마련되어야 한다. 특히, 인간의 생체리듬을 고려하여 낮과 밤의 휴게시간을 다르게 설정하고, 업무량 및 집중도에 따라 교대근무를 설정하며, 날씨, 휴식 여건까지 고려하여 교대조 및 휴식시간을 편성하여야 한다.

교대제에 있어 일반적으로 4조3교대제가 가장 널리 활용되고 있으며, 근무상황에 따라 3조2교대제, 4조2교대제 등 다양한 교대제를 적용할 수 있다. 또한, 고용노동부의 '산업안전보건기준', 한국산업안전보건공단의 'KOSHA GUIDE 교대관리자 보건지침' 및 국제노동기구ILO의 '교대근무자 건강을 위한 작업관리 권고지침' 등을 고려하여 휴식시간을 적용할 수 있다. 아래 〈표

6-4〉는 가장 대표적인 교대제인 3조2교대제, 4조2교대제, 4조3교대제의 장단점을 비교한 것이다.

〈표 6-4〉 교대제 비교

구분	장점	단점
3조2교대제	• 4개조의 교대제에 비해 적은 인력으로 교대조 편성이 가능	• 24시간 근무를 2교대로 행하기 때문에 1회 근로시간이 길어 피로도가 4조 3교대제에 비해 높음 • 긴 주기의 교대방식으로 인해 적응하는데 어려움이 따름 • 잦은 연장근로 발생으로 인해 법 위반의 소지가 있음
4조2교대제	• 근무일수가 적고 휴일수가 많아 누적피로도 감소, 근무집중도 보장 • 개인 삶의 질 향상으로 직무만족도가 높음	• 1일 12시간 근무에 의한 부담 • 결원발생 시 근무대체가 쉽지 않고, 상황 발생 시 예비근무자 확보에 한계가 있어 유휴인력 확보가 필요함
4조3교대제	• 1일 8시간 근무로 1일 노동 강도에 의한 피로 부담이 높지 않음 • 출근일이 많아 회사 업무의 연속성 유지 용이(인력의 탄력적 운영이 가능) • 결원발생 시 인력운영의 대체가 용이하며, 비상상황 발생 시 예비근무자 최대 확보 가능 • 연중무휴 사업장에 용이	• 근무일수가 많고 휴일이 많지 않아 퇴근 후 시간활용이 어려움

보안요원의 배치 및 편성과 관련하여 반드시 고려해야 하는 또 다른 사항은 피로 문제이다. 미국산업보안협회ASIS가 발간한 한 보고서[28]에서는 보안요원의 인간-기계 상호작용, 인지 장애로 인한 업무성과 저하, 피로에 따른 영향의 정량화 방법 등의 피로 문제를 요약하고, 피로 효과의 완화 방법에 대해 논의하였다. 이 보고서에서는 피로 문제에 대한 해결책으로 아래와 같은 원칙을 기반으로 하는 스마트 스케줄링Smart Scheduling을 제안하였다.

- 교대 지연Shift Lag: 낮과 밤의 변화와 같은 인간의 생물학적 주기를 유지하는 교대 일정을 사용하라.

28 Miller, J. C.(2010). Fatigue Effects and Countermeasures, Crisp Report. Alexandria: Asis International.

- 교대 길이Shift Length: 신체적, 정서적 업무 스트레스가 적은 업무에는 12시간 교대를 사용하는 것이 허용되지만, 그 이외에는 가능한 8시간 이하의 교대 길이를 사용하라.
- 야간 교대Night Shifts: 연속 야간 교대 횟수를 가급적 3회 이하로 최소화하라.
- 회복Recovery: 각 야간 근무 후 24시간의 회복 시간을 부여하라.
- 주말Weekdend: 주말에 가능한 많은 비번을 부여하라.
- 평등Equity: 모든 보안요원에게 긴 근무일, 야간 근무, 주말 근무에 대한 동등한 의무 부여와 양질의 휴가에 대한 공평한 접근권을 제공하라.
- 예측가능성Predictability: 보안요원들이 미래의 실제 근무일과 비번 및 휴가 일수를 예측하기 쉽도록 최대한 간단한 공식을 적용하라.
- 양질의 휴식시간Good-quality Time Off: 3일 이상의 휴무와 같은 장기간의 연속적인 휴식 시간을 부여하라.

6 교육훈련

사업장에서 어떠한 운영 방식을 사용하는지와 상관없이 효과적인 보안인력 운영의 핵심은 교육훈련이다. 예를 들어, 도급을 통한 계약 인력을 활용하는 것은 전체적으로 비용을 줄일 수 있지만, 교육훈련 부족에 따른 사고 발생 시 고용 사업장에 대한 법적 책임을 면제해 주지는 않는다. 그러므로 해당 사업장에서 교육훈련을 직접 실시하거나, 도급업체와의 계약 조건에 교육훈련과 관련된 내용을 포함하여 필요한 교육훈련을 보장하는 것이 중요하다.

교육훈련에는 비용이 들지만, 또한 많은 혜택을 가져다주는데, 교육훈련의 주요 혜택은 보안요원의 동기부여 및 업무능력 향상, 감독의 용이성, 이직의 감소, 실수 감소와 사고 발생 시 법적 보호 등을 포함한다. 그러므로 보안관리자는 교육훈련의 비용과 혜택을 모두 평가하여 조직의 투자 비용 대비 가장 효과적인 교육훈련이 무엇인지를 파악해야 한다.

지식과 정보의 습득은 사람의 관점과 시야를 넓혀주는 교육Education으로 연결된다. 교육은 직업에 구체적으로 적용되지 않으며, 작업수행에 있어 '어떻게'라는 측면보다는 '왜'라는 측면에 더 관련이 있다. 공식적으로든 비공식적으로든 사람이 교육을 더 많이 받을수록, 새로운 것을 더 쉽게 배운다. 그러므로 많은 교육을 받은 보안요원은 더 쉽게 훈련을 받을 수 있다. 그러므로 교육은 훈련의 기초이다. 교육을 받지 않은 사람보다 교육을 받은 사람이 더 쉽게 학습을 통해 변화할 수 있다.

이에 비하여 훈련Training은 업무수행과 직접 관련된 지식, 기술과 능력을 습득하는 것이다. 훈련은 학습을 촉진하기 위한 공식적인 절차이며, 명확한 목적이 있다. 예를 들어, 영상감시장비 작동법이나 순찰 방법과 같은 구체적인 목적을 위하여 보안요원을 가르친다. 훈련은 직무를 완료하기 위한 구체적인 준비이며, 연습을 포함한다. 그러므로 훈련은 지속적이어야 하며, 반복적이어야 한다.[29]

미국산업보안협회ASIS[30]에서는 아래 공식에 보듯이, 교육, 훈련과 경험의 조합을 거쳐 얻게 되는 전문지식이 개인의 발달과 연관된다고 설명하였다. 이는 보안요원이 교육을 통해 이해하는 법을 배워야 하고, 훈련을 통해 능숙함을 가져야 하며, 이때 경험은 반드시 교육과 훈련을 통해 지도받아야 한다는 것이다. 그러므로 감독자와 관리자는 보안요원의 직무 경험을 도와주어 전문지식을 발달시키는 데 중요한 역할을 한다고 볼 수 있다.

교육Education + 훈련Training + 지도된 경험Guided Experience = 발달Development

보안요원의 선발과 훈련에 관한 미국산업보안협회ASIS의 한 지침[31]에서는 보안요원으로 채용 후 100일 이내에 다음과 같은 주제로 48시간의 교육훈련을 받

29 ASIS(2015). op. cit.

30 Ibid.

31 ASIS(2010). Private Security Officer Selection and Training Guideline(ASIS GDL PSO-2010). Alexandria: ASIS International.

게 하도록 명시하고 있다.

- 보안요원의 특징 및 역할
- 감시 및 사건보고
- 의사소통의 방법
- 정보보호 방법
- 응급대응절차
- 안전사고에 대한 인식
- 직무 및 지휘체계

이와 함께, 동 지침은 업무의 종류에 따라 필요시 다음과 같은 추가적인 교육훈련을 받을 것도 추천하였다.

- 고용주 오리엔테이션과 정책(약물남용 및 통신수단 관련)
- 직장 내 폭력
- 갈등해결 방법
- 교통 통제 및 주차장 보안
- 군중 통제
- 응급구호 절차, 심폐소생술, 자동제세동기 사용법
- 위기관리
- 노동 관련 사항

국내에서는 경비업법 제13조에 의해 모든 보안요원(경비원)은 배치 전에 반드시 지정된 교육기관에서 신임교육을 이수하여야 한다. 교육시간은 일반경비원의 경우에는 24시간, 특수경비원의 경우에는 88시간으로 정해져 있으며, 교육비용에 대한 부담은 보안요원을 채용하는 경비업자가 부담하게 되어있다. 아래 〈표 6-5〉는 가장 일반적인 일반경비원 신임교육의 예이다.

〈표 6-5〉 일반경비원 신임교육(예)

구분	교과목	교육시간
이론교육(4시간)	경비업법	2
실무교육(19시간)	범죄예방론	2
	장비사용법	2
	호송경비실무	2
	기계경비실무	2
	신변보호실무	2
	직업윤리 및 서비스	3
	사고예방대책	3
	시설경비실무	2
	체포/호신술	3
기타교육(1시간)	입교식, 평가, 수료식	1
계		24

출처: 서강직업전문학교 홈페이지, http://seoul.sg.ac.kr/, 2021.12.15. 검색.

또한, 배치 후에는 보안업체에서 선임한 경비지도사에 의해 월 4시간의 직무교육을 받게 되어있는데, 교육 과목은 일반경비원의 직무수행에 필요한 이론, 실무과목, 정신교양 등으로 포괄적으로 정하고 있어, 보안요원의 업무수행 범위와 사업장의 특성을 고려하여 구체적인 교육주제를 자체적으로 정하게 된다. 특수경비원의 경우에는 직무교육이 월 6시간이라는 점이 일반경비원과 다르며, 특히 대통령훈령 제28호 통합방위지침에 의거 상/하반기로 나누어 연 2회 실제 사격훈련을 시행해야 한다.

일반적으로 현장실습은 근무지에서의 업무수행절차SOP 등을 점검하여 개선교육하는 형태의 현장훈련On the Job Training, OJT으로 진행된다. 그리고 이론강의나 사례연구의 경우에는 일정한 장소에서 팀별로 구분하여 진행하는 경우가 많다. 또한, 인터넷이나 모바일 장치를 활용하여 원격지에서 동일한 교육에 참여하도록 하는 것도 좋은 방법이라 할 수 있다. 그리고 보안요원의 개인에 대한 직무교육뿐만 아니라 보안 위협상황에 대한 통합적 훈련을 위해 실제훈련Field Training Exercise, FTX이나 모의훈련Table Top Exercise, TTX을 진행할 수도 있다.

추가적으로 오늘날의 보안요원은 다양한 컴퓨터 프로그램과 ICT장비들을 다루는 능력에 대한 요구가 점점 증가하고 있다. 그러므로 네트워크와 서버 등 정보통신시스템에 대한 실무차원의 기본적 이해를 갖추기 위한 교육 기회의 제공이 필요하다. 이러한 교육을 수행하는 구체적 형태는 아래와 같다.[32]

1) 강의

강의는 공통적인 지식을 이해하고 숙지하도록 하는데 좋은 방법이나 개인별 직무교육에는 적합하지 않다. 강사는 프레젠테이션 및 동영상과 같은 다양한 시각적 보조기구를 사용하여 메시지를 전달하여, 강의에 관한 관심과 집중을 유지할 수 있다.

2) 사례연구

보안사고나 주요 이슈에 대한 사례연구는 강의를 보충하고 강의에 생명력을 부여하는 데 이용될 수 있는데, 강사는 필요한 사실을 제시하고 토론할 시간을 제공할 수 있다. 일반적으로 사례연구 방법은 수강자들이 활발한 토론을 통해 집단으로 참여할 때 가장 효과적이다.

3) 원격학습

상시 운영되어야 하는 물리보안의 특성을 고려할 때, 원격학습은 필수적인 요구일 수도 있다. 특히, 감염병과 같은 보건위기 상황에서는 더욱더 그러하다. 원격학습은 학습자와 강사가 컴퓨터와 모바일을 이용하는 인터넷 기반 교육이다.

---

32 IFPO. op. cit.

4) 현장훈련

현장훈련OJT은 근무 현장에서 제공되는 것으로, 특히 강사로부터 수강자로의 지식 이전을 보장하기 위한 유용한 방법이다. 사전에 철저하게 정해진 절차와 유능한 강사로 구성될 때 효과적이다.

5) 멘토링

보안요원의 역할과 근무지 배정이 끝나면 신입 보안요원을 경력을 갖춘 보안요원과 함께 배치하는 것으로, 멘토는 가르치지만 평가하지는 않는 것을 전제로 한다.

7 복장과 장비

국내에서 보안요원의 복장은 보안업체별 자율적인 규정에 따라 적용할 수 있으나, 경비업법 제16조에 따라 색상이나 디자인 등이 외관상 경찰 제복과 명확히 구별되어야 한다. 그리고 보안요원은 보안업무 수행 시 이름표를 복장의 상의 가슴 부위에 부착하여 이름을 외부에서 알아볼 수 있도록 해야 한다. 또한, 경비업자는 보안요원에게 복장을 착용하도록 하기 전에 근무 복장에 대한 신고를 경비업자의 주된 사무소를 관할하는 지방경찰청장에게 제출해야 한다. 보안요원의 복장은 계절별로 구분되어야 하며, 기상 조건에 따른 실외근무자의 복장을 구비해야 한다.

보안요원이 근무 중에 착용할 수 있는 장비는 경비업법 제16조의2에 의해 경적, 단봉, 분사기, 안전방패, 무전기 및 그 밖의 보안업무 수행에 필요한 것으로서 공격적인 용도로 제작되지 아니한 것으로 제한되며, 안전모 및 방검복 등의 안전장비를 착용할 수 있다. 아래 〈표 6-6〉은 보안요원(경비원)의 휴대장비에 대한 구체적 기준이다.

〈표 6-6〉 보안요원(경비원) 휴대장비의 구체적 기준

장비	장비기준
1. 경적	금속이나 플라스틱 재질의 호루라기
2. 단봉	금속(합금 포함)이나 플라스틱 재질의 전장 700mm 이하의 호신용 봉
3. 분사기	총포 · 도검 · 화약류 등 단속법에 따른 분사기
4. 안전방패	플라스틱 재질의 폭 500mm 이하, 길이 1,000mm 이하의 방패로 경찰공무원이 사용하는 안전방패와 색상 및 디자인이 명확히 구분되어야 함
5. 무전기	무전기 송신 시 실시간으로 수신이 가능한 것
6. 안전모	안면을 가리지 아니하면서, 머리를 보호하는 장비로 경찰공무원이 사용하는 방석모와 색상 및 디자인이 명확히 구분되어야 함
7. 방검복	경찰공무원이 사용하는 방검복과 색상 및 디자인이 명확히 구분되어야 함

출처: 경비업법 시행규칙 제20조 제2항.

특수경비원의 경우에는 경비업법 제14조에 근거하여 제한적으로 총기를 휴대할 수 있으며, 총기를 대여받을 때는 시설주가 국가중요시설의 경비책임자인 관할 경찰관서장을 거쳐 지방경찰청장에게 신청서를 제출하여야 한다. 관할 경찰서장이 국가중요시설에 총기 또는 폭발물의 소지자나 무장간첩 침입의 우려가 있는지 등을 고려하는 무기 지급의 필요성에 대해 검토하게 된다. 이때 휴대 가능한 총기는 권총 및 소총으로 제한되며 경비업법 시행규칙 제18조에 의해 엄격한 관리수칙이 적용된다.

8 성과측정 및 보수

1) 성과측정

운영인력적 통제요소에서 성과에 대한 측정은 매우 중요하다. 특별한 사건이 발생하지 않는 경우 보안요원의 활동은 전혀 평가되지 않을 수도 있다. 따라서, 보안요원의 성과 평가를 위한 적절한 체계를 수립하고 적용해야 한다. 그런데 이를 위해 가정 우선되어야 하는 점은 보안요원의 업무성과를 측정하는 지표

를 개발하는 것으로, 지표는 크게 수행역할에 대한 신뢰성과 전문성 평가로 구분할 수 있다. 아래 〈표 6-7〉은 보안요원의 신뢰성과 전문성을 평가할 수 있는 지표 항목의 예이다.

〈표 6-7〉 평가 지표항목(예)

구 분	내용	평가기준
신뢰성 평가	고객불만	서비스에 대한 불만사항으로 고객으로부터 접수된 건
	용모 및 복장, 근무 태도	용모복장 기준 준수 여부
	근무규정 및 지침 준수	보안요원 준수사항 위반 여부
	관련법규 준수	보안요원 채용/교육/배치 관련, 경비업법 위반 여부
	보고이행	사전 정해진 고객사 보고 지연/미실시, 주요 보안관련 사항에 대한 보고누락/허위보고, 사고등급별 보고기준 준수 여부
전문성 평가	출입통제	비인가자의 제한구역 무단접근 발생 여부
	보안순찰	계획된 순찰 미이행, 순찰간 특이사항 미보고/미기록 여부
	보안검색	검색 미흡으로 무단유출 발생 여부
	보안관제	관제요원의 모니터링 누락/미흡으로 위협상황 미탐지 여부
	비상대응	실제 비상상황 발생 시 대응프로세스 적용 여부 * 실제 상황미발생 시 모의상황 훈련평가로 대체

2) 보수

보안요원의 보수는 그들의 직위와 책임에 합당한 수준이어야 한다. 보안요원은 조직의 보호 프로그램의 핵심이며, 사람의 안전과 자산, 그리고 중요한 정보의 보호에 대한 책임을 지고 있다. 그러므로 그들이 직무에 집중할 수 있고, 기본적인 생활을 영위하는데 염려가 없을 정도의 급여를 보장받아야 한다.

좋은 보안요원이 되기 위해서는 교육, 훈련, 경험이 모두 필요한데, 정당한 보수를 지급하면 장기적으로 세 가지 모두를 얻을 수 있으며, 사용자와 피고용인 모두에게 이익이 되는 상황이 될 수 있다. 보수가 합리적이면 직원의 퇴사율을 낮출 수 있고, 직원교체에 따른 비용도 감소할 것이다. 이때, 직원 교체비용이란 모집광고, 채용을 위한 인터뷰 시간, 지원자의 배경에 관한 확인, 고용 및 신임직원의 교육훈련에 소요되는 비용으로 보통 직원 연봉의 25%에서 200%에 이른다.[33] 신임직원이 숙련될 때까지 낮아진 생산성, 이를 만회하기 위한 지출, 그리고 고객 만족도의 감소 등은 추가적인 비용이 될 것이다. 결과적으로, 낮은 보수로 인한 잦은 직원교체는 보안업무의 성과를 약화시킨다.

9 자동화도구

물리보안 영역에서 일상적인 보안 운영을 자동화하기 위한 다양한 기술들이 개발되었는데, 가장 많이 활용되는 것 중 몇 가지는 다음과 같다.

1) 사건관리시스템

보안관리자에게 보고서 작성은 가장 중요한 업무 중 하나이다. 사건관리시스템Incident Management System은 종이 서류로 작성하던 보고서 내용을 컴퓨터에 데이터를 입력·저장하게 함으로써 보다 효율적 관리를 가능하게 한다. 사건관리시스템의 운영을 위해 조직은 먼저 어떠한 사건들이 보고되어야 할 정도로 중요한지를 결정해야 하고, 이에 해당하는 모든 사건은 관리부서에 보고되어야 한다. 이때 적절한 상세내용이 수집되어야 하는 것도 필수적이다. 이러한 정보를 통해 보안부서는 손실을 감소시키기 위한 적절한 조치를 취할 수 있다. 사건관리시스템을 통해 보안관리자는 사고 관리뿐만 아니라 후속 조사, 동향 분석 및 전략적 보안계획에도 해당 시스템에 저장된 정보를 통합적으로 활용할 수 있다.[34]

33 McNally, S.(2004). Turn Away Turnover. Security Magazine.

34 ASIS(2012). op. cit.

2) 방문자관리시스템

자동화된 방문자관리시스템Visitor Management System은 오늘날 거의 모든 물리보안 운영에 사용되고 있다. 자동화된 방문자관리시스템은 인가된 방문자를 사전에 등록하여 출입에 대해 승인할 수 있다. 또한, 방문자의 방문 빈도나 반복 방문자의 기록을 저장하고 있어, 진입 절차를 간소화하고 신속하고 편리한 운영을 지원하므로 보안운영의 이미지를 향상하는 데 도움을 준다. 시스템 구성요소에는 신분증, 식별카드, 카메라, 출입증, 프린터, 인식기 등이 포함된다.[35]

3) 순찰관리시스템

반복적으로 이루어지는 순찰업무를 투명하고 정확하게 할 수 있도록 순찰지점에 태그Tag 등을 부착하여 순찰 시 자료수집기로 태그를 읽어 컴퓨터로 누가, 언제, 어디서 순찰했으며 순찰 결과가 무엇인지 보여주는 시스템이다. 순찰관리시스템을 통해 순찰관리를 효율화하고, 보안요원의 순찰계획 위반행위를 통제하며, 현황과 통계자료를 정확히 확인할 수 있다.[36]

4) 물리보안운영 통합관리시스템

최근에는 사건관리, 방문관리, 순찰관리를 포함하여 물리보안 운영 전반에 대한 통합적인 운영관리 프로그램이 활용되는 추세이다. 이 시스템을 통해 보안요원의 선발과 교육훈련, 보안요원의 근무일정관리, 업무수행절차의 조회, 근무결과의 기록과 보고, 주기적인 품질 평가 등을 통합적으로 관리할 수 있으며, 이를 PSOMPhysical Security Operation Management라고 한다.

35 ASIS(2015). op. cit.

36 ASIS(2012). op. cit.

10 보안견

보안견Security Dog/ Protective Dog 또는 경비견은 오랫동안 군과 법집행기관뿐만 아니라 민간 보안 분야에서도 유용하게 활용되어 왔다. 그러므로 보안통제체계를 설계하는 데 있어 인간 능력의 한계를 보완해주는 보안견의 특별한 능력과 한계를 운영인력적 요소로써 고려해 보는 것도 필요하다.

개의 후각과 청각은 인간보다 훨씬 더 정확하므로 과거부터 보안 분야에서 중요하게 활용되었다. 품종에 따라 개의 후각은 인간의 후각보다 100배까지 더 뛰어나다고 알려져 있다. 그리고 개의 청력은 인간 청력의 거리와 주파수보다 훨씬 우수하다. 개의 상위 주파수 한계는 인간의 약 2배로, 30,000Hz 이상이다. 또한, 사람의 귀로는 탐지할 수 없는 소리를 개는 쉽게 들을 수 있다. 일반적으로 민간 보안 분야에서 보안견을 활용하는 업무는 다음을 포함한다.[37]

- 보안요원과 함께 지역 경비
- 보안요원 없이 홀로 경비 또는 순찰
- 인명 수색 및 추적
- 마약, 폭발물 등의 탐지

〈그림 6-2〉 보안견의 활용

출처: Federal Protective Service, 2015.

37 Ibid.

최선의 결과를 얻기 위하여, 보안견의 선정과 훈련은 수행되어야 할 구체적인 보안 업무와 연관되어야 한다. 그런데 기술을 최상의 수준으로 유지하기 위해 쓸 수 있는 시간과 노력에 한계가 있으므로, 보통 경비나 탐지 중 하나의 목표를 정하여 구체적으로 개를 훈련시킨다. 일반적으로 탐지는 경비보다 고강도의 지속적인 훈련이 필요하다.

자산보호에 보안견을 활용하려 할 때는 반드시 법적 책임과 관련된 내용을 인식해야 한다. 이는 보안견이 사망이나 중대한 상해를 일으킬 수 있는 위험한 무기나 수단으로 간주될 수 있기 때문이며, 이러한 위험한 수단을 사용하는 사람은 그에 따르는 결과에 엄격한 책임을 져야 한다. 법적 책임의 이슈가 발생했을 때는 해당 상황에서의 행위가 합당한 물리력Resonable Force을 구성하는지가 중요하다. 그러므로 보안견과 같이 공격적인 동물을 관리하거나 소유하는 사람은 그에 따르는 충분한 주의를 기울여서 보안견이 무고한 사람에게 해를 입히거나 상해를 가하지 않도록 주의해야 한다. 자산보호에 보안견을 이용하고자 할 때는 다음의 예방책들을 통해 민·형사적 책임 소지를 줄일 수 있다.

- 보호 업무를 맡길 수 있는 안정적인 견종의 보안견을 선택한다.
- 무고한 사람이 피해를 볼 수 있는 환경에서는 보안견을 확실한 통제하에 둔다.
- 사람들에게 보안견의 존재를 명확하게 알린다.
- 적절한 책임보험에 가입한다.

제 7 장

물리보안 프로젝트 관리

I 물리보안 프로젝트 개요

1 물리보안 프로젝트의 특징

프로젝트 관리 수행 기법의 전반적 내용이 수록된 대표적인 프로젝트 관리 총서인 PMBOK[1]에서는 프로젝트를 '유일한 제품, 용역, 또는 결과를 창출하기 위해 투입되는 일시적인 노력'이라고 하며, 일상 업무와는 달리 일반적으로 다음과 같은 특징을 가지고 있다고 설명하였다.

- 프로젝트는 정해진 목표와 정해진 시간과 예산 내에 완수해야 하는 명확한 목적을 가진다.
- 프로젝트는 한시적이며 정해진 시작과 끝이 있다. 프로젝트는 오직 한번 발생하며 정해진 시기가 되면 종료된다.
- 프로젝트는 예산, 사람, 장비, 소모품과 같은 자원을 필요로 한다. 이러한 자원들은 조직 내외의 다양한 영역에서 비롯하는데, 서로 다른 부서들, 상이한 지식과 기술을 필요로 하며 때로 외부 도급업자나 컨설턴트를 포함한다.
- 프로젝트는 주관 스폰서 또는 고객이 있어야만 한다. 스폰서는 프로젝트의 자금을 제공하며 지시를 내린다.
- 프로젝트는 불확실성을 가진다. 모든 프로젝트가 고유하기 때문에 프로젝트의 목적을 명확히 정의하고, 완료하기까지 어느 정도의 시간 또는 비용

1 Project Management Institute(2017). A Guide to the Project Management Body of Knowledge(PMBOK) Guide, 6th ed, Newtown Square: Project Management Institute.

이 필요할지를 추산하기는 쉽지 않다.

물리보안 프로젝트는 일반적인 프로젝트와 동일한 특징들을 가지게 되지만, 동시에 '특정한 물리적 공간에 대하여 적절한 물리보안 통제체계의 구현'이라는 차별성도 가진다.[2] 즉 물리보안 프로젝트는 특정한 현장Site이나 건물에서 건축 구조적, 전자시스템적, 운영인력적 통제요소를 적절히 활용하여 보안위협 발생 시 5Ds, 즉 억제Deter, 거부Deny, 탐지Detect, 지연Delay, 제거Destroy가 가능한 유효성 있는 체계를 구현하는 것이 목적이라고 할 수 있다.

또한, 물리보안 프로젝트의 중요한 특징은 건설 프로젝트의 일부일 수 있다는 것이다. 건설建設이란 건축建築과 토목土木의 총칭으로, 보통 건물을 짓거나 만들거나 하는 일이다. 건설 프로젝트는 작게는 소형 주택의 건축으로부터 대규모 댐/터널/철도 등의 기간산업에 이르기까지 다양하게 수행되며, 빌딩이나 연구소, 공장 등의 산업시설을 건설하기도 한다. 건설 프로젝트는 다양한 공정에 대한 설계와 시공 등 복합적으로 구성되고, 대규모로 장시간 진행되며, 옥외에서 많은 인력/장비/자재/공구에 의존하여 수행된다. 물리보안 프로젝트는 이러한 건설 프로젝트의 범위 내에서 진행되는 것이 일반적이며, 건설 프로젝트의 진행 단계를 고려하여 수행되어야 한다. 아래 〈표 7-1〉은 건물을 새로 건축하는 건설 프로젝트를 가정하여 단계별로 물리보안 프로젝트의 진행 과정을 비교한 것이다.

2 이상희, 이상학, 최연준(2020). 물리보안정보관리(PSIM) 플랫폼을 활용한 팬데믹 대응방안, 시큐리티연구, 특별호: 171-184.

〈표 7-1〉 건설 프로젝트와 물리보안 프로젝트

<table>
<tr><th colspan="2">프로젝트 단계</th><th colspan="2">건설 프로젝트</th><th>물리보안 프로젝트</th></tr>
<tr><td colspan="2">기획</td><td colspan="2">• 타당성 검토
(사업성/법규/규모)</td><td rowspan="2">• 위험진단 → 보안 통제기준 수립
• 요구사항 분석(적용법규 및 표준검토)
• 운영적/비용적 타당성 검토</td></tr>
<tr><td rowspan="4">설계</td><td>기획설계</td><td colspan="2">• 대지/측량/지질 조사
→ 마스터플랜 수립</td></tr>
<tr><td>계획설계</td><td colspan="2">• 설계개요/컨셉 설계
(부지 및 건물계획)</td><td>• 부지계획 검토: 대지 및 건축물 배치/구조, 이동 동선</td></tr>
<tr><td>기본설계</td><td colspan="2">• 기본설계도면 작성
– 주요 건축 평면/입면
– 구조 및 토목설계, 기계 및 전기설계</td><td>• 건축설계 검토 및 개선안 도출
– 건축구조 및 환경적 요소, 보안 관련 건축설비 요소
• 물리보안시스템 구성안 도출</td></tr>
<tr><td>실시설계</td><td colspan="2">• 공사용 실시설계도서 작성(상세도)
– 도면/시방서/내역서</td><td rowspan="7">• 보안시스템 배치/구성/기능 설계
(영상감시/출입통제/침입경보 등)
• 정보통신설계 개선방안 도출/반영
• 보안 관련 건축설비 설계반영상태 재확인
• 업체 및 제품선정</td></tr>
<tr><td colspan="2">조달</td><td colspan="2">입찰을 통한 업체선정</td></tr>
<tr><td colspan="2" rowspan="7">설치</td><td colspan="2">가설공사</td></tr>
<tr><td colspan="2">토공사/기초공사</td></tr>
<tr><td colspan="2">골조공사</td></tr>
<tr><td colspan="2">기계설비 공사</td></tr>
<tr><td rowspan="2">非 건설공사</td><td>전기설비공사</td></tr>
<tr><td>정보통신설비공사</td><td rowspan="2">• 물리보안시스템 공사 진행</td></tr>
<tr><td colspan="2">마감공사</td></tr>
<tr><td colspan="4">시운전/테스트</td><td>• 보안시스템 및 작동형 보안설비 시험</td></tr>
<tr><td colspan="4">운영</td><td>• 교육훈련/모니터링/유지보수</td></tr>
</table>

그런데 모든 프로젝트는 범위Scope, 일정Time, 원가Cost라는 프로젝트 관리의 3대 제약조건 내에서 수행된다. 그러므로 물리보안 프로젝트 관리 역시 주어진 시간과 예산의 제약 내에서 프로젝트의 목표를 달성해야 하는 것으로, 프로젝트 관리자는 프로젝트 진행 과정에서 목표 달성을 최적화하고 예산 및 운영상의 영향을 최소화하기 위해 노력해야 한다. 또한, 위의 3대 제약조건 외에 아래 요소들도 물리보안 프로젝트 관리 프로세스의 일부이다.

- 프로젝트 통합 관리: 프로젝트 기획 및 이행 관리(변경통제 포함)
- 프로젝트 품질 관리: 품질 계획/보증/관리

- 프로젝트 인적 자원 관리: 조직 구성, 인력 확보
- 프로젝트 커뮤니케이션 관리
- 프로젝트 위험관리: 위험식별 및 분석, 위험통제
- 프로젝트 조달 관리: 계획/조달요청/자원선택/계약관리

≫ 프로젝트의 3대 제약조건[3]

프로젝트의 목표는 프로젝트가 시작하게 된 이유를 달성하는 것이다. 그러나 프로젝트 라이프사이클에 걸쳐 범위Scope, 일정Time, 원가Cost가 중요한 제약조건이기 때문에 이를 프로젝트 3대 제약조건ProJect Triple Constrains이라 한다. 일반적으로 프로젝트의 목표를 결과물의 완성도, 즉 범위 하나로만 생각하기 쉽다. 그러나 결과물을 언제부터 사용 가능한지(일정), 결과물을 만들기 위한 비용(원가)은 정해진 예산 내에서 달성되었는지도 또 다른 측면에서의 목표이다.

2 물리보안 프로젝트의 이해관계자

물리보안 프로젝트에는 다양한 이해관계자가 참여하며, 조직 경영진과 보안관리자가 자신의 조직에서 프로젝트 과정에 누가 참여해야 하고 설계 및 건축 전문가와 어떤 관계를 유지해야 하는지를 결정한다. 해당 조직의 경영 스타일 및 프로젝트의 장소와 성격 등이 프로젝트 팀원을 선정하는 데 영향을 미친다. 가능하면 프로젝트의 초기에 프로젝트 참여자들을 파악하여, 그들이 초기 예비 설계 단계부터 참여할 수 있도록 할 때 가장 효과적이다. 일반적인 프로젝트팀 구성원은 아래와 같다. 다만, 아래 목록에 있는 모든 사람이 반드시 팀에 포함될 필요는 없으며, 그들의 역할은 대리인에 의해 수행될 수도 있다.[4]

3 Project Management Institute. op. cit.

4 ASIS 홈페이지(https://www.asisonline.org). CPP Online Review.

- 최고경영자: 최고경영자CEO는 크게 두 가지 이유로 물리보안 프로젝트에 참여한다. 첫째는 보안 프로그램의 목표가 기업의 사명Mission을 반영하고 기업 이미지를 유지하거나 향상하도록 하는 것이다. 두 번째는 보안 프로그램에 대한 하향식 지원을 제공하는 것이다. 경영진의 관심 없이는 어떠한 프로젝트도 성공할 수 없다.
- 최고재무책임자: 최고재무책임자CFO는 프로젝트의 비용과 편익 요인을 검토하며, 타당성이 정당화되면 자금후원을 승인한다.
- 보안관리자: 보안관리자는 보안시스템의 성공적인 설계와 구현에 필수적이다. 보안시스템이 완성되면 보안관리자가 시스템 운영에 대한 책임을 진다. 그러므로 보안관리자는 설계와 구현 과정을 이해하고 프로젝트 전반에 걸쳐 직접 관여해야 한다.
- 보안 컨설턴트: 보안체계의 통합은 점점 더 복잡해지므로 취약성과 운영상의 문제를 모두 해결하는 체계를 수립하기 위해서는 상당한 경험과 노하우가 필요하다. 대규모 조직에서는 이러한 기능을 조직 내부에서 찾을 수도 있다. 그러나 많은 경우 관련 경력이 있고 현재 사용하고 있는 보안 서비스나 제품과 관련 없는 중립성 있는 외부 컨설턴트를 활용하는 것이 도움이 된다. 이러한 외부인은 새로운 견해를 가지고 있으며 이전의 의견, 편견, 선호도 및 조직 정치에 의해 오염되지 않고, 모범사례, 제품 및 업계 표준에 대한 최신 전문지식을 제공할 수 있다. 컨설턴트는 전문성, 경험, 독립성에 따라 신중하게 선택해야 하며, 컨설턴트는 최대한의 효과성을 보장하기 위해 프로젝트 초기부터 참여해야 한다. 특히, 위험진단 과정에서 외부 컨설턴트의 참여가 바람직하다. 위험진단을 수행하기 위해 외부 자원을 활용하면 프로젝트에 대한 감사 중에 프로젝트의 타당성을 방어하기에 용이하다는 장점도 있다.
- 프로젝트 설계자: 주요 건설과 관련된 프로젝트의 경우, 대개 건축가가 참여한다.
- 시공 관리자: 대형 건설 프로젝트에는 모든 건축과 이행을 담당하는 전문기업이 포함될 수 있다. 시공 관리자는 대개 시공 가능성, 설계 승인 및 비용 문제를 논의하기 위해 설계 프로세스 초기부터 참여한다.

- 시설 관리자: 대규모 시설에서는 시설관리가 보안 기술 및 시스템 모니터링에 관한 보안 기능과 밀접하게 연계되어 있다.
- 정보기술 관리자: 물리보안시스템이 기업 네트워크에서 작동할 때는 정보기술 부서가 보안에 관여하여 조직 표준과 일치되도록 해야 한다.
- 인사 관리자: 채용 및 해고 관행, 출입통제시스템, 데이터베이스의 유지관리 등의 일부 보안 절차는 인사부에서 관리한다.

Ⅱ 물리보안 프로젝트 라이프사이클

물리보안 프로젝트는 크게 보면 기획, 설계 및 견적, 조달 및 설치, 운영이라는 일련의 단계에 따라 진행된다. 이를 세부적으로 살펴보면 위험진단을 통해 물리보안 통제체계에 대한 밑그림을 그리고 기준을 수립하는 기획 단계를 지나, 물리보안에 대한 상세한 설계를 통해 견적을 산출하고, 설계를 통해 제시된 적절한 제품을 조달하여 실제로 설치를 진행하며, 마지막 단계에서 테스트와 보증, 운영인력에 대한 교육훈련을 수행한다. 이어서 물리보안시스템에 대한 유지보수가 진행되고, 보안운영절차에 의해 보안관리자 및 보안요원이 물리보안 통제체계를 유지하고 운영한다. 그리고 물리보안 통제시스템 역시 일정 기간이 지나면 교체를 진행해야 하며, 교체 시 전 과정이 다시 반복된다. 이러한 전 과정을 물리보안프로젝트의 라이프사이클Lifecycle이라 할 수 있는데, 이는 프로젝트의 착수부터 종료 시점까지를 연속적인 단계로 나타낸 것이다. 아래 〈그림 7-1〉은 물리보안 프로젝트의 고유한 특성을 반영하는 라이프사이클 체계이다.

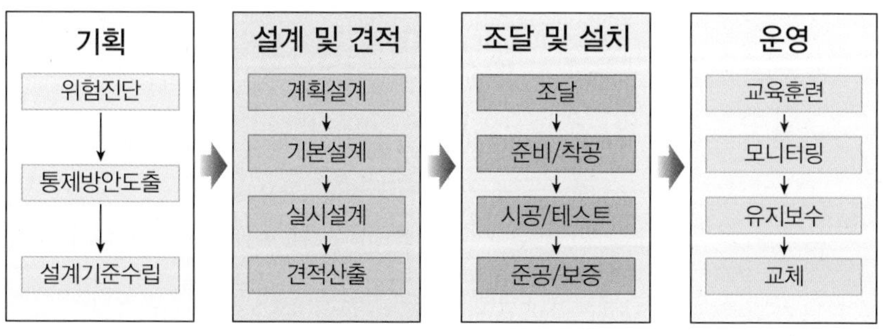

〈그림 7-1〉 물리보안 프로젝트 라이프사이클

일반적인 프로젝트는 기본적으로 타당성 단계, 개발 단계, 실행 단계, 마감 단계로 구분된다. 먼저, 프로젝트 타당성 단계Project Feasibility Stage는 프로젝트 설명, 위협 평가, 취약성 평가, 목표 및 비용 추정치를 포함한다. 다음으로 프로젝트 개발 단계Project Development Stage는 결과물, 범위, 완료해야 할 활동 및 작업 분류 체계가 정의된다. 이때, 작업분류체계Work Breakdown Structure, WBS는 프로젝트 목표를 달성하고 필요한 산출물을 만들기 위한 작업을 산출물 중심의 계층구조로 세분해 놓은 것을 말한다. 프로젝트 실행 단계Project Execution Stage에서는 프로젝트 결과물을 시간 및 비용 효율적인 방식으로 제공한다. 훈련, 테스트 및 문서화는 이 단계에서 수행한다. 마지막으로, 프로젝드 마감 단계Project Closeout Stage에서는 모든 결과물을 완성하고 승인한다. 이 단계에서 문제나 개선 사항을 상세히 기술하는 공식 문서를 작성할 수 있다. 이러한 문서를 교훈보고서Lessons Learned Report라고 한다.[5] 그런데 이러한 일반 프로젝트의 단계를 물리보안 프로젝트의 라이프사이클과 비교하면 아래 〈표 7-2〉와 같다.

〈표 7-2〉 일반 프로젝트 단계와 물리보안 프로젝트 라이프사이클의 관계

단계	프로젝트 단계	프로젝트 라이프사이클
1 단계	타당성(Feasibility)	기획
2 단계	개발(Development)	설계 및 견적
3 단계	실행(Execution)	조달 및 설치
4 단계	마감(Closeout)	운영

변경심의위원회CRB

변경심의위원회Change Review Board, CRB는 프로젝트 변경을 위한 청산소Clearinghouse의 역할을 한다. 변경심의위원회는 변경 요청에 대한 타당성 평가 및 모든 관련 당사자에 대한 통지를 제공한다. 프로젝트 관리 프로세스의 1단계와 2단계에서는 체계적인 승인 절차를 이용하지 않고 필요에 따라 수시로 변경할 수 있으므로, 변경심의위원회는 일반적으로 프로젝트 관리 프로세스의 3단계와 4단계에서 이루어지는 모든 변경과 관련되어 있다.

5 Doss, K. T.(2019). Physical Security Professional Study Guide, 3rd ed, Alexandria: ASIS International.

변경심의위원회의 활용은 통제되지 않은 범위 확대를 의미하는 스코프 크립 Scope Creep 현상을 방지할 수 있는데, 스코프 크립 현상은 프로젝트의 범위가 적절하게 정의되지 않거나 통제되지 않았을 때 발생할 수 있다.[6]

1 기획

기획 단계는 모든 물리보안 프로젝트의 첫 번째 단계다. 이 단계는 프로젝트와 관련된 모든 정보를 수집하여, 프로젝트 요구사항 및 제약사항을 분석한다. 기획 단계는 설계 프로세스의 첫 번째이자 가장 중요한 산출물인 설계기초Basis of Design/Design Basis를 수립하고 프로젝트 요구사항을 반영하여 설계 개념을 정하는 데 초점을 둔다.

기획의 첫 번째 과제는 모든 이해관계자의 대표성을 갖춘 프로젝트팀과 관리자를 선택하는 것이다. 이때 프로젝트팀은 각 관련 기능 영역에서 한 명 이상이 참여해야 하며, 대부분의 물리보안 프로젝트의 경우, IT 기능을 반드시 포함해야 한다. 포함해야 할 다른 주요 기능 영역은 시설, 인사 및 프로젝트에 관련될 수 있는 모든 운영 기능이다. 조직 내에서 특정 기술을 이용할 수 없는 경우, 외부 컨설턴트의 투입이 필요할 수 있다. 모든 팀원을 팀에 통합시켜야 하며 이때 합의와 참여를 촉진하는 팀 관리가 가장 효과적인 스타일이라 할 수 있다.[7]

모든 보안 프로젝트는 위험진단이 선행되어야 하는데, 위험진단 없이 수행되는 프로젝트는 보안사고의 발생가능성과 취약성, 결과에 대한 고려 없이 이후 단계가 진행되기 때문에 반드시 결함이 생기기 마련이다. 위험진단에서는 보호할 자산을 식별하고, 위협이 조직에 미치는 영향을 결정하며, 자산에 영향을 미칠 수 있는 위험을 판별해야 한다. 그렇지 않으면 조직은 식별되지 않은 위험에

6 Patterson, D. G.(2013). Physical Protection Systems: A Practical Guide, 2nd ed, Alexandria: ASIS International.

7 Doss(2019). op. cit.

대해서 미리 대비하기가 어려우므로 의사결정은 단순히 의사결정자의 추정에 근거하게 된다.[8]

기획 단계의 첫 번째 작업은 중요자산 및 예상 위협을 식별하고, 취약성과 요구사항을 식별하는 것이다. 두 번째 작업은 보안 요구사항을 분석하고 취약성을 줄이거나 제거하고 위험을 완화하기 위한 대응방안을 도출하는 것이다. 이러한 방안은 설계기준Design Criteria으로 정리되어야 하며, 운영 및 예산 측면에서 적절하다는 것이 검증되어야 한다.

설계기준은 설계의 기본 규칙과 지침의 역할을 한다. 이러한 설계기준은 물리보안의 제반 통제수단에 대한 배치/구성/기능/제원에 관련된 구체적인 기준으로, 물리보안과 관련된 법규나 표준이 반영되어야 한다. 법규나 표준은 사업의 형태, 사이트의 위치, 위험진단 결과 등에 따라 달리 적용되어야 하며, 해당 고객에게 요구되는 내부적인 규정과 거래관계에 있는 업체가 요구하는 기준까지 모두 반영되어야 한다. 또한, 이러한 기준들이 상호 모순될 때는 적용 우선순위를 정하되, 법규를 최우선으로 적절한 방안을 적용해야 한다. 이렇게 수립된 보안설계기준은 현실적으로 예산 범위 내에서 이행 가능한지 검토되어야 하며, 보안통제로 인해 변화되는 불편함이나 조직문화 및 이미지와 어울리는지까지 고려되어야 한다. 이외에도 다양한 요구사항들이 설계기준에 영향을 미친다. 그러나 무엇보다 중요한 핵심은 이러한 보안체계가 발생 가능한 위협에 대하여 효과적으로 탐지하고 대응할 수 있어야 한다는 것이다. 아래는 설계기준에 영향을 미치는 주요 요구사항들이다.[9]

- 법규 및 표준Code and Standard: 물리보안 설계 프로젝트는 건축법, 소방법, 산업안전관리법 등 안전 관련 규정을 따라야 한다. 따라서 컴플라이언스Compliance를 보장하기 위해 적용 가능한 법규를 식별하고 설계에 적용해야 한다.

---

8 Patterson, op. cit.

9 ASIS 홈페이지(https://www.asisonline.org), op. cit.

컴플라이언스

경영 분야 등에서 자주 언급되는 컴플라이언스Compliance의 사전적 의미는 '준법遵法'이다. 그러나 컴플라이언스의 대상이 법규범에서 사회규범과 조직규범 등으로 점차 확대되고 있어서 이를 한마디로 정의하기는 쉽지 않다. 국내에서는 컴플라이언스를 법규준수, 준법감시, 준법경영 등 다양한 용어로 번역하고 있지만, 이러한 용어들이 기업이 사회적 책무를 다하는 것까지 포함하는 컴플라이언스의 넓은 의미를 정확히 전달하는 데 한계가 있어, 실무적으로 컴플라이언스라는 용어 그대로 사용하는 경우가 많다.[10]

- 용량Capacity: 용량에 대한 요구사항은 물리보안시스템 솔루션의 주요 결정 요인이다. 설계가 계속되면서 필요한 용량은 변경될 수 있다. 그러나 첫 단계에서 가능한 합리적인 추정을 하면 설계 변경 횟수가 감소한다.
- 품질Quality: 설계 시 부품들의 품질 및 성능 차이를 인지해야 한다. 일반적으로 품질 높은 부품을 사용하는 것이 필요하지만, 좋은 설계는 항상 품질 요소와 전체적인 비용의 균형을 맞추어야 한다.
- 성능Performance: 부품의 성능은 일반적으로 프로젝트 시방서에 자세히 설명된다. 그러나 전체 시스템 성능 변수들은 설계기초Basis of Design에서도 설계기준으로 명시되어야 한다. 특히, 설계자가 기존 시스템과 호환하고자 하는 경우 이는 더욱 중요해진다.
- 예산Budget: 예산은 종종 필수 설계 목표로서 초기 설계기준 중 하나로 포함되어야 한다. 초기 단계에서는 상세한 설계 작업이 수행되지 않았기 때문에, 부품 수량이 확정될 수 없고, 예산은 전체 규모에 대한 개념적 추정치이다. 초기에 예산을 적절히 추정하지 못하면, 설계자가 복잡한 예산 승인 과정을 반복해야 한다.
- 운영Operation: 보안 프로그램은 조직의 생산성과 시설 운영에 대한 부정적인 영향을 최소화해야 하도록 설계되어야 한다.
- 특성Feature: 주요 시스템의 특성은 설계기초에서 간략하게 정의한 후, 최

10 더스쿠프 홈페이지(http://www.thescoop.co.kr). 2020.8. 7. 검색.

종적으로 성능시방서Performance Specification에서 보다 상세한 용어로 정의해야 한다.

- 문화 및 이미지Culture and Image: 기업문화와 이미지는 보안시스템 및 프로그램의 설계와 구현에 중요한 요소이며, 특정 조직에서 보안이 어떻게 정의되고 구현되는지를 결정한다. 그러므로 설계 시 이해관계자들이 변화를 긍정적으로 수용할 수 있도록 주의를 기울여야 한다.

전체 기획 단계의 결과, 즉 산출물은 보안 요구사항 또는 목표의 집합인 설계기초이다. 일반적으로 초기 현장실사Site Survey와 취약성 평가Vulnerability Assessment를 통해 자산과 현재의 보호 수준을 조사 분석하고, 필요한 보호 수준에 기초한 설계 개념을 정하게 된다. 따라서 계획 및 평가 단계는 취약성을 중요도에 따라 분류하고 자산 위험을 완화하기 위해 가장 선호되고 비용 효과적인 보호 체계를 식별하는 설계 개념으로 귀결된다.

기획 단계의 또 다른 중요한 산출물은 새로운 보안시스템 또는 업그레이드된 보안시스템에 대한 운영적/비용적 적합성에 관한 비즈니스 사례Business Case 관점의 검토이다. 보안시스템은 품질과 신뢰성뿐만 아니라 비용에 대해서도 평가되어야 하며, 설계 솔루션이 전체 비즈니스에 미치는 영향, 필요한 투자, 정량화할 수 있는 예산과 비용의 절감액 및 의사결정자가 보안 프로젝트에 대한 투자 결정을 할 수 있도록 하는 기타 지표들이 포함되어 있다. 이것은 일련의 재무적 지표에 영향을 미치며 경영에 있어서의 보안 솔루션 투자의 경제적 타당성을 정당화하는 데 이용된다. 따라서 보안요구사항, 비용 및 편익, 운영에 미치는 영향 등에 대한 공식적 분석인 비즈니스 사례 관점의 검토는 조직 자본의 지출 전에 필수적으로 거쳐야 한다.[11]

---

11 Patterson, op. cit.

비즈니스 사례

비즈니스 사례Business Case는 비즈니스 목표 달성을 위해 새로운 프로젝트를 추진하고자 할 때 경영진에게 보고하는 문서로서, 경영진은 이 문서를 통해 투자할 가치가 있는지를 결정한다. 비즈니스 사례에서는 정량적 분석 방법으로 분석한 구체적인 수치들을 언급해야 하며, 보통 위험요인들의 시나리오와 위험대응 방안을 포함한다. 이때 사용하는 정량적 분석 방법에는 투자수익률, 손익분기점, 순자산수익률, 순현재가치 분석 등이 포함된다.[12]

기획 단계에서 강조할 점은 물리보안의 프로젝트의 기획은 전체적인 보안정책에 통합되어야 하며, 물리보안의 통합적인 보안체계는 수많은 하위시스템 또는 요소를 통합하여 완전한 시스템을 구성할 수 있도록 해야 한다는 것이다.

2 설계

요구사항이 정의되어 설계기준이 수립되면 구체적인 물리보안 설계를 진행하게 된다. 물리보안 설계에 대해 보다 정확히 이해하기 위하여 전체적인 건축물의 설계관점에서 바라볼 필요가 있다. 건축설계는 계획설계 →기본설계 →실시설계의 단계로 진행되게 된다. 먼저 계획설계Schematic Design 단계에서는 건축물의 목적과 사용방안 정립, 건축주 및 사용자의 요구사항 정리, 부지 전체에 대한 사용계획 계산, 주요 자재 계획 및 대략적 공사비 책정을 하게 된다. 이어서 기본설계Design Development 단계에서는 건축물에 대한 기본적인 설계도면이 나오게 되고, 건축주가 세부적으로 검토하고 수정하는 절차가 반복된다. 이러한 기본설계가 확정되면 실시설계Construction Document가 진행되는데 이 단계에서는 건축 상세설계와 동시에 토목, 구조 외에 전기/기계/통신/소방에 대한 설계가 진행되고

12 Project Management Institute, op. cit.

여러 번의 관련 전문가 검토를 통해 도면이 확정된다. 이때 구조, 설비 등에 대한 계산서와 공사시방서 등이 작성되며, 설계도서 준비가 완료되면 건축주의 최종 확인 후 건축허가 신청이 진행된다.[13]

건설프로젝트의 일부로 진행되는 보안 설계는 다른 많은 설계 분야로부터 영향을 받는다. 건축물의 전체적인 설계관점에서 보면, 물리보안의 통제수단 중 전자보안시스템은 정보통신 설계의 한 부분인 동시에 기계 및 전기설계와 일부 연관성을 가지고 있고, 물리보안의 구조적 요소는 건축설계에 대한 요구사항들이며 범죄예방환경설계와 같은 요소들은 조명 및 조경설계와 연관되어 있다. 따라서 물리보안 설계는 건축물의 전체적인 설계 진행단계와 반드시 연동되어 진행되어야 한다.

1) 계획설계 단계

계획설계는 개념적 수준으로 이 단계에서 물리보안의 통합 계통도와 배치도를 작성한다. 이때 계통도는 적용될 물리보안 수단들이 누락 없이 포함되도록 하며, 해당 계통도를 적용하여 탐지/지연/대응이 어떻게 가능한지를 설명할 수 있어야 한다. 배치도는 물리보안 통제장치의 종류와 위치가 표시되는 수준으로 작성하고, 시스템의 핵심적인 기능이나, 기본설계 시 참고해야 하는 사항을 포함한다.[14]

2) 기본설계 단계

기본설계 단계에서는 구체적인 설계를 진행하여 실시설계를 통한 준공도서를 100%라고 하였을 때 50~60% 정도로 구체화한다. 우선 신규 건축물의 경우에는 건축물 구조 및 환경에 대한 취약성을 도출하여 보강이나 조정과 관련된

13 김창언, 김종완, 길종원, 도규환, 오승주(2015). 건축계획 · 설계론, 서울: 서우.

14 ASIS(2015). Physical Security Principles, Alexandria: ASIS International.

개선방안에 대해 해당 업무 책임자의 검토가 이루어질 수 있도록 해야 한다. 예를 들어, 창문이나 문의 종류와 재질, 조경수의 위치나 높이 등에 대한 지침을 줄 수 있다. 또 이 단계에서 물리보안시스템에 대한 설계도면을 작성하는데, 설계도면의 포함사항은 다음과 같다.[15]

- 평면도
- 계통도
- 도면 목록, 기호 목록, 약어 목록, 일반 메모 및 기타 일람표
- 물량 내역을 산출하여 예상 비용 추정

3) 실시설계 단계

실시설계 단계에서는 물리보안시스템의 설계패키지가 완성되어야 하는데, 이는 최종적인 설계단계의 산출물로서 다음과 같다.[16]

- 구축이 가능한 수준으로 완성된 도면(평면도 및 계통도의 완성뿐만 아니라 필요한 부분은 입면도와 상세도를 추가로 작성)
- 시방서
- 물량내역서/견적내역서

(1) 도면

도면은 CAD^Computer-aided Design^ 시스템에 의해 생성된다. 보안 시스템 도면은 일반적으로 계획도, 입면도, 상세도, 계통도로 구성되며, 각 도면은 유형 및 위치별로 보안시스템 장치를 보여준다.

① 배치도

배치도^Site Plan^란 주어진 대지 내에 건축물이나 정원의 수목, 시설물 등을 배

---

15 Patterson, op. cit.

16 Ibid.

치하여 그린 평면도이다. 배치도에는 대지의 경계(계획대상 대지의 확정), 건폐 부분과 비건폐 부분의 구분, 방위 및 축척, 인접 환경의 실태(도로, 등고선, 인접건축물, 수목 등) 등이 표시되어야 한다. 그리고 물리보안 통제요소로서는 펜스 등 외곽 보안시설과 조명, 출입게이트(주출입구, 보조출입구, 차량출입구 등) 등을 표시할 수 있다.[17]

② 평면도

평면도Floor Plan는 물리보안시스템의 층별 배치와 연결된 통신 및 전력선을 보여주는 것으로, 건축도면을 배경 레이어Layer로 하여 작성한다. 건축도면이 변경된 경우에는 해당 도면을 교체하여 물리보안 통제시스템의 배치 레이어를 수정한다.[18]

평면도에 표시하는 물리보안 기호의 방식은 매우 다양한데, 국내에서는 '정보통신기술협회'의 TTAK.KO-04.0082의 표준 '옥내배선용 그림기호'를 기준으로 사용하고, 간혹 미국표준인 미국시험재료학회American Society for Testing and Materials, ASTM의 물리보안 기호를 사용하기도 한다. 그러나 어떤 기호가 사용되던 통일되고 범례에 기록되어 있다면 무방하다.

③ 입면도

입면도Elevation Plan는 수직에서 바라본 관점으로 감시카메라, 카드인식기 및 침입감지기와 같이 벽에 장착되는 장치의 높이와 위치를 표시하기 위해 사용된다. 물리보안 입면도의 배경 레이어로는 역시 건축의 입면도를 사용한다.[19]

④ 상세도

일반적인 평면도나 입면도보다 장치의 구성을 더 정교하게 나타내야 하는 경우에는 상세도Detailed Plan를 사용한다. 이러한 도면에는 특수한 기술이나, 부품의 정밀한 치수 등의 요구사항을 포함하기도 한다.[20]

---

17 ASIS(2015). op. cit.

18 Ibid.

19 Patterson. op. cit.

20 ASIS(2015). op. cit.

⑤ **계통도**

계통도Riser Diargam는 물리보안시스템의 전체 시스템의 구성요소와 연결 상태를 보여준다. 장치의 수량과 구성이 단일 도면에 표시되기 때문에 활용성이 뛰어난 도면이다.[21]

(2) 시방서

시방서Specification는 도면에 포함할 수 없는 설계상의 사항을 문장, 수치 등으로 기술한 문서로서 시스템의 사양과 기능에 대한 지침과 기준이 포함되어 있다. 이를 통해서 입찰참여자 등이 설계 요구사항을 정확하게 이해할 수 있다. 시방서는 표준시방서, 전문시방서, 공사시방서로 구분된다.[22]

① **표준시방서**

시설물의 안전 및 공사 시행의 적정성과 품질 확보 등을 위하여 시설물별로 정한 표준적인 시공기준으로서 발주자의 전문시방서 작성과 공사시방서를 작성하는 경우에 참고한다.

② **전문시방서**

시설물별 표준시방서를 기본으로 모든 공정을 대상으로 하여 특정한 공사의 시공 또는 공사시방서의 작성에 활용하기 위한 종합적인 시공기준을 말한다.

③ **공사시방서**

표준시방서 및 전문시방서를 기본으로 하여 물리보안 공사의 특성, 현장 여건, 공사방법 등을 고려하여 설계도면에 표시할 수 없는 내용과 공사수행을 위한 시공방법, 자재의 성능, 규격 및 공법, 품질시험 및 검사 등 품질관리, 안전관리계획 등의 사항을 기술한 것을 말한다.

21 Ibid.

22 Patterson. op. cit.

(3) 물량내역서

일반적으로 설계도서의 하나로 필요한 물량과 견적을 정확하게 하기 위해서 물량내역서Hardware Schedule를 작성하는데, 물리보안시스템 설계에 있어서는 도면과 시방서에 표시할 경우 혼란스러울 수 있는 각각의 장치에 대해서 표의 형태로 세부 내용을 작성하는 것이다. 예를 들어, 출입통제 장치가 설치된다고 하였을 때 출입문의 형태/재질, 출입인식기/전기정의 방식이나 종류 등을 명확하게 하는 것이다. 또한, 카메라의 경우에는 렌즈의 사이즈와 하우징 및 마운트의 형태 등이 포함될 수 있다. 일괄적인 형태로 설계되어 세부적인 사항의 기술이 불필요한 경우에는 물량내역서 형태로만 작성할 수 있다. 또한, 물량내역서에 비용을 포함하여 작성하게 되면, 산출내역서가 된다.[23]

설계 후 제안요청서Request for Proposal, RFP 방식의 입찰을 실시하는 경우 시방서는 시스템의 기능 및 성능을 포함하는 기능적 사양서 형식이 되어야 하며, 단독입찰Sole Source이나 입찰초청방식Invitation for Bid, IFB인 경우에는 구체적인 하드웨어 장치나 소프트웨어 프로그램의 리스트가 포함된다.

〈표 7-3〉 감시카메라 물량내역서(예)

감시카메라 번호	위치	유형	렌즈	하우징	마운트	높이	수량
A1	현관	PTZ	10:01	돔	벽	3m	1
A2	1층 로비	PTZ	3.2~6.4mm 가변초점	돔	천장	천장	1
A3	2층 복도	고정돔	3.2~6.4mm 가변초점	돔	천장	천장	1

설계단계에서 작성된 산출물 패키지는 견적 산출 및 물리보안 구축제안을 위한 입찰패키지Bid Package로 볼 수 있으며, 입찰패키지에는 입찰자 안내사항, 계약정보, 작업기술서Statement of Work, SOW 등이 포함되어야 한다.

다음으로 건설 프로젝트에서 물리보안설계는 전체 비중으로 보았을 때 상대적으로 소규모이며, 다른 설계에 큰 영향을 받게 된다. 따라서 다른 영역의 설계자들과의 의사소통을 통해 충분히 조율해야 한다. 이때 건축사와는 출입동선, 로비 레이아웃, 출입문이나 창문과 같은 사항이 관련될 수 있으며, 전기 엔지니

23 ASIS(2015). op. cit.

어와는 보안장치에 적용되는 전원공급 등과 관련될 수 있고, 화재/정전 시 출입문 자동개방에 대한 사항을 협조하여야 한다. 기계 엔지니어와는 서버실 등 주요 보안 공간에 대한 냉난방 및 공기조화시스템Heating Ventilation and Air Conditioning, HVAC과 관련된 사항이나 천장에 설치되는 보안용 케이블 설치와 관련하여 덕트 작업의 조정이 필요할 수 있다.

4) 물리보안 설계에 영향을 미치는 요인[24]

(1) 보호 대상 자산의 특성

개인, 정보, 운송수단, 귀중품, 지적 재산권, 생산시설 등 보호 대상 자산에는 많은 유형이 있는데, 서로 다른 자산 유형을 보호하기 위해서는 서로 다른 접근방식이 필요하다.

(2) 건물 또는 시설의 특성

소유권의 여부가 물리보안 설계에 영향을 미치는데, 이는 임차인이 아닌 건물의 소유주와 직접 작업할 때 더 많은 융통성과 결정권을 가질 수 있다. 또한, 같은 건물이나 시설에 입주한 서로 다른 조직에는 고유한 정책, 절차 및 요구사항이 있으며, 시설의 물리적 보안 전략에 영향을 미친다. 그러므로, 많은 임차인이 있는 시설에서는 물리적 보안 설계에 보다 융통성 있는 접근방식이 필요하다. 특히, 글로벌기업이 임차인에 속해 있을 때는 문화, 언어 및 비즈니스 관행의 차이에 의해 보안 설계가 크게 영향을 받을 수 있다.

시설의 목적에 따라, 접근통제, 감지기 유형, 보안인력의 성격, 이격거리, 공공 유틸리티 시설에 대한 의존도와 같은 문제도 달라진다. 예를 들어, 보안성을 극대화해야 하는 국가기반시설이나 군사시설에서의 설계와 많은 사람이 출입하는 대형 소매점에서의 물리보안 설계에는 큰 차이가 있을 것이다.

또한, 신축인지 개축인지에 따른 건축 유형도 물리보안 설계에 큰 영향을 미

24 Ibid.

친다. 예를 들어, 신축은 처음부터 새로 건물이나 시설을 만드는 것이다. 그러므로 설계를 처음부터 해야 하므로 설계에 많은 시간이 소요되며, 관련 허가를 새로 취득해야 한다. 그러나 새로운 설계기준을 사용할 수 있으며, 시스템 간의 통합이 비교적 용이하다. 이와는 반대로 기존의 건물이나 시설을 개축하는 경우에는 보통 프로젝트의 기간이 짧고, 비용이 적게 든다. 그러나 시설 사용자의 활동을 방해할 수 있고, 기존 시스템과의 호환성에 문제가 발생할 수도 있다.

(3) 주변 환경의 특성

지형과 이웃이 시설에 대한 위협과 취약성에 상당한 영향을 미친다. 건물을 둘러싼 시설 및 조직 유형은 위험진단 및 물리적 보안 전략 개발에 반드시 고려되어야 한다.

(4) 위치

해당 건물 및 시설의 위치는 이격거리, 통신 인프라 등의 근접성, 응급구조의 자립성, 유틸리티 및 인프라의 신뢰성 등에 큰 영향을 미친다. 예를 들어, 인구밀도가 높은 도시는 외딴 지역에 비해 짧은 이격거리를 가질 수밖에 없지만, 가까운 곳에 응급구조시설, 유틸리티, 통신 등의 인프라를 가지고 있으므로 이를 자체적으로 확보해야 할 필요성은 크게 낮아진다.

3 견적

정확한 최종 견적의 산출은 설계가 완료된 상태에서만 가능하다. 그러나 물리보안 프로젝트의 설계 진행 초기뿐만 아니라 기획 단계에서 추정된 견적을 요청하는 일은 흔하다. 기획이나 설계 초기 단계에서는 세부적인 설계 작업이 수행되지 않았고 시스템을 구성하는 요소들의 수량이 확정되지 않았기 때문에 추정된 예산견적Budgetary Estimates은 매우 부정확하다. 따라서 10~20% 정도의 추가적인 예비비를 포함해야 한다. 물리보안 프로젝트가 대규모 건설 프로젝트인 경우, 설계가 50% 정도 진행된 상태에서 예비견적Preliminary Design Estimates을 도출할 수도 있다. 이때는 10% 정도의 예비비를 포함한다. 설계도서가 100% 완성되면 최종견적Final Design Estimates을 산출할 수 있고, 이때 예비비를 5% 정도 포함한다. 견적서 작성 시에는 다음 사항이 포함된다.[25]

- 재료비: 공사에 필요한 모든 자재 및 구성요소
- 노무비: 관리 및 공사인력 투입에 필요한 비용
- 경비: 운반비, 보험료, 안전관리비, 시험비, 소모품비 등
- 일반관리비, 설계비, 훈련비

물리보안 프로젝트와 관련하여 미국 관련 업계 내 평균에 근거한 추정치는 전체 프로젝트 비용 중 프로젝트의 특정 영역에 소비해야 하는 비용의 대략적인 비율을 아래와 같이 보여주고 있다.[26]

- 설계비: 10%
- 제품 및 자재비: 25%(하드웨어 및 소프트웨어 비용)
- 구축비: 50%(공사인력 인건비 등)
- 유지보수 10%
- 예비비/기타: 5%(운반비, 보험료, 안전관리비, 시험비, 소모품비 등)

4 조달

조달 단계는 시스템을 공급하고 설치하기 위한 업체를 선정하기 위해서 진행된다. 전체 조달 문서Procurement Document는 계약 문서Contract Document 또는 입찰서Bid Document로 알려져 있으며, 계약상의 세부 사항, 건축 세부 사양 및 건축도면의

25 Patterson, op. cit.

26 ASIS(2015), op. cit.

세 부분으로 구성된다. 이때 조달 문서의 세부 수준이 높아지면 입찰자의 반응이 좋아지고 프로젝트 비용이 낮아질 수 있다. 여기서 계약 세부 사항은 공급업체를 선정했을 때 사용할 계약의 형식을 설명하며, 보험 및 보증 요건, 노동 규칙, 현장 규정, 인도 및 대금 지급 조건, 입찰자에 대한 지침 등을 다룬다. 대형 건설프로젝트의 경우, 보통 건축가 또는 소유자의 건축 관리자가 이 부분을 작성하고, 소규모 프로젝트의 경우에는 조직의 구매 부서가 이 부분을 작성할 수 있다. 일반적으로 이 부분은 계약서에 포함된다.

발주처는 공급업체를 선정하기 위해 보통 다음의 세 가지 형태를 주로 사용한다. 조달 방식은 각각의 장단점이 있으며, 또 건축 문서에서 요구되는 세부 사항의 수준에 영향을 미치므로, 설계 전이나 설계 시작 시에 조달의 유형을 선택해야 한다.

1) 단독입찰 또는 지명입찰Sole Source

한 개 회사와 단독협상을 하는 방식으로서, 그 회사가 물리보안시스템 구축의 지식과 노하우를 대부분 가지고 있고 시장 상황을 잘 아는 경우나, 회사의 요구사항에 맞는 시스템을 공급 가능한 업체가 한 곳뿐일 경우에 사용한다.

소규모 프로젝트의 경우, 독점계약이 조달의 가장 적절한 방법이 될 수 있다. 발주처는 신뢰할 수 있는 보안시스템 계약자에게 시스템 설계를 맡기고, 장비, 설치 및 서비스 비용을 협상한다. 이 방식에서는 경쟁입찰 과정이 없어 가격을 비교할 수단이 없으므로 발주자가 해당 시스템 및 가격에 대한 사전 지식이 있는 경우에만 권장된다.[27]

2) 제안요청 방식Request for Proposal, RFP

발주처는 경쟁입찰 방식으로 사업 목적 및 요구사항을 제시하고 입찰자가

27 Patterson, op. cit.

사업 목적 및 필요사항을 달성할 방안을 자유롭게 검토하고 제안하는 방식으로, 제안요청서는 가격, 품질, 경험 및 일정과 같은 세부 내용을 담고 있다. 제안요청 방식은 가장 공정한 전략인 것으로 인식되지만, 종종 준비하는 데 오랜 시간이 걸리고 비용도 많이 든다. 제안요청서는 모든 계약후보자에게 공개할 수도 있고, 미리 승인된 계약후보자에 한정하여 공개할 수도 있다. 입찰자는 입찰과 관련된 서류 및 비용 제안서를 제출하는 것 외에도, 요구사항에 대한 조직의 이해와 목표 충족 방법을 설명하는 기술 제안서를 함께 제출해야 한다.

제안요청은 최저 입찰가가 아닌 최고의 가치를 얻는 것을 목표로 해야 하며, 이때 가치는 필요에 맞게 정의될 수 있지만, 일반적으로 가격, 품질, 경험, 일정과 같은 요소를 포함한다. 입찰자의 제안서에서는 기술 및 비용에 대한 제안이 모두 준비되어야 하므로, 보통 다른 유형의 조달 방법보다 훨씬 긴 준비 시간이 필요하다.[28]

3) 입찰초청 방식Invitation for Bids, IFB

입찰초청 방식은 경쟁입찰 방식의 일종이나 발주처가 세부적인 요구사항을 구체적으로 명시할 수 있는 경우에 적용하며, 견적요청Request for Quotation, RFQ 방식으로도 불린다. 이는 앞선 다른 두 조달 방식과 달리 공급자에게 입찰할 특정 시스템에 대해 상세히 기술된 문서를 제공하고, 공급업체는 시스템 설치에 대해 비용을 제안하게 된다.

다른 방식들과 달리 입찰초청 방식에서는 다른 제안이나 대체 해결책이 모색되지 않으므로 시공 문서가 매우 구체적이어야 한다. 이처럼 입찰초청은 요구할 시스템에 대한 상세내용을 입찰자에게 제공해야 하므로 시스템 설계를 자체적으로 생산하는데 소요되는 초기 비용이 발생하며, 이는 프로세스의 간소화를 불러와 조달 과정에 걸리는 시간이 절감되는 장점이 있다. 입찰초청은 제시한 견적을 통해 입찰자 간 경쟁이 이루어지며 가격이 가장 낮은 견적가를 제시

28 ASIS(2015). op. cit.

한 입찰자가 계약을 수주하게 된다.[29]

입찰 과정의 한 부분으로 자격 있는 공급업체의 선택은 중요한 부분이다. 자격 있는 업체를 선택하면 시간과 비용이 절약되고 프로젝트의 성공 가능성이 커진다. 발주처는 일반적으로 입찰할 자격을 갖춘 3~4개의 공급업체를 인터뷰, 참고자료, 자격심사 등을 통해 선정한다. 이때, 공급업체는 인허가 요건을 충족하고, 재무적 안정성을 확보해야 하며, 작업에 필요한 인력을 확보해야 한다. 그 외 공급업체의 서비스 및 유지관리 기록도 필요할 경우 고려해야 하며, 조달 절차에서의 제품 또는 서비스의 손상 및 처리 방법 등을 문서화해야 한다.

많은 조직에서 사전에 결정된 프로세스를 사용하여 입찰 기준을 평가하고 각 요구사항에 사전에 결정된 가중치를 할당한다. 조직은 제안서를 평가하기 위해 공정하고 균형 잡힌 방법을 수립해야 하며, 입찰 기준의 발급 후에는 기준을 변경해서는 안 된다.

발주처의 또 다른 책임은 사전입찰자회의Pre-bid Conference를 개최하는 것이다. 사전입찰자회의에서는 조직의 목표에 대해 살펴보고, 발주처와 입찰자들이 서로 만날 수 있도록 하여, 프로젝트와 관련한 질의응답이 이루어진다. 사전입찰자회의는 입찰 통지 후 일주일 후에 개최되는 것이 일반적이며, 효율성을 높이기 위해서 회의 시작 전에 계획된 세부 안건에 따라 진행하는 것이 좋다.

사전입찰자회의가 끝난 후, 발주처는 제출된 입찰자의 제안서를 분석한다. 이때 발주처는 적절한 제안서의 선택을 위해 다음과 같은 사항을 검토해야 한다.[30]

- 제안서는 선택된 솔루션의 실행 가능성뿐만 아니라, 프로젝트 목표와 중요성에 대해 신중하게 설명하는가?
- 계약자가 제안한 역량을 보유하고 있는가?
- 솔루션의 접근방식이 과학적이고 기술적으로 실현 가능한가?
- 제안서에는 중간 및 최종 프로젝트 결과와 인도물을 명시하고 있는가?
- 프로젝트 단계별로 준수해야 할 주요 일정인 마일스톤Milestone이 있는가?

---

29 Patterson. op. cit.

30 Doss(2019). op. cit.

- 제안서가 프로젝트 전반에 걸쳐 인력을 현실적으로 배정하고 있는가?
- 솔루션이 표준운영절차SOP와 모범사례Best Practice를 적절히 포함하고 있는가?
- 공급업체에서 설치 후 사후관리를 제공할 수 있는가?
- 발주처와 공급업체 사이에 문화적 부적합이 있는가?

공급업체의 최종 후보 명단이 2~3개로 줄어들면 최종 결정을 내리기 위해 면접을 시행할 수 있다. 최종 계약서 발행은 공급업체의 재무 안정성과 함께 모든 유지보수를 포함한 라이프사이클 비용과 과거 실적 등을 종합적으로 고려하여 결정하는 것이 좋다.[31]

5 설치

입찰을 통해 공사업체가 선정되면 설치가 시작되는데, 이행 순서는 준비, 착공, 시공, 테스트, 준공 및 보증 순으로 진행된다. 시공 진행을 위한 물리보안 시공관리자의 주요 역할은 아래와 같다.[32]

- 공사계획: 공사를 착수하기 전에 전체 공사과정을 예상하여 원가, 품질, 안전 등과 관련된 공사계획을 수립해야 한다.
- 원가관리: 건축주로부터 도급받은 금액을 토대로 공사비를 예측하여 적산과 견적을 완벽하게 하여 원가를 관리한다. 이때 적산積算은 건축도면, 시방서 등을 토대로 건축물 공사에 필요한 재료, 노무, 장비 등 공사 수량을 산출하는 행위를 말하고, 견적見積은 적산에 의해 산출된 수량에 단위당 가격을 곱해서 공사비를 산출하는 행위를 말한다.
- 공정관리: 계약날짜를 고려하여 적절한 공기를 유지하면서 품질을 확보하고 경제적으로 공사하기 위한 공사 관리 행위로서 공사의 시공순서를 정

31 Ibid.

32 Patterson, op. cit.

하고 공사에 필요한 자재, 인력 및 장비 등을 결정하며 공사에 필요한 기간을 정하여 공정표를 작성한다.

- 품질관리: 시방서 및 도면을 만족시키는 품질을 보증하는 것이다.
- 안전관리: 시공 관리상의 위험성을 이해하고, 안전대책을 적용하여 안전한 작업환경을 조성하는 것이다.

1) 준비

공사를 위해서는 우선 공사 현장의 현장관리를 위한 사무실을 설치하고 사무용품을 비치해야 하며, 공사에 투입되는 인력, 자재, 자금 등의 관리를 위한 기본적 조직체계를 구성해야 한다. 공사 프로젝트관리자는 먼저 설계도서를 확인하고 조정이나 변경이 필요한 사항을 기록한 후 현장에 실제로 설치를 진행할 업체의 담당자와 함께 기록된 사항을 검토하거나 현장을 확인하여 필요한 조치를 해야 한다.[33]

2) 착공

착공을 위해서는 공사 일정 전체에 대한 시공계획을 갖추고 지속해서 보완, 수정하는 활동을 수행해야 한다. 이때, 착공을 위해 다음 사항이 준비되어야 한다.

- 현장조직표(하수급 조직까지 포함)
- 공사수행을 위한 각종 인허가 및 선임 관련 사항
- 전체 공사일정과 물리보안의 세부공정 진행 계획
- 현장상황 변화에 따른 공정 검토 및 조정
- 주요 공정의 시공절차 및 시공방법
- 공사업체들의 인력투입계획

33 Ibid.

- 주요 자재/설비/정비 투입계획
- 품질관리대책(품질보증계획서, 품질시험계획서)
- 안전관리대책(안전관리계획서)
- 환경관리대책(환경관리계획서)

3) 시공

이 단계에서 프로젝트 관리자는 시공 업체에 발주처가 제공한 장비를 포함하여 모든 시스템 구성 요소를 설치하도록 한다. 시공 업체는 공사계획과 해당 장치 제조업체의 지침 및 기준에 따라 설치를 진행해야 한다.

공사를 이행하는 데 있어서 변경이 필요한 사항에 대해서는 근거를 서면으로 유지하고 사전에 정해진 절차를 준수하여 감리 등의 설계변경 승인 후에 조치되도록 한다. 또한, 공정 진행의 상황이나 환경 등의 변화에 따라 프로젝트 일정을 조정 · 관리하고, 시공업무관리 체계를 통해 원활하게 시공이 진행되도록 해야 한다. 물리보안 구축은 아래와 같은 영역의 시공과 연계성을 갖게 되므로 프로젝트 관리자는 필요한 협조를 해야 한다.

- 엘리베이터, 에스컬레이터, 로비
- 문, 창문
- 전기, 조명, 공기조화시스템HVAC
- 주차, 조경, 펜스, 게이트, 진입로
- IT

보안시스템 공사는 일반적으로 해당 구역의 여러 공사 중 내부 장식을 제외한 마지막 작업일 수 있다. 그러므로 선행공사의 지연으로 인한 공사 지연에 대해 명확한 근거를 유지하여 발주자와 소통해야 향후 책임 소재의 문제에서 벗어날 수 있다. 또한, 후행공사의 진행으로 인해 기존에 설치된 물리보안 장치들에 문제가 발생할 경우에 대해 모니터링해야 한다. 그리고 공사가 완료된 후에는 시스템을 시설 운영에 맞게 세심하게 조정해야 하는데, 이는 감지기의 가경보가

최소화될 수 있게 감도를 조절하는 것 등을 포함한다.[34]

4) 테스트

테스트는 시공업체에 의해 수행되며, 실제 상황과 같은 조건에서 진행되어 물리보안시스템의 효과성을 확인할 수 있어야 한다. 이때 테스트는 장비, 직원, 절차 또는 이들의 조합을 모두 포함할 수 있다. 이상적인 테스트는 실제 위협 조건을 시뮬레이션하고 시스템에 고유 위협의 설정된 최고 한계까지 스트레스를 주는 것이다.

장비 성능 테스트Equipment Performance Test는 장비가 기능하는지, 적절한 민감도를 가지고 있는지 등의 여부를 판단하기 위해 실시한다. 가장 대표적인 장비 성능 테스트에는 공장 인수 테스트와 현장 인수 테스트가 있다.[35]

- 공장 인수 테스트Factory Acceptance Test: 특정 시스템의 일부 또는 전체를 시스템을 생산한 공장 내에서 조립하도록 하여 그것의 성능이 요구 사양을 준수하는지 확인하는 테스트로 새로운 시스템이 현장에 설치되기 이전에 실시하는 경우가 많다.
- 현장 인수 테스트Site Acceptance Test: 구축 현장에서 설치가 완료된 시스템에 대해 설계 요구기준 및 성능을 테스트하는 것으로 실제 상황을 가정하여 진행한다.

이외에도 실제로 운영을 하면서 신뢰성이나 가용성 등을 테스트하는 것을 운영테스트Operation Test라고 하는데, 물리보안의 경우에는 모의침투 등의 훈련상황을 조성하여 테스트할 수 있다. 참고로, 이상적인 물리보안시스템은 99.99%의 가용성을 가져야 하는데, 가용성 평가의 방법은 아래와 같은 공식이 적용될 수 있다.[36]

---

34 ASIS(2015). op. cit.

35 ASIS 홈페이지(https://www.asisonline.org). op. cit.

36 ASIS(2015). op. cit.

$$(Tm)/(Tm + Td) \times 100 = OA$$

Tm = 테스트하는 동안의 시스템 작동시간Total Test Duration Time

Td = 시스템이 작동되지 않은 시간Total System Downtime

OA = 운영 가용성Operational Availability

5) 준공 및 보증

테스트를 포함하는 공사과정이 모두 완료되면 준공검사확인서를 작성하여 발주자로부터 서명을 받고, 준공도서 등을 정리하여 제출한다. 최종적으로 준공계, 준공검사원 등의 서류를 건축담당관청에 제출한다.

준공 후에는 시스템에 대한 보증 기간이 시작되는데, 보증 기간은 일반적으로 1년이다. 보증 기간 내에는 시공업체가 시스템의 유지보수를 무상으로 제공해야 하며, 이때 유지보수 업체는 수리 및 교체를 위한 예비품을 보유하고 있어야 한다. 공급업체는 보증에 대한 비용을 전체 비용의 5% 내외로 할당하여 약속한 서비스에 대한 사항을 문제없이 이행하여야 한다. 또한, 계약 내용에 시스템 고장에 대한 신속한 조치를 위해 대응 시간을 설정해 놓을 수 있다. 이는 공급업체의 서비스 품질과 연관된 것으로 방문 일자 및 시간, 수행된 수리 작업에 대한 보고서를 작성 · 보관하여야 한다.[37]

6 운영

1) 교육훈련

교육훈련은 물리보안시스템의 유지보수나 업데이트를 포함하여 보안운영과 관련된 모든 인원을 대상으로 실시되어야 한다. 이때 물리보안시스템의 기능

37 ASIS 홈페이지(https://www.asisonline.org). op. cit.

에 대한 구체적인 교육훈련은 시스템 제조업체 또는 구축업체로부터 제공되어야 하며, 교육 시에는 사용자 매뉴얼과 보조자료가 적절히 제공되어야 한다. 교육내용은 시스템의 설정, 권한관리, 로그 검색의 구성과 기능에 대한 사항 등의 구체적인 사항을 기본으로 위협탐지, 장애 발생에 대한 모니터링과 상황 대응에 관한 훈련을 진행해야 한다. 첫 번째 교육훈련은 보통 운영 30일 전에 완료되어야 하며, 두 번째 교육훈련은 현장 인수 테스트 7일 전에 실시해야 한다. 이때 교육훈련은 서브시스템, 구성요소 및 소프트웨어의 모든 측면을 포함한다.

2) 모니터링

효과적인 모니터링을 위해서는 보안관리자 및 운영인력이 주기적으로 시스템을 구체적으로 확인해야 하는데, 특히 불필요한 경보 등을 확인하고 개선해야 한다. 일상적인 업무로 인해 발생하는 경보는 작동시간의 조정 등의 방법을 통해 해결해야 한다.

사업운영 환경상의 제약사항이 있는 경우에는 보안 모니터링의 역할 범위를 정하여 적절히 이전할 수 있어야 한다. 예를 들어, 지게차의 출입이 온종일 빈번한 구역과 같이 침입감지기를 통한 보안 위협 모니터링이 현실적으로 제한되는 지점에 대해서는 해당 지역의 업무수행 인원을 활용하여 보안통제를 하도록 하고, 관제센터에서는 영상감시카메라를 통해 필요할 때 간접적인 탐지를 진행하는 것이 좋다. 또한, 출입권한을 가지고 있는 인원에 대한 경보를 발생시키지 않기 위하여 출입 인증 시에 감지기가 해제되도록 하는 방법 등을 적용해야 한다. 추가로 경보의 발생은 시스템의 결함뿐만 아니라 출입문이나 펜스 등의 구조적 불완전성에 의해서도 발생할 수 있으므로, 물리보안시스템의 탐지기능에 영향을 줄 수 있는 건축구조 및 환경적 결함에 대한 관리도 병행해야 한다.

3) 유지보수

물리보안시스템을 정상적으로 운영하기 위해서는 유지보수가 원활해야 한다. 그러나 설치 이후에 무시되는 경우가 많은데, 그 첫 번째 원인은 관리자의 무관심이나 설치 및 공급업체가 유지보수를 제공할 여건이 되지 않는 경우이다. 따라서 모든 보안시스템은 정기적 유지보수 계약을 기본으로 해야 하며, 그러한 여건이 되는 제품과 업체를 고려하여 구축을 진행해야 한다.

또한, 정기적으로 시스템 결함이 드러나기 전에 실시하는 예방적 유지보수 Preventive Maintenance를 진행하고, 평가를 통해 교체가 필요한 부품이나 장치는 교체가 진행되도록 해야 한다. 고장이 발생한 후 대응하는 교정적 유지보수Remedial Maintenance는 위험도가 낮은 경우에만 제한적으로 적용해야 한다. 그리고 단일 계약자에 의해 물리보안시스템 전체를 통합적으로 유지보수하는 방법을 적용하는 것은 책임 소재를 명확히 할 수 있다는 측면에서 그 수행역량이 확인된 업체라면 좋은 방법이라 할 수 있다.

4) 교체

물리보안시스템 역시 일정 기간이 지나면 교체를 진행해야 한다. 보안관리자가 교체 비용을 정당화하기 위해서는 유지관리 비용, 예비 부품 부족, 하드웨어 및 소프트웨어의 불완전성, 운영비용 과다, 신뢰성 부족과 같은 요소들을 통합적으로 고려해야 하며, 동시에 새로 교체한 시스템으로 인해 보안강화, 인력감축 등의 이점이 있다는 것을 교체에 대한 의사결정권자에게 설명하여 교체의 필요성을 정당화해야 한다.

참|고|문|헌

1. 국내문헌

강욱, 최연준(2020). 심각한 불법촬영 범죄, 어떻게 근절할 것인가, 시큐리티연구, 65: 49–73.

개인정보보호위원회(2021a). 공공기관 영상정보처리기기 운영가이드라인, 서울: 개인정보보호위원회.

개인정보보호위원회(2021b). 민간분야 영상정보처리기기 운영가이드라인, 서울: 개인정보보호위원회.

곽대경, 이승철(2008). 한국과 일본 경비업법의 개요 및 시사점에 관한 연구, 한국경찰학회보, 10(3): 79–108.

국토해양부(2010). 건축물의 테러예방 설계가이드라인, 세종시: 국토해양부.

기계공학사전 편찬위원회(1995). 기계공학대사전, 서울: 집문사.

김구(2011). 사회과학 연구조사 방법론의 이해: 양적연구와 질적연구의 접근, 서울: 비앤엠북스.

김순석(2011). 테러예방을 위한 환경설계 가이드라인에 관한 연구: 미국의 사례를 중심으로, 한국경찰연구, 10(4): 139–166.

김진구, 박종열, 한샘(2011). 건물의 연쇄붕괴 위험부재 선정, 대한건축학회 논문집: 구조계, 27(2): 55–62.

김창언, 김종완, 길종원, 도규환, 오승주(2015). 건축계획 · 설계론, 서울: 서우.

박기범(2009). 지역사회의 범죄예방을 위한 CPTED의 효과성 고찰, 한국지방자치연구, 11(2): 133–154.

박성수(2021). 민간경비론, 서울: 윤성사.

박성희(2003). 미디어 인터뷰, 서울: 나남출판사.

박진희, 황용섭, 박성룡(2014). 주거환경 취약구역에서의 제3세대 범죄예방환경설계(CPTED) 전략, 기초조형학연구, 15(5): 251–261.

박현호, 조준택, 김강일(2018). WDQ분석을 통한 타겟하드닝 CPTED의 침입범죄 예방효과 검증: 안산시 사례 중심으로, 시큐리티연구, 56: 9–30.

백혜웅(2009). 환경설계를 통한 범죄예방(CPTED)의 제도적 고찰: 외국의 사례를 통한 한국에의 적용을 중심으로, 전남대학교 석사학위논문.

산업보안실무위원회(2019). ISE 국가공인 산업보안관리사, 서울: 케듀아이.

서울특별시(2013). 범죄예방 환경설계(CPTED) 가이드라인, 서울: 서울특별시.

신상엽(2011). 기계경비론, 서울: 백산출판사.

신의기, 박경래, 정영오, 김걸, 박현호, 홍경구(2008). 범죄예방을 위한 환경설계의 제도화 방안, 형사정책연구원 연구총서, 12: 1–2. 서울: 한국형사정책연구원.

안교승(2019). 엿듣는 도청 엿보는 몰카: 서울에는 비밀이 없다, 서울: 인포더북스.

오드리 카셀레이프, 데이비드 메릭/조호대, 조민상, 김동준 譯(2020). 테러리즘 WTF: 무기, 전술, 미래, 서

울: 윤성사.

이상희, 이주락(2017). 물리보안의 정의에 관한 연구: 위험평가이론을 중심으로. 한국산업보안연구, 7(2): 33-52.

이주락, 이상학(2020). 지하철 불법촬영 범죄와 상황적 범죄예방. 한국경찰연구, 9(2): 93-114.

이형복, 임윤택, 최봉문, 김낙수(2012). 학교시설에서 CPTED 적용방안 및 원칙 따른 시뮬레이션. 한국콘텐츠학회논문지, 12(6): 424-437.

이상희, 이상학, 최연준(2020). 물리보안정보관리(PSIM) 플랫폼을 활용한 팬데믹 대응방안. 시큐리티연구, 특별호: 171-184.

이창무(2010). '민간경비' 용어의 수정 필요성에 관한 고찰. 한국공안행정학회보, 19(1): 204-226.

이창무(2011). 산업보안의 개념적 정의에 관한 고찰. 산업보안연구, 2(1): 73-90.

전지혜, 안태기, 박광영, 박구만(2011). 지능형 영상 분석 소프트웨어를 탑재한 종합 감시 시스템 현장 구축에 관한 사례 연구. 한국인터넷방송통신학회논문지, 11(6): 255-260.

정용택(2012). 물리보안용 센서의 원리와 응용. 서울: 인포더북스.

정용택(2019). 침입탐지용 센서 및 알람 시스템 운영. 서울: 홍릉과학출판사.

존 프레이저, 베티 J. 심킨스/노동래 譯(2010). 전사 리스크 관리. 서울: 연암사.

주근탁, 최안섭(2006). 공동주택의 조도측정 및 평균조도 산출방법. 조명전기설비학회논문지, 20(5): 1-8.

천진민(2021). 이미지센서 및 카메라 시스템. 서울: 에이스미디어.

최선우(2019). 민간경비론. 인천: 진영사.

한국미래기술교육연구원(2011). 차세대 영상감시시스템 및 지능형 통합보안관제시스템 구축전략 사업전망: HD급 IP기반 CCTV 카메라, 영상감시 · 분석(NVR)시스템, 지능형통합관제센터 구축. 서울: 미래기술교육연구원.

한국산업기술보호협회(2017). 산업보안실무가이드. 서울: 한국산업기술보호협회.

한국셉테드학회 편찬위원회(2015). 셉테드의 원리와 운영관리. 서울: 박영사.

한국인터넷진흥원(2020). 클라우드서비스 보안인증제 안내서. 나주시: 한국인터넷진흥원.

Hess, K. M./이민식, 김성언, 박현호, 이주락, 황세웅 譯(2013). 민간보안론. 서울: 박영사.

KS C IEC62676-4: 보안 애플리케이션용 영상감시시스템: 제4부: 적용 지침.

2. 국외문헌

ASIS(2009). Facilities Physical Security Measures Guideline. Alexandria: ASIS International.

ASIS(2010). Private Security Officer Selection and Training Guideline(ASIS GDL PSO-2010). Alexandria: ASIS International.

ASIS(2012). Protection of Assets, Alexandria: ASIS International.

ASIS(2014). Persuading Senior Management with Effective, Evaluated Security Metrics, Alexandria: ASIS International.

ASIS(2015). Physical Security Principles, Alexandria: ASIS International.

ASIS International Guidelines Commission(2004). General Security Risk Assessment Guideline, Alexandria: ASIS International.

Aven, T.(2011). Quantitative Risk Assessment: The Scientific Platform, Cambridge: Cambridge University Press.

Baker, P. & Benny, D. J.(2013). The Complete Guide to Physical Security, Boca Laton: CRC Press.

Bindra, L., Eng, K., Ardakanian, O. & Stroulia, E.(2020). Flexible, Decentralized Access Control for Smart Buildings with Smart Contracts, IEEE/ACM 5th International Workshop on Software Engineering for Smart Cyber–Physical Systems, 32–38.

Booz, E. G., Allen, J. L. & Hamilton, C. L.(2005). Convergence of Enterprise Security Organization, Alexandria: The Alliance for Enterprise Security Risk Management.

Brantingham, P. J. & Brantingham, P. L.(1981). Environmental Criminology, Beverly Hills: Sage Publications.

Clarke, R. V.(1983). Situational crime prevention: Its theoretical basis and practical scope, Crime and Justice, 4: 225–256.

Clarke, R. V. & Homel, R.(1997). A revised classification of situational crime prevention techniques, In S. P. Lab(ed). Crime Prevention at the Crossroads, Cincinnati: Anderson, 17–27.

Coombs, W. T.(2007). PSI Handbook of Business Security, Westport: Praeger.

Cornish, D. B. & Clarke, R. V.(2003). Opportunities, precipitators and criminal decisions: A reply to Wortley's critique of situational crime prevention, Crime Prevention Studies, 16: 41–96.

Department of Depfence Educational Activity(2015). Physical Security and Antiterrorism Design Guide, Alexandria: DoDEA.

Doss, K. T.(2015). Physical Security Professional Study Guide, 2nd ed, Alexandria: ASIS International.

Doss, K. T.(2019). Physical Security Professional Study Guide, 3rd ed, Alexandria: ASIS International.

Drago, A.(2015). Methods and Techniques for Enhancing Physical Security of Critical Infrastructures, Ph.D Thesis, University of Naples.

Federal Protective Service(2015). Federal Potective Service Annual Report 2015, Washington D.C.: Federal Protective Service.

FEMA(2003). FEMA 426: Reference Manual to Mitigate Potential Terrorist Attacks Against Buildings, Washington D.C.: Federal Emergency Management Agency.

FEMA(2003). FEMA 427: Primer for Design of Commercial Buildings to Mitigate Terrorists Attacks, Washington D.C.: Federal Emergency Management Agency.

FEMA(2007). FEMA 430: Site and Urban Design for Security: Guidance Against Potential Terrorist Attacks, Providing Protection to People and Buildings, Washington D.C.: Federal Emergency Management Agency.

Fennelly, L.(2017). Effective Physical Security, 5th ed, Boston: Butterworth–Heinemann.

Firesmith, D. G.(2003). Common Concepts Underlying Safety, Security and Survivability Engineering(CMU/SEI–2003–TN–033), Pittsburgh: Carnegie Mellon University.

Fisher, R. J. & Green, G.(2004). Introduction to Security, 7th ed, Boston: Butterworth–Heinemann.

FTA MA–26–0022. Risk Assessment in Fixed Guideway Construction.

Garcia, M. L.(2005). Vulnerability Assessment of Physical Protection Systems, Boston: Butterworth– Heinemann.

Garcia, M. L.(2006). Vulnerability Assessment of Physical Protection Systems, Boston: Butterworth–Heinemann.

Garcia, M. L.(2008). The Design and Evaluation of Physical Protection System, 2nd ed, Boston: Butterworth–Heinemann.

General Services Administration(2007). The Site Security Design Guide, Washington, D.C.: U.S. General Services Administration.

Hadnagy, C.(2010). Social Engineering, New York: John Wiley & Sons.

Hertig, C. A.(2001). Protection Officer Training Manual: Ethics and Professionalism, Boston: Butterworth–Heinemann.

IFPO(2003). The Protection Officer Training Manual, New York: Elsevier.

International Electrotechnical Commission(2010). Alarm Systems: Intrusion and Hold–up Systems: Part 1: System Requirements(IEC 62642–1:2010).

International Electrotechnical Commission(2013). Alarm and Electronic Security

Systems: Part 11-1: Electronic Access Control Systems: System and Components Requirements(IEC 60839-11-1:2013).

International Electrotechnical Commission(2018). Video Surveillance Systems for Use in Security Applications(IEC 62676).

International Organization for Standardization/International Electrotechnical Commission(2017). Information Technology: Generic Cabling for Customer Premises(ISO/IEC 11801:2017).

ISACA(2019). CISA Review Manual, 27th ed, Schaumburg: ISACA.

ISO 31000: 2018(2018). Risk Management: Guidelines.

Jacobs, J.(1961). The Death and Life of Great American Cities, New York: Random House.

Jain, A.K., Bolle, R. & Pankanti, S.(1998). Biometrics: Personal Identification in Networked Society, Norwell: Kluwer Academic Publications.

Koslover, R., Hung, V., Babin, S. & Mills, A.(2017). Market Survey on Contraband Detection Technologies, Washington D.C.: National Institute of Justice.

Kovacich, G. L. & Halibozek, E. P.(2017). Security Metrics Management: Measuring the Effectiveness and Efficiency of a Security Program, 2nd ed, Boston: Butterworth-Heinemann.

Kruegle, H.(2011). CCTV Surveillance: Video Practices and Technology, New York: Elsevier.

Landoll, D. J.(2006). The Security Risk Assessment Handbook: A Complete Guide for Performing Security Risk Assessments, 3rd ed, Boca Laton: CRC Press.

Lee, J.(2006). Burglar Decision Making and Target Selection: An Assessment of Residential Vulnerability to Burglary in the Korean Context, Ph.D. Thesis, University of Portsmouth.

Lindblom, A. & Kajalo, S.(2011). The use and effectiveness of formal and informal surveillance in reducing shoplifting: a survey in Sweden, Norway and Finland. The International Review of Retail, Distribution and Consumer Research, 21(2): 111-128.

Margot, E.(1991). Doing Qualitative Research: Circles within Circles, London: Routledge.

McNally, S.(2004). Turn Away Turnover, Security Magazine.

McTague, D. & Smith, D.(1987). Alarm Book: A Guide to Burglar and Fire Alarms, Boston: Butterworth-Heinemann.

Miller, J. C.(2010). Fatigue Effects and Countermeasures, Crisp Report, Alexandria: Asis International.

Ministry of Home Affairs(2018). Guidelines for Enhancing Builidng Security in Singapore, Singapore: Ministry of Home Affairs.

National Police Academy(2015). Standards for Physical Security Management in Industry, Hyderabad: Indian National Police Academy.

Newman, O.(1972). Defensible Space; Crime Prevention Through Urban Design, New York: Macmillan.

Nilsson, F.(2021). Intelligent Network Video: Understanding Modern Video Surveillance Systems, 2nd ed, Boca Raton: CRC Press.

Norman, T.(2012). Integrated Security Systems Design: A Complete Reference for Building Enterprise-Wide Digital Security Systems, Boston: Butterworth-Heinemann.

Norman, T.(2016). Risk Analysis and Security Countermeasure Selection, 2nd ed, Boca Laton: CRC Press.

Norman, T.(2017). Electronic Access Control, Boston: Butterworth-Heinemann.

Patterson, D. G.(2013). Physical Protection Systems: A Practical Guide, 2nd ed, Alexandria: ASIS International.

Payne, S. C.(2006). Guide to Security Metrics, Boston: SANS Institute.

Project Management Institute(2017). A Guide to the Project Management Body of Knowledge(PMBOK) Guide, 6th ed, Newtown Square: Project Management Institute.

Pearson, R.(2011). Electronic Security Systems: A Manager's Guide to Evaluating and Selecting System Solutions, Boston: Butterworth-Heinemann.

Radvanovsky, R. & McDougal, A.(2018). Critical Infrastructure: Homeland Security and Emergency Preparedness, 4th ed, Boca Laton: CRC Press.

Saville, G. & Cleveland, G.(2008). Second-generation CPTED: The rise and fall of opportunity theory, In R. Atlas(ed), 21st Century Security and CPTED: Designing for Critical Infrastructure Protection and Crime Prevention, Boca Laton: CRC Press, 79-90.

Seger K. A.(2011). Utility Security: The New Paradigm, Tulsa: PennWell.

Shirey, R.(2000). Internet Security Glossary, Network Working Group RFC 2828.

Touran, A., Bolster, P. J. & Thayer, S. W.(1994). Risk Assessment in Fixed Guideway Construction, Final Report, Boston: Northeastern University.

Vellani, K.(2019). Strategic Security Management: A Risk Assessment Guide for Decision Makers, 2nd ed, Boca Laton: CRC Press.

Walker, P.(2013). Electronic Security Systems: Better Ways to Crime Prevention, Boston:

Butterworth–Heinemann.

Wilson, J. Q. & Kelling, G. L.(1982). Broken windows: The police and neighborhood safety. Atlantic Monthly, 249(3): 29–38.

Witkin, G.(1998). The Crime Bust. U.S. News and World Report May 25, 28–36.

Wortley, R. & Smallbone, S.(2006). Situational Prevention of Child Sexual Abuse, Crime Prevention Studies, 19, New York: A Criminal Justice Press Book.

ㄱ

ㄴ

ㄷ

ㅁ

ㅂ

ㅈ

ㅊ

| 저자 약력 |

이주락

- 영국 University of Portsmouth 보안관리학 박사
- 중앙대학교 산업보안학과 교수
- Certified Protection Professional(공인보호전문가, ASIS)
- Physical Security Professional(물리보안전문가, ASIS)
- Professional Certified Investigator(전문공인조사관, ASIS)
- PMI-Risk Management Professional(위험관리전문가, PMI)
- Certified Information Systems Auditor(정보시스템감사사, ISACA)
- Certified Protection Officer Instructor(공인보호요원지도사, IFPO)

이상희

- 중앙대학교 보안경영학 박사
- ㈜SK쉴더스 융합보안컨설팅팀 팀장
- Physical Security Professional(물리보안전문가, ASIS)
- Certified Protection Officer Instructor(공인보호요원지도사, IFPO)
- 일반경비지도사(경찰청)
- 기계경비지도사(경찰청)

물리보안론

초판발행 2022년 6월 10일

지은이 이주락 · 이상희
펴낸이 안종만 · 안상준

편 집 정은희
기획/마케팅 정성혁
표지디자인 이영경
제 작 고철민 · 조영환

펴낸곳 (주) 박영사
서울특별시 금천구 가산디지털2로 53, 210호(가산동, 한라시그마밸리)
등록 1959.3.11. 제300-1959-1호(倫)
전 화 02) 733-6771
fax 02) 736-4818
e-mail pys@pybook.co.kr
homepage www.pybook.co.kr
ISBN 979-11-303-1557-7 93350

정 가 23,000원